공명당과 창가학회

- 자민당과 공명당 연립정권의 내막 -

【일러두기】

· 본문에 등장하는 명칭은 당시의 이름이다.

· 본문의 모든 각주는 옮긴이의 것이다.

· 출처는 저자명, 저서, 출판사, 발행 연도. 순으로 표기한다.

· 출판물은 『』, 출판물 내 문서는 「」, 원저자의 괄호는 ( ), 간단한 역자주와 원문표기는 아래첨자로 표기한다.

공명당과 창가학회

- 자민당과 공명당 연립정권의 내막 -

나카노 준 지음
권병덕 옮김

어문학사

목차

서장

최대 목적은 '선거협력'

- 자공연립을 지탱하는 논리와 심리

민당이 강행해도 연립을 이탈하지 않는 것은 이 두 가지 이유가 우선되기 때문이다.

신앙이 시험되는 '근무평정'선거

두 가지 이유에 대해서는 조금 더 설명이 필요하다. 단순하게 말하면, 개개별 학회원으로서 선거에서 얼마만큼의 표를 모았는지가 이른바 그 사람의 신앙심이 시험대에 오르는 '근무평정'이 된다. 선거가 되면 모두 필사적으로 매달리지 않을 수 없다. 그것은 간부들도 마찬가지로 중간간부는 담당 지역에서 표가 나오지 않으면 스스로의 입지가 나빠진다. 회장이나 이사장이라도 카리스

이케다 다이사쿠

마적 지도자인 명예회장 이케다 다이사쿠池田大作의 부하 한 명에 지나지 않는다. 선거에서 지면 그 입장이 위태로워지는 구조 때문에 혈안이 되어 선거에 매달리게 된다. 종교단체임에도 불구하고 선거가 조직을 끌어당겨 구심력을 높이는 최대의 기회가 된다.

그리고 선거에서 이기기 위해서는 실효성 있는 선거협력=표의 바터barter 거래가 가능할 정도의 유일정당인 자민당과의 연립을 유지하는 게 상책得策이라는 결론이 도출된다. 우선 소선거구 중심의 소선거구 비례대표병립제인 중의원에서 일정이상의 의석을 확보하고자 생각한다면, 자민당과 선거연대만이 현실적 방법이다. 때문에 창가학회는 2000년부터 중의원에서 공명

당의 의석 확보를 위해 자민당과의 선거협력을 심화시켜왔다. 이런 의미에서는 소선거구제에 의해 성립된 연립정권이라고도 할 수 있다.

이렇게 창가학회와 공명당에서는 선거의 우선순위가 무엇보다도 높다. 공명당이 정책에서는 비교적 순순히 타협해도 선거와 관련해서는 강경한 태도를 보이는 것은 이 때문이다.

다만 선거 결과에 의해 정책 조율을 거쳐 성립하는 통상의 연립정권과는 달리 처음부터 선거협력이 목적이 되는 연립정권은 세계적으로도 매우 이례적이고 기이한 연립이기도 하다.

민주당정권과 '시시비비노선'

역설적으로 이것들이 뒤집어질 새로운 상황이 나타나면 자공연립은 끝나게 된다. 구체적으로는 정권교체가 다시 일어나는 정세다. 실제로 자민당이 야당으로 전락하고 대신 정권을 쥔 대항세력으로부터 창가학회가 공격받는 두려움이 높아지는 경우나 학회가 일관되게 강조해 온 중의원 선거제도 발본개혁이 실현되어 공명당이 소선거구제에서 선거전을 치를 필요가 없어지는 케이스 등이다.

실제, 창가학회는 민주당 정권하의 한 시기 중의원 선거제도의 변경을 전제로 자민당과의 거리를 두고 '시시비비노선'에 진심으로 뛰어든 적도 있다. 이 책의 목적은 '결국, 공명당은 자민당과 떨어질 수 없는 체질이다'(전 수상 노다 요시히코野田佳彦의 발언)는 시각이 큰 오해라는 것을 밝히는 것이다. 이 책은 민주당 정권 시기의 창가학회와 공명당의 동향에 많은 페이지를 할애

하고 있다. 알려진 것이 적은 이 시기의 물밑 흐름을 아는 것이야말로 창가학회와 공명당의 진짜 모습을 이해할 수 있다고 생각하기 때문이다.

그리고 또 하나, 자공연립의 행방에 큰 영향을 준 요소가 있다. 그것은 창가학회의 절대적인 지도자인 명예회장 이케다 다이사쿠의 부재 상황이다. 왜냐하면 창가학회가 중의원으로 진출을 결심하여 그 의석 확대를 노리는 것도, 학회공격을 방어하기 위해 자민당과의 연립을 최종 결정한 것도 '선거에서 의석의 획득이 곧 회원의 신앙심의 증표다.'라는 구도를 철저하게 한 것도 이케다 자신이었기 때문이다. 이케다가 없다면 학회는 그 속박에서 해방되고 방침전환이 쉬워진다. 학회와 공명당이 앞으로 어떤 방향으로 가게 될지는 이 책의 마지막 장에서 상세하게 살펴볼 것이다.

최근 '공명당론' '창가학회론'이 다시 활발해지고 있다. 그 이유는 안보법제논쟁을 통해 공명당의 본래 이념과 실제 정치행동 사이의 갭이 나타나고 있으면서도 소비세 인상 경감세율 도입문제에서 보이듯이 창가학회 간부가 직접, 게다가 빈번하게 정권 중추에 압력을 가해 정책과 선거에서 영향력을 행사하는 전에 없던 현상이 일어난 것 때문으로 보인다. 더욱이 헌법개정이 심각해지는 가운데 공명당이 그 열쇠를 쥐고 있다는 점도 있다.

다만 적지 않은 논의가 앞서 서술한 두 개의 본질적 이유를 잘 이해 못하여 빗나간 평론이 되어버리는 것이 많다. 안보 법제의 논의 때에는 "공명당은 권력의 자리에 계속 눌러앉아 있기 위해 '평화의 당' 간판을 내던졌다"라는 비판도 많았다. 그러나 어떤 창가학회 간부는 "자민당과 연립을 유지하고 있는 것은 단지 선거 때문이다. 각료들이 나서지 않고도 잘 풀린다면 그편이 오히려 고마울 뿐이다"라고 말한다. '정책실현'이 목적이라면 연립정권에 들어가기 전에도 공명당이 요구해 온 '상품권 구상' 등이 잇달아 실현되듯이 국회 상황에 따라 각외협력으로도 정부에 요구를 관철시키는 것은 가능하며 각외에 있다면 안보법제 같은 의제에서 벗어날 수 있기에 공동책임을 지지도 않는다. 선거만 아니라면 연립을 해소하는 게 오히려 맘 편히 지낼 수 있다는 것이 창가학회 절반의 진심이다.

깊어지는 학회와 당의 일체화

오타 아키히로

공명당과 그 지지단체인 창가학회와는 최근 10년여간 더욱 일체화되고 있다. 1970년의 이른바 '언론출판방해사건'을 계기로 창가학회와 공명당은 '정교분리'를 명확히하여 공명당의원이 창가학회의 간부를 겸임하는 것은 사라졌다. 최근에는 창가학회 간부 출신의 국회의원도 사라지고 있기 때문에 공명당과 학회와의 일체감은 낮아져 공명당은 독립성을 높이게 되었다고 지적하는 논자도 있다. 그러나 실제로는 반대로 일체화가 상당히 진행되고 있다. 2009년의 '정권교체 선거'에서 공명당이 참패한 직후 창가학회의 본부간부회에서 공명당 대표 오타 아키히로太田昭宏가 이케다 다이사쿠로부터 강연 중에 강하게 질책 받았던 걸 보아도 잘 알 수 있다. 그 알려지지 않은 실태에 대해서도 뒤에서 자세히 서술할 것이다.

이 책은 기본적으로는 단행본이지만, 2009년 이후 월간지『세카이世界』에 개제해 온 공명당과 창가학회에 관한 논고를 적절히 참고하면서 자공연립정권의 실태와 그 내재논리에 대하여 밝히고자 한다. 동시에 자공정권을 뒤에서 떠받치는 창가학회와 정치의 관계에 대해 반학회의 입장도 아닌 학회를 두둔하는 것도 아닌, 진실의 모습을 보여주고자 한다. 그리고 창가학회와 공명당이 앞으로 어떻게 향할 것인가도 고찰할 것이다.

다만 필자는 정치 저널리스트다. 이 책은 어디까지나 공명당과 창가학회의 정치와의 관계에 대해 정치의 현장에서 취재, 분석한 것이다. 종교단체로서 창가학회에 관한 논고는 아님을 명확히 한다.

이 책은 공명당과 창가학회에 초점을 맞춘 정치분석이다. 그러나 1999년 이후 민주당 정권의 3년간을 제외하고도 벌써 15년 가까이 자공연립정권이 계속된 데다가 민주당 정권하에서도 실제로는 공명당이 중요한 행위자였다는 것을 생각하면 이 20년 동안의 일본정치 자체를 검증하는 것에 다름없다. 현재 표면상으로는 안정되어 보이는 자민당이 경제·사회구조의 변화에 따라 55년 체제와는 비교가 안 될 정도로 그 선거기반은 약체화되었고, 이는 회복되기도 어렵다. 자민당이 잃어버린 지지층을 창가학회의 보완으로 유지되고 있는 것이 지금의 자공정권이다. 따라서 선거에서 자민당의 창가학회 의존도는 더욱 높아질 것이고 자공정권의 향방과 창가학회와 정치와의 관계의 변화를 예상하는 것은 다시 정권교체 등 일본정치의 앞날을 탐구하는 작업이기도 하다.

이 책이 여야를 불문하고 많은 정계관계자와 정치에 관심을 가진 시민에게 앞으로의 정치 본연의 모습을 생각하는데 도움이 되기를 바란다.

제1장

비자민연립정권 실패에서
자공연립으로

- 자공정권의 본질은 무엇인가

비자민연립정권을 만든 이치카와 유이치의 영광과 좌절

"놀라운 시대에 들어섰습니다. 조만간 대신_{大臣: 한국의 장관에 해당}도 몇 사람 나올 것입니다. (중략) 이제 내일 당일이니까. 모두가 여러분의 부하니까요."

1993년 8월 8일 비자민 8당[2] 회파_{会派}[3]에 의한 호소카와 연립내각의 발족 직전에 열린 창가학회의 본부간부회. 명예회장이자 SGI=창가학회 인터내셔 널 회장인 이케다 다이사쿠는 전국에서 모인 수많은 간부들을 앞에 두고 처음으로 공명당으로부터 각료가 나온다고 숨김없이 알렸다. 이날 이케다의 육성을 수록한 테이프가 유출되어 훗날 국회 등에서 공명당과 창가학회의 '정교일치' 증거가 되어 자민당으로부터 공격 거리로 사용되었다. 어찌 되었든 9일에 발족한 호소카와 내각에서 공명당은 우정상과 상공 등 4개의 각료 포스트를 얻어 처음으로 정권여당이 되었다. 이듬해 호소카와의 사임에 따라 발족한 하타 내각에서 공명당은 6명이나 각료를 배출했다. 다만 공명 당의 비자민연립정권 참가는 자민당의 집요한 창가학회공격을 낳게 되어 공명당은 '악몽같은 나날들'을 보내게 되었다.

덧붙여서 이 '대신' 발언에 대해서 후에 이케다가 인터뷰에 밝힌 바와 같이 "의원과 대신은 공복입니다. 애초에 대신(Minister)의 어원 자체가 '봉사하는 사람'이지요. 국민의 대표로 국민에게 진력을 다하는 것이 맞습니다"라고 술회하고 있다.(前原政之,『池田大作 行動と軌跡』, 中央公論新社, 2006년.)

공명당이 비자민연립정권에 참가하는 계기는 전년도인 92년의 일이었

---

2 비자민 8당 회파: 일본신당, 일본사회당, 신생당, 공명당, 민사당, 신당사키가케, 사회민주 연합, 민주개혁연합.

3 회파: 한국의 원내교섭단체에 해당하는 조직. 2인 이상의 의원이 구성.

가네마루 신

오자와 이치로

다. 당시 자민당부총재이자 최대 파벌이었던 다케시타파(経世会) 회장 가네마루 신金丸信이 도쿄 사가와큐빈佐川急便의 전 사장으로부터 현금 5억 엔을 받았다는 게 밝혀진 것이었다. 당시 정계의 최고 실력자 가네마루가 현금 수수를 시인하여 부총재와 파벌회장을 사임하고 중의원 의원직도 사직하게 됨으로써 정계는 격랑의 소용돌이에 휩싸였다. 다케시타파에서는 후계의 파벌회장 자리를 둘러싸고 오자와 이치로小沢一郎 그룹과 반오자와 그룹의 항쟁이 시작되어 결국 반오자와파가 다수를 차지해 전 수상 다케시타 노보루竹下登 지지로 오부치 게이조小渕恵三가 후계회장에 취임했다. 오자와를 포함한 40여 명은 경세회[4]를 이탈하여 하타 쓰토무羽田孜를 대표로 하는 다른 그룹改革フォーラム21을 결성했다.

그 3년의 가이후 내각 시기 47세의 젊은 나이에 자민당 간사장에 취임한 오자와 이치로는 자위대의 해외 파견을 가능케 하는 자민, 공명, 민사의 3당 합의와 도쿄도지사선거협력 등을 통해 공명당의 넘버2인 서기장 이치카와 유이치와의 관계를 다져갔다. 그리고 다케시타파의 항쟁이 시작될 때, 이치

---

4 경세회(経世会): 현 헤이세이연구회, 다나카 가쿠에이로 대표되는 일본식 개발독재를 이끌어 왔던 파벌로 1970~90년대 고도경제성장기 이후 버블 경제시기까지 자민당을 지배했던 주류 파벌이다. 친미색이 강하지만 안보보다는 경제 정책을 우선하여 개헌과 안보에 대해서는 소극적인 비둘기파 색채가 강하다. 다나카 가쿠에이 이후 다케시타 노보루 시절 파벌 내 항쟁으로 핵심 인사인 오자와 이치로가 자민당을 탈당했다. 결국 오자와 일파의 탈당으로 자민당 내 경세회의 파벌 세력은 이전보다 약해졌다. 경세회는 자민당 내에서 두 번째로 큰 파벌이다.

카와는 오자와로부터 자민당을 떠날 각오를 듣고 연대의 뜻을 전했다. 이치카와는 오자와에 호응하여 92년 11월 공명당 대회에서 "같은 이념, 뜻을 가진 사람에게만 일본을 맡을 정치세력을 결집시켜서는 정권의 축은 만들어지지 않는다.", "공명당이라는 간판에 고집할 필요는 없다."며 훗날 신진당 결성으로 이어지는 신당 구상을 털어놓았다.

공명당 관계자들에 따르면 이치카와는 일찍부터 창가학회 명예회장 이케다에게 오자와와의 연대에 의한 새로운 정치세력의 결집에 대해 설명하고 양해를 얻었다고 한다. 당시를 아는 공명당 관계자는 "어떤 의미에서 (이케다) 명예회장을 속여서라도 자신의 생각을 추진시켜갔던 당시 이치카와 씨는 발군의 정치가였습니다. 이만한 정치가는 지금 공명당에는 없어요."라고 말한다.

93년 6월, 공명당을 포함한 야당이 제출한 미야자와 내각 불신임 결의안이 자민당 오자와 그룹의 조반造反으로 가결되었다. 중의원은 해산되어 총선거에 이르렀다. 해산 직후 자민당에서 다케무라 마사요시武村正義 등 10명도 탈당하여 '신당 사키가케新党さきがけ'를 결성한다. 오자와 그룹도 44명이 탈당하여 신생당을 결성하여 선거에 임했다. 결과는 자민당이 제1당의 자리를 유지함에도 불구하고 탈당자의 자리를 모두 채우지는 못하여 과반수에 미치지 못했다. 오자와는 신속하게 움직여 일본신당 대표인 호소카와 모리히로細川護熙를 수반으로 하는 비자민·비공산 8당 회파를 모아냈다. 여기에 공명당의 이치카와가 전면적으로 협력하고 두 사람의 의도가 맞아떨어져 비자민연립정권이 성립한다.

호소카와 정권에서는 중의원에서 '소선거구비례대표병립제'를 도입하는 것을 골자로 하는 정치개혁관련법안이 우여곡절 끝에 자민당의 주장을 받

호소카와 모리히로

아들여 대폭 수정된 상태로 통과되었다. 하지만 오합지졸의 연립정권은 부침을 거듭했다. 호소카와 내각은 호소카와 개인의 금전 스캔들이 원인이 되어 8개월 만에 총사퇴한다. 그 뒤를 이은 하타 내각도 2개월 만에 총사퇴로 물러났다. 결국 사회당 위원장 무라야마 도미이치村山富市를 수반으로 하는 자민, 사회, 신당 사키가케의 3당 연립정권이 탄생한다. 공명당이 여당이 되었던 연립정권은 1년도 채우지 못하고 붕괴한다.

비자민연립정권을 실질적으로 리드했던 것은 '강권', '파쇼'라며 많은 비판을 받은 오자와 이치로와 이치카와 유이치의 이른바 '이치 - 이치라인'인데, 두 사람이 강하게 이끌었던 정권운영으로 최대 여당인 사회당을 이반시킨 것이 연립정권붕괴의 직접적 원인이었다. 오자와가 사회당을 몰아세운 것이 연립 실패의 원인으로 지적되는 일이 많지만, 이 시기 이치카와는 여당 대표회의 등에서 오자와 이상으로 사회당에게 혹독한 비판을 거듭했다.

신진당의 성공

94년 6월의 하타 내각의 총사퇴로 수상지명선거에서 무라야마 내각이 탄생함으로써 공명당은 다시 야당이 되었지만 이치카와가 주도하는 공명당 내부 체제에는 변함이 없었다. 이들은 오자와와 함께 자민당에 대항하는 신당 결성에 함께 나섰다.

호소카와 정권에서 성립된 소선거구제를 기본으로 하는 소선거구비례대표병립제에서는 공명당이 단독으로 싸운다면 의석 확보는 거의 불가능하기에 공명당은 비례선거에서 일정 의석을 확보하는 것에 머물게 된다. 중선거구제에서 획득해 온 4~60석을 유지하는 것은 불가능하기 때문에 공명당도 찬성했던 이 제도가 도입된 이상 공명당의원의 의석을 지키기 위해서라도 신당에 합류하는 것은 당연한 귀결이었다. 이치카와는 당내의 신중론을 제압하여 합류방침을 세웠다.

다만 공명당에서는 약 3,000명 정도의 지방의원이 있는데, 도쿄 도의회를 시작으로 많은 지방의회의 관계를 어떻게 정리할 것인지가 과제였다.[5] 공명당은 이 해의 당대회에서 중의원의원 전원과 다음 해인 95년의 참의원선거에서 개선되는 참의원 등을 신당인 '신진당'에 참가시키고, 비개선의 참의원과 지방의원은 별개의 정당인 '공명'에 잔류시키는 어중간한 대응을 결정했다. 이에 불만을 가진 오자와는 공명당과 점차 골이 깊어졌다.

94년 12월에 중의원 176명, 참의원 38명의 총 214명의 국회의원이 모여 신진당이 발족한다. 첫 국정선거는 이듬해 95년 7월의 참의원선거였다. 결과는 자민당이 개선의석[6]이 20석이나 줄어든 46석에 그친 것에 비해 신진당은 40석으로 크게 약진했다. 무엇보다 비례구에서는 자민당의 15석에 비해 신진당이 18의석으로 제1당으로 뛰어올랐다. 선거구를 더한 당선자에서는 자민당이 개선 제1당을 유지했지만, 선거구의 득표총수에서 자민당은 신진당보다 약 45만 표나 적었다. 이 선거결과는 여당으로 복귀한 자민당에 큰 충격을 주었다. 선거 후에 자민당이 이 참의원선거의 결과를 중의원의 소선

---

5 일본의 지방의회선거는 소·중·대 선거구가 혼재되어 있다.
6 개선의석: 3년에 한 번씩 절반의 의원만 선거를 치르기 때문에 해당 선거로 새로 뽑히는 자리를 개선, 그렇지 않은 자리를 비개선 의석이라고 부른다.

거구 선거에 적용하여 예상의석을 계산해보니, 자민당은 신진당에 완패할 것이 명확해졌다.

자민당은 신진당이 약진한 최대 요인은 전국에서 견고한 조직을 가진 창가학회라고 분석했다. 창가학회는 종래의 공명당 후보의 지원에 더해 구 다나카파=다케시타파를 중심으로 한 자민당의 일부 후보도 응원했지만, 이 참의원선거에서는 신진당을 전면적으로 지원한다. 특히 도시지역에서는 학회조직과 구 민사당[7]계의 노동조합, 또한 보수계의원의 후원회조직과 연대도 원활하게 진행되어, 큰 힘을 발휘했다. 위기감을 강하게 느낀 자민당은 창가학회에 공격의 칼을 빼 들었다.

'악몽같은 날들'을 불러들인 신진당 참가

애초에 자민당은 호소카와 정권부터 연립여당의 허리가 오자와 이치로와 공명당·창가학회라고 보았다. 그리고 호소카와 정권 출범 후 최초의 본격적인 국회가 열린 93년 가을 임시국회의 중·참 예산위원회에서 공명당과 창가학회를 표적으로 격렬한 공격을 퍼부었다. 그 기본 주장은 '창가학회에 사실상 지배당하는 공명당이 정권에 참가하여 정치 권력을 행사하는 것은 헌법 20조 정교분리 원칙에 위반한다'는 것이었다.

구체적으로는 "공명당 선거활동은 전국각지에 산재한 창가학회 시설을 이용하고 있다."라든지, "공명당의 국회의원들은 이케다 다이사쿠의 지시를 따라 행동한다." 등이었다. 자민당의 의원들은 주간지의 기사와 학회 출신

---

7 민주사회당 民主社会黨: 약칭 민사당. 1960년 일본사회당 우파가 탈당하며 결성한 사회민주주의, 반공주의 정당. 1994년 신진당으로 합류를 결정하여 해산했다.

사람들로부터 입수한 내부문서 등을 인용하면서 공격을 거듭했고, 그 범위는 장례사업에 대한 세무조사에까지 미쳤다. 당시 비자민 호소카와 연립내각은 상당히 높은 지지를 얻고 있었기 때문에 자민당은 호소카와 내각의 이미지 다운을 노리고 호소카와 개인을 공격하는 동시에 공명당과 창가학회의 관계에도 총구를 겨누었다.

게다가 창가학회 간부에 따르면 이런 공격을 받은 학회에서는 그 뒤 각지의 이케다 기념회관과 창가문화회관등 종교시설을 사용한 선거활동은 일절 하지 않는 등, 형식상으로는 '정교분리'를 철저히 했다고 한다. 또한 90년대 초반에 했던 국세청의 창가학회 세무조사를 기점으로 학회에서 하는 수익사업과 본래의 종교활동과의 회계 구분과 종교법인·창가학회의 자산과 이케다 다이사쿠 개인 자산의 정리도 진행하여, 오늘날에는 어디를 찔러도 문제될 것은 없다고 한다.

자민당 내에서는 94년 1월에 가메이 시즈카亀井静香와 시마무라 요시노부島村宜伸 의원이 '헌법 20조[8]를 생각하는 모임'을 결성했다. 이 모임에서는 당시 1년 차 의원이었던 아베 신조도 참가했다. 또한 하타정권이었던 같은 해 6월에는 가메이 등이 창가학회에 비판적인 종교단체나 전문가들을 불러 반창가학회 단체 '종교와 정신성의 존엄과 자유를 확립하는 각계 간담회'(통칭: 4월회)를 설립시킨다. 6월 23일에 열린

가메이 시즈카

---

8 일본국헌법 제20조:
　　① 누구든지 종교의 자유가 보장된다. 어떠한 종교단체도 국가로부터 특권을 부여받거나 정치권력을 행사하여서는 아니된다.
　　② 누구든지 종교상의 행위, 축전, 의식 또는 행사 참가를 강요당하지 아니한다.
　　③ 국가 및 그 기관은 종교 교육, 그 밖의 어떠한 종교적 활동을 하여서는 아니된다.

무라야마 도미이치

4월회의 설립총회에서는 자민당 총재인 고노 요헤이河野洋平, 사회당 위원장 무라야마 도미이치, 신당사키가케 대표 다케무라 마사요시가 내빈으로 출석하였다. 고노는 인사말에서 '권력의 중심에 종교단체와 지극히 밀접한 관계를 가지는 정당이 자리잡고 정치에서 권력을 행사하고 있는 상황이다. 또한 이들이 국가에 특권을 가지는 상황이 눈앞에 있다.'며 공명당을 강하게 비판했다. 무라야마와 다케무라도 이에 동조하는 인사말을 했다.

그로부터 1주일 뒤에 무라야마를 수반으로 하는 자민, 사회 사키가케의 연립정권이 성립되었기에 당시 무라야마 정권은 '4월회정권'으로 불리었다. 오랜 세월 대립해 온 자민당과 사회당을 뭉치게 한 접착제의 역할을 해낸 것은 '반오자와'와 '반창가학회'였던 것이다.

여기서 '정교분리'에 대한 공명당 측 반론을 소개한다. 공명당 대표 야마구치 나쓰오는 "일본국헌법에서 정한 '정교분리'의 원칙은 특정 종교단체의 정치활동을 금지시키는 것이 아닙니다. '국가가 특정 종교를 우대하거나 배척해서는 안 된다.' 이것이 정교분리의 올바른 해석입니다."(佐藤優_山口那津男『いま，公明党が考えていること』)라고 말하고 있다. 또한 공명당은 홈페이지에서 "국가권력이 특정 종교를 옹호하거나 국민에게 강제하는 것을 금하는 것이 '정교분리'의 원칙입니다. 구체적으로 말하면 우선 전전·전중에 실제했던 군사정권·국가가 '국가신토'를 강요하거나 천황폐하를 신으로 모시고 사상통제를 하려하는 것 등입니다."라고 밝히고 있다. 다만 "어떠한 종교단체도 국가로부터 특권을 부여 받거나 정치권력을 행사하여서는 아니된다."(헌법20

조 1항 뒷문장)의 해석을 둘러싼 여러 의견이 있는 것도 사실이다.

이렇게 여당으로 복귀한 자민당이지만, 앞서 말했듯이 참의원 비례구에서 신진당에게 밀린다는 위기감 때문에 옴진리교가 95년 3월에 일으킨 지하철 사린사건의 재발방지를 대의명분으로 학회공격의 포문을 열었다.

당시 종교법인의 대부분은 도도부현都道府県이 소관했다. 이런 상황에서 정부는 옴진리교와 같이 전국 규모로 활동하는 종교법인의 활동상황을 파악하기 어려웠기 때문에 도도부현을 넘어 전국적으로 활동하는 종교법인은 문부성 소관으로 변경하고 종교법인에 대한 감독권한 강화를 주요 골자로 하는 종교법인법 개정안을 1995년 가을 임시국회에 제출했다.(창가학회도 당시에는 도쿄도 소관이었다.)

법안 개정작업은 그동안 자민당을 지지해 온 종교단체에서도 반대론이 쏟아져 나왔기 때문에 결국 진척되지 못했다. 그러나 95년 참의원에서 여당이 패배하자 정부·여당은 반대론을 무시하고 개정안을 은밀히 국회에 제출해버린다. 신설된 종교법인특별위원회 심의에서 신진당은 '조사권한 강화는 종교의 자유를 침해한다'며 개정안에 강하게 반대했지만, 맹독 사린을 사용한 옴진리교에 의한 사건의 기억이 생생했기에 개정안은 여론의 압도적인 지지를 얻었고 자민당은 강경한 자세로 심의에 임했다.

이케다 국회 출석 요구의 충격

심의가 참의원으로 옮겨진 단계에서 자민당은 창가학회가 지원하는 신진당에 데미지를 주기 위해 이케다 다이사쿠를 참고인으로 국회에 출석할 것을 정식으로 요구했다. 이것은 공명당 출신 의원과 창가학회에 엄청나게 큰 충격을 주었다.

이케다의 국회출석문제는 그 이전부터 줄곧 있었다. 그러나 창가학회의 절대적 카리스마 지도자 이케다를 국회에서 불러낸다면, 자민당 의원들한테 추궁당하는 모습이 텔레비전 화면에 방영될 것이고, 이는 그 권위에 심각한 타격을 주기 때문에 학회 간부와 구 공명당의원에게는 반드시 피해야만 하는 것이었다. 복수의 증언에 따르면 무엇보다도 이케다 자신이 국회 출석을 반드시 저지시켜야 한다고 학회와 구 공명당 간부에 엄명을 내렸다고 한다.

이케다의 참고인 출석문제를 협의하기 위해 참의원 종교법인특별위원회의 이사간담회는 95년 11월 28일부터 12월 1일 새벽까지 4일간 계속적으로 열렸다. 도중, 신진당의 국회의원과 비서들 약 300명이 위원장실 앞의 단상을 점거하여 위원장을 5시간 동안 포위하는 사태도 일어났다.

결국 여야당협의는 이케다 대신 창가학회장 아키야 에이노스케秋谷栄之助를 참고인으로 출석시키는 것으로 합의했지만, 이 사이 공명당 출신 의원들에 의한 위원장 봉쇄 행동이 보도되었다. 이것이 이케다가 얽힌 문제라고 알려지자 구 공명당의원들은 평소 이미지와 달리 상당히 과격한 행동을 할 수 있다는 게 국민 앞에 보여졌다. 아키야에 대한 참고인 질의 자체는 아키야가 "(자민당의 공격은) 차기 총선거 대책으로 대립정당의 지지단체를 공격하려는 당리당략에 의한 것으로 밝혀졌다."라며 날을 세워 반박할 정도로 뜨거운 공방이 오갔다. 어쨌든 창가학회와 신진당의 관계에 대해 유권자에게 경계감을 심어 두려는 자민당의 정치적의도는 일정한 성과를 거두었다.

자민당의 집요한 공격

자민당은 그 뒤에도 창가학회 공격의 끈을 놓지 않았다. 이듬해 96년 1월의 자민당 대회에서 채택된 '헤이세이 8년도 운동방침'에서 "지금, 우리나라의 정치에서 가장 우선할 것은 종교단체 창가학회가 신진당이라는 정당의 외피를 둘러쓰고 국민을 기만하여 권력을 쥐고자 획책하고 있다는 것이다."라고 창가학회 비판을 명기했다. 2월에는 간사장 가토 고이치加藤紘一가 '정교분리법안'과 '종교기본법안'을 국회에 제출하는 방침을 제시했다. 둘 다 명백히 창가학회 견제가 목적이었다.

가토 고이치

이 즈음 물밑에서는 공명당·창가학회에 큰 충격을 주는 사건이 하나 일어났다. 신진당에 합류하지 않았던 구 공명당의 참의원과 지방의원에 의한 정당 '공명' 대표이자 도쿄도의회의원 후지이 도미오藤井富雄가 야마구치구미山口組[9] 산하에서도 강경파로 이름이 알려진 폭력단 간부와 비밀리에 만나는 모습이 찍힌 비디오를 자민당 조직홍보본부장이자 반창가학회 최선봉에 선 가메이 시즈카가 입수한다. 동시에 비디오 내용 때문에 가메이 등 반창가학회 캠페인 선두에 있는 자민당 의원들의 목숨이 위태로울 수 있다는 우려에 자민당은 경찰에 요청하여 가메이 주변의 경호를 강화했다.

1996년 통상국회에서 주전문제[10]住專問題로 여야 대립이 격화되고 있는 한

---

9   야마구치구미山口組: 일본 최대 규모의 조직폭력집단으로, 일본 3대 야쿠자 조직의 하나.
10 주택금융전문회사住宅金融專門会社: 산와은행 계열의 JCB를 모체로 개인용 주택 융자를 본업으로 한 금융회사. 80년대 버블경제시기에 경쟁사들이 많아지자 본업보다 부동산투자를 공격적으로 전개하였으나 90년대 버블 붕괴 후 7조엔 규모의 부실채권 문제가 발

노나카 히로무

가운데, 간사장 대리인 노나카 히로무野中広務는 이 비디오의 존재를 공명당시절 국대위원장[11]国対委員長 등을 맡았던 신진당 중의원 곤도 쓰네오権藤恒夫에게 전해 신진당을 압박했다고 한다(平野貞夫,『平成政治20年史』幻冬舍新書, 2008년).

구 공명당 안에서는 도쿄도가 오랫동안 종교법인·창가학회를 소관해 온 것도 있기에, 도쿄도의회 의원의 지위는 국회의원과 동등할 정도로 높은 위상이었다. 그중에서도 노장인 후지이는 이른바 학회의 뒷일도 열심이어서, 이케다의 신뢰도 두터운 실력자라고 일컬어졌다. 그 후지이와 폭력단 간부의 밀회 비디오가 자민당 측에 넘어갔다는 것은 창가학회에 큰 타격을 주었다. 게다가 이때 후지이가 도쿄에서 야마구치구미계의 다른 폭력단 회장과 만나 야마구치구미의 간부와 회담을 요청했다는 정보가 자민당 주변에서 빈번하게 흘러나왔다.

이때부터 자민당 간사장 가토 고이치와 간사장 대리 노나카 등은 창가학회를 저격하는 발언을 거듭했다. 노나카는 96년 6월의 강연에서 "창가학회는 정치에서 손을 뗄 것인가. 못해도 공명당으로 되돌아가는 게 현명한 길이다."라고 발언했지만, 한편 많은 자민당 간부가 각각의 루트를 통해 학회 측에 "신진당을 떠나 원래의 공명당으로 되돌아가서 자민당과 협력한다면 학회공격은 끝난다."며 뒷공작을 하고 있었다.

생했다.

11 국대위원장: 국회대책위원회의 위원장. 국회 내 의견 조정과 협의를 책임진다는 점에서 한국의 원내대표와 비슷한 위치다.

동요하는 창가학회, 이치-이치라인의 와해

이것은 창가학회를 크게 동요시켰다. 우선 각자의 지방선거에서 학회가 자민당계 후보를 지원하는 움직임이 표면화한다. 96년 2월에 일어난 노나카의 지역구인 교토시장 선거는 자민, 신진 등 5당이 추천한 후보가 공산당계 후보와 대접전을 벌였지만, 선거 중반 창가학회 관서지구 최고책임자 관서장· 니시구치 료조西口良三가 지원하기 시작, 근소한 차로 자민당 등이 추천한 후보마스모토 요리카네桝本賴兼가 당선됐다. 이어 3월에는 주전문제로 여야가 격렬하게 대립하는 와중에 참의원 기후현岐阜県 선거구의 보궐선거가 치러졌다. 선거전은 자민당계 후보와 신진당 공천후보의 격돌이었지만 창가학회는 신진당 후보를 지원하지 않고 자율투표로 넘겨 결과는 자민당계 후보가 승리했다. 게다가 5월에는 무라야마를 대신해 수상에 취임했던 하시모토 류타로의 지역기반인 오카야마현 구라시키倉敷시의 시장선거가 있었다. 하시모토가 추천한 자민당계 후보와 신진당의 전 농상農相 가토 무쓰키加藤六月가 지원하는 후보자 사이의 전쟁이었다. 창가학회는 자민당계 후보를 지원했다. '공명'은 대표 후지이가 현장 유세까지 하며 자민당계 후보 승리에 기여했다.

신진당내에서도 자민당의 기대대로 구 공명당 세력과 오자와 사이의 균열이 조금씩 일어났다. 자민당의 학회공격에 대해 신진당은 공명당 출신자를 당 중책에서 배제시켜 비판을 무마시키는 대응을 내놓는다. 또한 95년 9월 말 당직인사에서 정무회장 이치카와와 국회운영위원장 간자

간자키 다케노리

키 다케노리神崎武法를 제외하는 인사를 단행했다. 이치카와는 이 인사를 주도한 간사장 오자와에게 인사의 철회를 요구하며 대립하였다. 비자민연립 정권의 발족부터 신진당 창당까지 2인 3각으로 움직여 온 오자와 - 이치카와 콤비는 사실상 붕괴한다. 이것을 본 구 공명당의원 다수가 오자와를 중심으로 하는 집행부와 거리를 두기 시작했다. 당시 구 공명당 의원에 따르면, 이케다 국회출석문제에서 오자와가 출석 저지를 위해 적극적으로 움직이지 않았던 것도 오자와와 거리가 벌어진 큰 이유가 되었다고 한다.

이 와중에 하시모토 수상은 96년 9월 27일 중의원을 해산하고 소선거구 비례대표병립제로는 처음으로 총선거가 치러졌다. 신진당은 자민당을 웃도는 360여 명을 후보자로 세우고 단독 과반수 획득으로 정권교체를 목표했지만, 결과는 개선전 의석보다 4석이 적은 156석에 그쳤다.

패인의 하나는 신진당 당수 오자와에 대한 반발이다. 이를 간파한 자민당의 노나카 등에 의한 신진당의원의 각개격파 공작이 적중하여 선거직전에 탈당자가 거듭되고 당내가 어수선하다는 인상을 준 것이었다. 이에 더해 창가학회가 일부 선거구에서 자민당 후보를 지원한 것도 영향을 주었다고 이야기된다.(平野, 앞의 책) 선거 후에는 오자와와 오랫동안 행동을 함께 한 전 수상 하타 쓰토무 그룹도 탈당해 신당太陽黨을 결성하였다. 결국 이듬해인 97년에도 신진당에서는 전 수상 호소카와 등 탈당자가 속출했다.

궁지에 몰린 오자와는 또 다른 공명당계 정당인 '공명'에 완전합류를 강하게 촉구했지만, '공명'은 합류해도 장래전망이 보이지 않는다며 거부하고 98년 참의원선거에서 '공명' 독자선거에 임할 것을 결정했다.

97년 12월 18일에 치러진 신진당 당수선거에서는 구 공명당의원 대부분이 오자와의 대립후보인 전 농수상 가노 미치히코鹿野道彦를 지원했다. 오자와는 재선되었지만, 가노는 예상외로 선전했다. 이것을 본 오자와는 신진당 해당을 결단한다. 12월 27일에 양원의원총회를 열어 신진당의 분당을 선언했다. 이를 통해 신진당은 소멸하여 6당[12]으로 분열한다. 구 공명당 중의원 다수는 '신당평화'에 참의원은 '여명그룹'에 참가했지만 오자와가 대표를 맡고있는 자유당에도 구 공명당계 의원 88명이 참가했다.

93년부터 격동의 4년 동안 공명당은 비자민연립정권을 수립하여 처음으로 여당을 경험한다. 그러나 1년도 버티지 못하고 야당으로 전락한다. 이어 자민당 대항세력을 결집하겠다는 장대한 실험에도 진력한다. 그마저 불과 3년 만에 실패로 끝났다. 공명당·창가학회는 오자와와 손을 잡음으로써 큰 타격을 입었다. 오자와에 이용당해 휘둘리기만 했다고도 하지만, 최대 문제는 적으로 돌린 자민당의 집요한 창가학회 공격이었다. 공명당 간부가 지금도 '악몽같은 나날'이라고 말하는 전례 없는 위기를 창가학회·공명당은 끊어낼 필요가 절박했다.

자공연립으로 180도 노선전환

이듬해 98년 7월, 하시모토 정권하에서 치러진 참의원선거에서 자민당은 참패했다. 소비세 3%를 5%로 인상하는 조치 등으로 경기가 얼어붙었다. 수상 하시모토가 재정건전노선을 유지하는지 마는지도 혼선이 계속되어 선거중에 항구감세[13] 발언 번복이 영향을 주었다고 지적되었다.

---

12 신진당의 분열: 자유당(오자와그룹), 국민의 목소리(반오자와그룹), 개혁클럽(중간·소장파그룹), 신당평화(구 공명당중의원그룹), 여명클럽(구 공명당참의원그룹), 신당우애(구민사당그룹)

13 항구감세: 감세 실시 후 재차 증세를 실시하지 않는 것. 반면 일정 기간만 실시하는 감세 조치를 특별감세라고 한다.

하시모토 내각은 총사퇴하고 후계로 오부치 게이조小渕恵三가 선출되었다. 오부치 내각은 경제위기를 해결하는 것이 급선무인 상황에서 참의원 참패를 겪고 참의원에서는 소수여당으로 발족했기 때문에 야당 협력관계 구축이 직면한 최대 정치과제로 떠올랐다.

관방장관[14]에 취임한 노나카野中広務는 구 공명당 세력을 연립으로 끌어들여 정권을 안정 시킬 수 있다고 생각했다. 우선 이전부터 교분이 있는 구 공명당 중의원에 의한 정당 '신당평화'의 간사장인 후유시바 데쓰조冬柴鐵三와 회담했다. 오부치 정권에 협력을 부탁한 노나카에게 후유시바는 "갑자기 자민당과 손을 잡는다고 지지자들에게 말할 수 없다. 쿠션을 둔다면 모르지만"이라고 응했다.(野中広務, 『老兵は死なず 野中広務全回顧録』文藝春秋, 2005년)

오부치 게이조

후유시바의 말은 자민당이 우선 타당과 연립을 하고자 한다면 그에 더해 무언가 있어야 한다는 사인이었다. 자민당의 교묘하고 집요한 공격으로 창가학회 내에서도 자민당과 전면적인 대립을 계속할지 말지의 고민하는 분위기가 팽배한 것이 후유시바 말의 배경이었다. 자민당도 이미 참의원선거 전 3월, 반창가학회 최선봉이던 간사장 가토가 강연에서 "종교와 특별히 관계가 강한 정당이 정치에 관여하는 게 나쁘다고는 생각하지 않는다."고 말할 정도로 발언을 수정하는 등, 구 공명당 측에 화해의 사인을 보냈다.

후유시바의 말을 들은 노나카는 우선 오자와 자유당과 연립공작에 전

---

14 관방장관内閣官房長官: 내각관방은 내각부 하위조직으로 내각총리대신을 직접적으로 보좌하는 역할을 한다. 구체적으로 내각의 서무, 주요 정책의 기획·입안·조정, 정보의 수집 등을 담당한다. 관방장관은 내각관방의 수장으로 한국의 국무총리와 위상과 역할이 비슷하다.

력을 다했다. 8월 하순, 노나카는 가메이의 소개로 그동안 '악마'라고 매도하며 격렬하게 공격해 온 오자와와 회담한다. 노나카는 처음부터 다다미방 입구 문 앞까지 나가 악수를 청하고 고개를 숙여 이제까지의 무례에 용서를 구했다고 한다. 양당 협의는 정권공약을 가지고 꽤 다퉜지만 이 듬해 99년 1월, 구 공명당 측이 요청한 바와 같이 우선, 자민·자유양당의 연립내각이 성립했다.

후유시바 데쓰조

이 사이 구 공명당 측에서는 우선 신진당에서 갈라진 참의원들이 만든 여명그룹이 '공명'으로 합류한다. 뒤이어 98년 11월에는 그 '공명'과 '신당평화'이 합류하여 '신공명당'을 탄생시켰다. 대표에는 간자키, 간사장에는 후유시바가 취임했다. 노나카는 자민당 국대위원장이었던 고가 마코토古賀誠 등과 연대하여 자자연립으로 향하는 교섭과 병행하여 공명당과도 물밑에서 협의를 계속했다.

그 사이, 공명당 측에서 나온 요구가 이른바 '상품권구상'이었다. 98년 11월에 소집되었던 임시국회에서는 공명당 요구대로 어린이와 노인 등 약 2,500만 명을 대상으로 1인당 2만 엔, 총액 7,000억 엔의 지역진흥권을 지급하기 위한 예산을 확보하는 추가예산안이 성립했다. 공명당은 역전보육소와 기업내보육의 확대를 주축으로 한 아동대책도 강하게 요구, 자민당은 이에 대해서도 99년도 추경예산안에서 실현시킬 것을 약속했다.

공명당이 격렬하게 비판해 온 자민당과 협력하는 180도 노선전환을 하려면, 어떻게 해서라도 지지자, 그중에서도 창가학회원 눈에 보이는 성과를 만들 필요가 있었다. 그리고 오부치 내각은 공명당을 끌어들여 안정된 정권

기반을 만들 필요가 명백하기 때문에 이 시기 당내의 이견을 잠재우면서 공명당의 요구를 수용해나갔다.

한편 공명당도 99년 통상국회에서 '일미 가이드라인 관련법안' '국기국가법안' '통신방수법안'[15] 등 야당 각 당이 강하게 반대하고 공명당과 창가학회 내에서도 꽤 이견이 있던 법안에 찬성하면서 자민당에 협력 자세를 강화해갔다.

연립참가를 둘러싼 자민당과 오자와의 줄다리기

그럼에도 공명당과 창가학회는 자민당과 연립정권을 하는 것에 꽤 저항이 강했다. 바로 직전 선거인 98년의 참의원선거에서도 '공명'은 반자민을 내걸고 싸웠다. 자민당은 기관지인 자유신보에 개제했던 창가학회비판 연재기사의 이케다 다이사쿠 여성문제 기술에 대해 98년 4월 '명백히 도를 넘었기에 사과해야 한다고 생각하여 유감의 뜻을 표한다'고 사죄하는 담화를 게재했다. 그렇다 해도 과거 수년간 자민당의 격렬한 공격을 계속 받아온 창가학회 내의 반감은 뿌리 깊었다. 99년 5월 공명당과 창가학회의 연락회의에서는 자민당에서 강하게 연립정권 참여를 요청하고 있다고 보고되었지만, 학회 측에서는 '공명당에게 중요한 것은 평화와 복지의 실현이다'라며 이견을 표출, 회장 아키야 에이노스케는 각외협력 정도는 용인 가능하다는 생각을 내비쳤다.

---

15 통신방수법通信傍受法: 범죄수사를 위한 경찰의 통신감청을 인정한 법률. 배경에는 옴진리교사건에 의한 조직적 범죄 위험이 대두되면서 였다. 그러나 일본국헌법에 통신 비밀 보장이 명시되어 있기에 위헌 논란이 크게 일었다.

상황이 바뀐 것은 자민당과 연립을 이룬 오자와의 자유당이 그 즈음 중의원 비례구 정수를 50석 감소한다는 양당 합의 이행을 강하게 촉구하면서였다[16]. 공명당에게 중의원 비례정수 대폭축소는 당의 존속을 좌우하는 중대문제였다. 오자와가 자공 연립을 향한 협의를 견제하기 위해 승부수를 던진 것이 명확했다. 자민당은 이러한 오자와의 요구를 저지하기 위해서라도 연립에 들어올 것을 공명당에 강하게 어필한다. 공명당과 창가학회 안에서도 연립정권에 들어가야 한다는 의견이 강해졌다.

아키야 에이노스케

결국 공명당은 99년 7월의 임시당대회에서 연립정권 참가 방침을 결정했다. 대표인 간자키는 "자민당도 결국 1당 지배시대의 의식을 바꾸어 다른 당과의 연대, 연립을 지향하고 있다." "공명당은 책임정당으로서 정치적 리더쉽을 발휘하기 위한 연립정권에 참가해야 한다고 생각한다."며 '반자민' 노선전환을 정당화했다. 참석자로부터는 "이번 노선대전환은 너무 갑작스러워 고민이 필요하다." "(자민당은) 공명당 파트너로서 어울리는 당으로 변혁할 것인가." "결국 사회당처럼 자민당에게 이용당하지는 않을까."[17] 등과 같은 질문이 계속 나왔다. 하지만 집행부는 '우리가 내걸은 중도정치를 실현하기 대단히 좋은 찬스다.'라는 대답으로 무마했다.

간자키의 답변은 불과 1년 만에 '반자민'에서 자민과의 연립으로 대전환하는 상황을 설명하기에는 다소 부족했다. 그러나 자민당에 의한 창가학

16 당시(1994~1999년) 중의원 비례의석은 전체 500석 중 200석
17 일본사회당: 1945년에 창당되어 1996년에 소멸된 혁신계 정당. 창당 이후 90년대 초반까지 일본 제1야당으로 자민당과 함께 55년체제라는 보혁구도를 지탱해왔다. 1995년 자민당과의 연립 이후 급속히 쇠락했다. 후신은 현 사회민주당.

회 공격에 종지부를 찍고, 동시에 중의원 소선거구비례대표병립제에서 일정한 의석 확보를 위해 자민당과 손을 잡는 게 이케다 다이사쿠를 위시한 공명당·창가학회 수뇌부의 최종판단이었다. 실제 공명당이 연립에 참가하게 됨으로써 오자와가 요구한 비례정수 50석 축소는 20석 감소에 그치게 되었다.

중선거구제 부활, 이뤄지지 않는 이면합의

이 시기 계속된 자민당과 공명당의 협의에는 큰 테마가 숨어있었다. 바로 중의원 선거구제의 발본개혁이었다. 대소동 끝에 중의원에서 소선거구비례대표병립제가 도입될 수 있었던 것은 공명당의 적극 찬성이 있었기 때문이었다. 때문에 공명당은 제도의 재변경을 소리 높여 주장할 수 없었다. 하지만 신진당 해당으로 다시 공명당으로 선거를 치르게 된 이상, 소선거구 중심제를 그대로 둔 채 단독으로 선거를 치른다면 소선거구에서는 의석 제로까지 예상되어 비례만으로는 의석이 대폭 감소될 것이 확실해 보였다.

자공연립정권 성립에 큰 역할을 한 노나카 히로무는 저서에서 "공명당과 자민당의 연립정권 합의 중 하나는 중의원 선거제도를 중선거구로 되돌린다는 것이었다. 자민당 측이 지킬 수 없는 약속이었기에 이뤄지지는 않았다."고 증언하고 있다.(앞의 책) 공명당은 연립정권에 참가하는 전제조건으로 정수 3석의 중선거구를 전국 150개로 하여 중의원 정족수를 450석까지 감축하는 발본개혁안의 실현을 강하게 촉구했다. 이는 당시 자민당 집행부와 합의했던 것이다. 그렇지만 연립합의에는 올라가지 않았는데, 이른바 비공식 합의였다.

이에 대해서는 오부치 정권에서 간사장을 맡은 모리 요시로森喜朗도 나중에 "(오자와가 주장하는 비례정수 감축 조건을) 공명당이 받아들일 정도로 실제로는 하나의 조건이 나온 셈입니다. 그게 중선거구제 부활입니다. 그것을 받아들인다면 찬성한다는 것으로 양해 가능한 것이었습니다."라고 증언하고 있다.

공명당은 자민당과의 연립정권에 참가한 뒤에도 중의원 선거제도의 발본개혁 요구를 계속하여 2001년 9월에는 자민, 공명, 보수[18]의 여당 3당 간사장 회담에서 인구가 많은 대도시부의 선거구를 중선거구로 하는 것에 기본적으로 합의했다. 그러나 여론과 야당 측의 강한 반발뿐 아니라 자민당 안에서도 이견이 분출했다. 수상 고이즈미 준이치로 마저 소극적이었기 때문에 중선거구제 부활안은 좌초되었다.

공명당은 그 뒤 민주당 정권인 2011년에는 중선거구제 부활의 요구를 담고 비례대표를 축으로 한 제도 등으로 발본개혁을 호소하는 방침을 결정했다. 그것은 3인선거구의 중선거구에서는 공명당이 단독으로 맞서도 의석을 확보할 수 있는 선거구가 적다는 분석결과를 수용한 대응이었다. 뒤에서 자세히 쓰겠지만, 공명당은 당시의 민주당 정권과 선거제도개혁 실현을 위해 상당히 공들여 교섭했지만 결국 실패로 끝났다.

공명당의 불만은 중의원 비례구에서는 모든 블록의 평균에서 11~14%의 득표율을 얻지만 의석점유율은 소선거구와 합쳐 6~7%에 그친다는 점이다. 득표율의 반쪽짜리 의석점유율에 머물고 싶냐는 것이다. 지금의 제도에서는 자민당과 전면적인 선거협력을 해도 소선거구에서는 8~9의석을 확보하는 것이 고작이다. 게다가 그 이외의 전국 대부분의 소선거구에서 자민당

---

18 보수당保守党: 자민당과의 연립참여를 위해 2000년 오자와가 이끌던 자유당에서 이탈하여 결성된 정당. 2003년 자민당으로 합류하여 소멸.

모리 요시로

후보를 지원하는 대리전을 치러야 할 필요까지 있다. 창가학회 내에서는 학회원에 과중한 부담을 지우는 역할임에도 얻게 될 성과가 너무 적다는 불만이 강하게 존재한다. 그렇기 때문에 공명당은 2001년의 중의원 선거에서도 '당면한 중요한 정치과제'의 하나로 '보다 민의를 반영한 선거제도개혁의 실현'을 내걸고 '소선거구의 지나친 민의 집약기능'을 시정할 필요가 있다고 호소했다.

중의원의 선거제도개혁을 요구하는 의견은 창가학회에서 거듭 분출되었지만, 이 문제는 국회에서 의석을 얻는 정당의 다수가 찬성하지 않는다면 실현될 수 없다. 가장 중요한 자민당 내에 지금 그럴 마음이 없는 것을 생각해 본다면, 자공연립정권이 계속되는 이상 실현할 수 없다는 딜레마에서 나올 수 없다. 그렇기 때문에 창가학회 내부에는 학회원의 과중한 부담을 줄이기 위해 중의원 선거에서 소선거구를 포기해야 한다는 의견이 뿌리 깊었다. 민주당 정권하의 야당시대에는 이것도 진지하게 검토했다. 이 문제가 창가학회에서 가장 중요한 정치과제라 할 수 있다. 언제든 다시 목소리가 높아질 수 있다.

제2장

공명당의 역사적 변용

- 언론출판 방해사건과 다나카파와의 밀월

창가학회의 급성장과 공명당의 탄생

창가학회는 니치렌日蓮[19] 불법을 신봉하는 재가신도출가하지 않은 불교신도 종교단체다. 소학교 교장이었던 마키구치 쓰네사부로牧口常三郎가 전전에 설립한 교육연구단체 '창가교육학회'를 전신으로 한다. 마키구치는 일련정종日蓮正宗의 교의를 배우면서도 독자적인 종교철학으로서 '가치론'과 '법벌론法罰論'을 전개했다. 또한 마키구치는 서양철학의 '진선미'를 비판적으로 수용하여 '이선미利善美'라는 가치관을 주창한다. 이후 학회에서는 이=현세이익을 강조하는 것으로 해석한다. 마키구치는 가치 있는 종교는 그것을 믿는 자에게 이익을 주고 반대로 그 신앙을 배척하는 자에게는 벌이 내려진다는 견해를 제시했다(島田裕巳, 『創価学会』 新潮新書, 2004년). 이러한 사상이 창가학회에서 이어진 공명당이 일관되게 여당을 지향하게 되는 것으로 볼 수도 있다.

제2차 세계대전 중에 마키구치는 치안유지법 위반 등으로 체포되어 패전 직전에 옥사하고 만다.[20]

마키구치와 함께 투옥되었던 제자 도다 조세이戶田城聖는 출옥 후 1946년 모임 이름을 창가학회로 바꾸어 활동을 재개했다. 도다는 '절복折伏, 악인이나 악법을 꺾어 불법을 따르게 함'이라 부르는 공격적 포교활동을 지휘하여 3,000여 명의 회원을 불과 10년에 50만 세대까지 증가시켰다. 도다가 사망한 1958년

---

19 니치렌日蓮, 1222~1282: 가마쿠라 시대의 승려. 니치렌은 기존 불교를 비판하고 민중 불교를 설파했다. 니치렌은 법화경을 제외한 모든 경전을 배척했으며 법화경에 귀의한다는 '남묘호렌게교南無妙法日蓮華経'라는 구절을 낭송하면 모두 부처가 될 수 있다고 주장했다. 또한 니치렌은 입정안국론立正安国論이라는 말세사상을 주장했다. 그 내용은 조정이 자신의 교리를 국교로 삼고 다른 종파를 모두 금지시켜야 하며 이를 거부하면 외적의 침공을 받을 것이라 주장했다. 니치렌 사후 그를 따르는 제자들이 일련종과 일련정종 등으로 분화되었다.

20 마키구치의 체포: 체포, 투옥의 주된 사유는 마키구치와 그의 제자들이 신사참배를 거부했기 때문이다.

에는 창가학회는 약 75만 세대의 대조직으로 성장했다. 대부분의 회원이 이 시기 지방 농촌에서 도쿄 등 대도시에 대규모로 유입한 중소영세기업 미조직노동자와 상점주 등 열악한 환경에서 일하는 서민들이었다. 농촌의 지역 공동체를 떠나 도시에서 고독한 생활을 견디던 저소득층이 '신앙을 통한 이익의 실현'이라는 가르침을 받아들여 도시 지역을 중심으로 회원을 극적으로 늘려나갔다.

도다 조세이

창가학회의 정치 진출을 결정했던 것도 2대 회장 도다였다. 1954년에 창설한 문화부 부원들을 이듬해 55년 4월 통일지방선거에 입후보시켰다. 이 선거에서 도쿄 도의회 1명을 시작으로 도쿄 23구[21]의 구의회에서 50여 명을 일거에 당선시켰다. 학회원들의 선거운동은 격렬한데다 폭력적이라고 비판받았다. 하지만, 이듬해 56년 참의원선거에서는 6명의 후보자를 내세워 전국구에서 2석과 오사카 지역구에서 1석으로 모두 3석을 획득한다. 이어 59년의 참의원선거에서는 그 두 배인 6석을 얻어 세간의 주목을 받았다. 이 사이 57년에 일어난 참의원 오사카 지역구의 보궐선거에서도 창가학회는 후보자를 옹립했지만 이 선거에서 섭외부장이던 이케다 다이사쿠는 공직선거법 위반 혐의로 체포된다(기소된 후 무죄 확정).

도다는 정계진출 목적은 광선유포広宣流布 : 니치렌의 가르침을 세상에 널리 펼치는 일를 위한 '국립계단戒壇 : 승려가 계를 받는 곳의 건립'이 목표라고 말했다. 다만 이는 일련정종의 국교화를 목적으로 하는 것은 아니라고 강조하고 "종교와 정치

21　도쿄 23구東京23区: 1943년 도쿄시市와 도쿄부府가 합쳐 도쿄도都가 되었다. 23구는 기존 도쿄시 지역의 23개 자치구를 지칭하는 것으로 현재 도쿄도의 중심부를 뜻한다.

는 그 자체로 다르다."고 하여 독자적인 정당 결성과 중의원 진출을 부정했다. 실제 창가학회가 당선된 당시 참의원 의원들은 대개 일본민주당과 우파 사회당 출신이었다.

한편으로 도다는 창가학회가 선거활동을 하는 이유는 선거를 하게 되면 회원들의 눈빛을 바꾸고 신앙도 신장시키기 위해 활용하는 것이라고 설명했다.

애초에 창가학회가 신봉하는 니치렌 쇼닌上人: 큰 스님은 가마쿠라 막부에 거듭 간언하여 탄압받았다. 그렇기 때문에 창가학회가 정치에 진출하여 정계의 정화를 부르짖는 것과 함께 학회원의 대부분을 차지하는 가난한 미조직 노동자의 요구에 충분하게 응하지 못하는 정치에 변혁을 촉구하는 것은 니치렌의 자세를 계승하는 것이라고도 말할 수 있다. 다만 실제로는 당초부터 선거활동은 조직에 활력과 확대를 불러일으킬 수 있는 도구로 인식된 면도 적지 않았다.

도다가 병사한 2년 후인 1960년, 32세의 젊은 나이에 제3대 회장으로 취임한 이케다는 조직을 한 단계 더 확대할 것과 함께 공명당의 결성에 발 벗고 나섰다.

'공명당을 낳아준 부모이자 길러준 부모'인 이케다 다이사쿠

1961년 11월 이케다는 우선 창가학회의 문화부원인 참의원 의원 9명과 지방의원 275명으로 '공명정치연맹'을 결성시켰다. 이어서 1964년 11월에 열린 공명당 창당대회에서 당의 강령과 활동방침이 채택되었다. 동시에 이듬해 열리는 참의원선거의 후보자와 함께 차기 중의원 선거의 후보자가 발표되었다. 2대 회장 도다처럼 이케다도 그때까지는 중의원 선거의 후보자 옹립을 부정했지만, 공명당 창당과 함께 중의원 진출을 결단한 것이다.

공명당 창당은 종교활동과 정치활동을 조직적으로 명확하게 나누는 것이 목적이었지만 당시의 위원장 이하 간부들은 창가학회의 간부직도 겸임하고 있었다. 이때까지는 창가학회와 한 몸으로 봐도 무방했다. 공명당의 초대위원당으로 취임한 하라시마 고지原島宏治는 창당대회 인사말에서 이케다 다이사쿠에 대해 '공명당을 낳아 준 부모이자 길러준 부모'라고 소개했다.

하라시마 고지

양자의 일체성은 창당대회에서 채택된 창당선언과 강령에서도 명확하게 보여진다. 강령에는 '왕불명합王佛冥合과 지구민족주의의 항구평화 초석의 구축', '인간성사회주의에 기반한 개인의 행복과 사회의 번영이 일치하는 대중복지의 실현' 등을 내걸었던 것이다. 여기서 나온 '왕불명합'이라는 것은 창가학회에서 중요한 니치렌의 말씀으로 '왕'은 정치와 현세 일반을, '불'은 불법을 가리키기에 불법의 정신을 사회의 법과 제도에 반영시키는 것을 의미하고 있다. 니치렌의 가르침을 정치의 장에서 실천하고 확장시키는 것을 목표로 하는 종교정당이라는 것이 분명하게 보여지고 있다.

동시에 강령은 "우리들은 대중과 함께 말하고 대중과 함께 싸우며, 대중 속에서 죽어갈 것을 맹세한다."라는 이케다의 말을 인용하여 대중의 당이라는 것을 강조한다. 지지기반인 도시지역 저소득층을 강하게 의식한 것이었

공명당 창당대회

다. '대중복지를 향하여'라는 정책집도 발표해 소득재분배정책을 제안했다. 또한 '대중과 함께 말하고……'라는 문구는 현재 공명당 강령에도 남아 있다.

한편 창당선언에서는 기성정당을 강하게 비판한다. "일본 정치를 근본적으로 정화하여, 의회제민주정치의 기초를 확립하고 대중에 깊이 뿌리내려 대중복지의 실현을 펼친다.", "드넓은 지구민주주의의 입장에서 세계에 항구적 평화구축을 확립하는 것을 최대의 목표로 하여 과감하게 싸운다."라며 '정계정화', '대중복지', '세계평화'라는 오늘날까지 이어지는 이념을 내세웠다.

조직의 유지 확대 도구로써의 선거

그 뒤, 공명당은 복지정책을 중시하는 방향으로 나아갔다. 애초에 창가학회의 정계진출이 지방의회에서 시작한 것을 생각해보면 '국립계단 건립'과 '정계정화'라는 이념보다는 도시로 나와 고된 생활을 이어가고 있는 학회원들의 요망을 따르는 '대중복지의 실현'이라는 현세이익이 정계진출의 동기 중 하나일 것이다. 다만 앞서 말했듯이 선거가 조직을 신장시키고 확대시킬 도구의 측면이 컸음은 부정할 수 없다. 그것은 이케다 시대에 학회는 '선거 승리가 신심을 증명'한다는 논리가 철저히 관철되었다는 것에서도 알 수 있다.

다케이리 요시카쓰

결성 다음 해인 1965년 참의원선거에서 공명당은 지방구 2석, 전국구 9석 합계 11석을 획득했다. 비개선의석 포함 20석으로 참의원에서 제3당으로 약진했다. 67년에는 처음으로 중의원 선거에 도전하여 일거에 25명의 당선자를 냈다.

그 직후 공명당은 당대회를 열어, 참의원 중심이었던 집행부를 일신한다. 새로운 위원장은 다케이리 요시카쓰竹入義勝, 서기장은 야노 준야矢野絢也로 이제 막 당선된 중의원 의원이었다. 인사는 이케다 다이사쿠의 지명에 의한 것으로 이케다가 얼마나 중의원을 중시했는지를 보여준다. 다케이리-야노 체제는 그 뒤 약 20년이나 계속된다.

공명당은 그 뒤에도 당세 확대가 계속됐다. 68년 7월의 참의원선거에서는 13석을 획득하여 비개선 의석 포함 24석을 확보했다. 득표수는 665만 정도로 득표율은 15.5%에 달했다. 이듬해 69년 12월의 중의원 선거에서 공명당은 지난 선거의 2배 가까운 47석을 획득한다. 중의원에서도 자민, 사회 양당에 이어 제3당으로 뛰어올랐다.

도다 조세이가 사망한 시점(1958년)에 75만 세대를 넘기며 급성장해 온 창가학회 회원은 1960년대를 지나서도 비약적으로 늘어났다. 69년에는 740만 세대(학회 측 주장)까지 팽창했다. 창가학회 회원은 신앙의 대상인 어본존御本尊[22]을

창가학회의 어본존

---

22 어본존御本尊: 창가학회에서 법화경의 문구를 그림으로 그려 인쇄한 물건을 지칭하는 말로 타 불교의 불상과 비슷한 역할을 한다.

수령하여 처음으로 정식 인정이 되는데 한 번 이를 받은 세대는 그 뒤 활동하지 않아도 명단에 남아있기 때문에 이 숫자가 얼마큼 신빙성이 있는지는 정확히 알 수 없다.

위기의 언론출판방해사건

창가학회의 성장을 배경으로 공명당이 국회에서 의석을 늘려나가자 이를 경계하는 목소리도 높아갔다. 창가학회 신자포섭의 과격한 절복활동折伏活動과 타종교에 대한 심한 공격은 이전부터 '패션종교'라며 강한 비판이 있어 왔다. 공명당이 중의원으로 진출하여 의석을 급증시키자 창가학회와 공명당을 비판하는 서적들도 늘어났다. 대표적으로 당시 저널리스트 나이토 구니오內藤国夫가 쓴 『공명당의 맨얼굴公明党の素顔』(エール出版, 1969년)과 메이지대학교수로 정치평론가인 후지와라 히로타쓰藤原弘達의 『창가학회를 단죄한다創価学会を斬る』(日新報道, 1969년)가 있다.

여기서 창가학회와 공명당에게 큰 전환점이 되는 이른바 '언론출판방해사건'이 시작된다. 1969년 12월 지난달 간행되었던 후지와라의 저서 『창가학회를 단죄한다』를 시작으로 학회 비판 서적 출간에 공명당·창가학회가 압력을 행사했고 이를 공산당이 폭로한다. 공산당 기관지 아카하타赤旗는 규탄 캠페인을 개시. 이 문제는 당시 자민당 간사장 다나카 가쿠에이가 공명당 위원당 다케이리의 의뢰를 받아 저자 후지와라에게 출판 중단을 요청하는 것마저 드러나 공명당·창가학회는 여론의 거센 비판에 부딪혔다.

처음에는 전면 부정했던 공명당이었지만, 결국 서기장 야노가 기자회견

다나카 가쿠에이

에서 공명당 도의원 등이 후지와라와 출판사 쪽에 접촉했다는 것을 인정, "국민에게 의혹을 안겨드려 유감이다."라며 사죄했다. 이어 공명당과 창가학회의 철저한 분리를 선언했다. 그럼에도 비판의 목소리는 잦아들지 않았다. 이듬해인 70년 통상국회에서는 연일 야당 각 당이 이 문제를 추궁하고 '공명당·창가학회가 다른 서적의 출판에 대해서도 방해해 왔다.'라며 격렬히 공격했다. 야당 각 당은 이케다의 국회 증인 출석도 요구했지만 정부·자민당은 일관되게 공명당·창가학회를 비호했다.

사토 에이사쿠

다나카 가쿠에이는 자신의 출판 중단요청에 대해 "다케이리에게 부탁받아서가 아니라 그저 내 뜻대로 참견했을 뿐"이라며 다케이리를 감쌌다. 또한 당시의 수상 사토 에이사쿠佐藤栄作도 "바르게 쓰여져 좋은 내용으로 나왔으면 하는 생각으로 한 것 같다." 등으로 공명당·창가학회의 언동이 언론탄압에는 해당되지 않는다는 취지의 답변만을 거듭하며 야당의 주장에 동조하지는 않았다.

끊어진 이케다 다이사쿠의 희망

공명당은 자민당의 도움으로 몇 번의 국회를 버텨냈지만, 공명당이었지만 이 언론출판방해사건으로 공명당은 창가학회와의 관계를 크게 바꾸는 것을 고려하게 된다.

1970년 5월 3일 이케다 다이사쿠는 회장 취임 10주년 기념일인 이날 본부간부회의에서 일련의 문제에 대해 "언론방해라는 음험한 의도는 결코 아니었지만, 결과적으로는 이런 언동이 모두 언론방해라고 받아들여졌다. 결국 관계자들에게 압력을 느끼게 하고 세간에도 미혹을 끼치게 된 것에 죄송하게 생각한다."라고 솔직하게 털어놓고 사과했다. 이어서 이케다는 일련정종의 국교화와 국립계단 건립을 강하게 부정하고 세간에서 비판받아 온 거센 절복활동도 중단을 약속한다. 공명당과의 관계는 '정교분리'를 철저하게 할 방침을 밝혔다. 구체적으로는 ▶ 공명당 의원의 창가학회 간부직 겸임 금지 ▶ 창가학회는 어디까지나 공명당 지지단체로서 입장을 견지, 선거활동도 당 조직에서 활동 ▶ 이케다 자신은 남은 생애, 결코 정계로 나서지 않을 것 등을 선언했다.

전후, 순조롭게 확대를 계속해 온 창가학회에게 처음으로 닥친 큰 좌절이었다. 이케다는 공명당이 중의원으로 진출하여 의원수를 급증시킨 60년대 후반, 공명당의 간부들에게 중의원 과반수 의석을 목표로 할 것을 자주 강조했는데, 공명당 단독정권으로 자신이 수상이 되는 것을 꿈꿨다는 증언도 있다(矢野絢也·島田裕巳『創価学会 もうひとつのニッポン』講談社, 2010년). 그러나 이 언론출판방해사건으로 그 희망은 끊어져 버렸다.

공명당은 이듬해 6월의 당대회에서 새로운 당칙당헌과 당규과 강령 등을 결정했다. 신강령은 국민정당으로서 '중도주의'를 관철하고 복지사회 건설을 목표할 것과 일본국헌법을 지키고 의회제 민주주의를 확립할 것 등을 담았다. 이것은 창가학회가 처음 설정한 정치 진출의 목적을 포기한 것이기도

하다.

언론출판방해사건으로 여론의 큰 비판을 받은 뒤, 첫 국정선거였던 71년 참의원선거와 이듬해인 72년 중의원 선거에서는 역시 창가학회의 움직임이 둔화되어 공명당 득표수는 대폭 줄어들었다. 그러나 그 뒤 빠르게 회복한다. 앞에서 쓴 것처럼 이 시점에서 창가학회 내부에서는 공명당의 의석을 획득하는 것이 회원의 신앙심 증명이라는 구도가 중요했기 때문에, 당의 강령이 바뀌어 종교적인 목표를 잃었어도 운동원의 선거활동에 그다지 큰 영향은 없었다.

자민당 다나카파와 공명당

그럼에도 불구하고 언론출판 방해사건은 그 뒤 공명당의 진로에 큰 영향을 미쳤다. 장기적으로 본다면 공명당이 현실 노선으로 기울게 되는 큰 전환점이 되었다.

창당 직후인 60년대 후반, 공명당은 야당다운 야당으로서 정부·자민당을 강하게 비판해 왔기 때문에 자민당은 이 '사건'은 공명당을 끌어들여 야당진영을 갈라 칠 절호의 기회로 보았다. 차기 수상 자리를 노리고 있던 자민당 간사장 다나카 가쿠에이가 전혀 어울리지 않는 공명당·창가학회를 위해 움직인 것도 그만한 이용가치가 있다고 보았기 때문이다.

그 배경에는 이 시기 사공공투社共共鬪, 60년대 후반 시작된 사회당과 공산당의 정치적 제휴에 의한 '혁신지자체'가 전국에 널리 세를 떨치고 있었다. 급속히 세력을 확대해 나간 창가학회와 공명당이 사회, 공산 양당과 공투로 나아갈지, 아니면 보수세력과 협동하게 될지 그 동향이 대단히 주목받고 있었다.

이 사건에서 공명당은 다나카 가쿠에이에게 큰 빚을 진 셈이 되었다. 그 뒤 공명당은 각지의 지방선거에서 자민당 추천 후보의 지원을 요청받기도 하고, 국정선거에서 다나카파 후보자의 응원을 요구받기도 했다. 또한 일중국교정상화를 위한 교섭 국면에서는 공명당이 다나카의 뜻을 중국 측에 전달하고 절충하는 역할까지도 했다.

그 뒤 오래 계속되어 온 자민당 다나카파와 그 후계파벌인 다케시타파·오부치파와 창가학회·공명당의 밀접한 관계는 이 문제를 계기로 시작된 것이다. 그것은 90년대에 다케시타파 출신 오자와 이치로로 뭉친 비자민연립 내각을 만드는 것으로도 이어지고, 그 뒤 오부치 정권에서 자민당과 연립에 손을 잡은 것으로도 이어진다. 이는 단지 우연이 아니다.

다나카파와 공명당·창가학회는 그 내력에서 오는 의식과 정책 면에서 친화성도 강했다. 다나카는 니가타현의 농촌에서 태어나 고등소학교[23]를 졸업 후 상경하여 수상까지 오른 입지전적인 정치가다. 다나카처럼 농촌에서 도시로 나온 농가의 차남, 삼남들로서 저학력의 중소영세기업 노동자나 상점주들이 대다수를 차지하는 창가학회의 회원들은 공통의 정서가 있다.[24]

앞서 말했듯이 창가학회는 애초부터 회원들의 생활수준 향상을 목표로 하는 '현세이익'의 종교단체다. 공명당 정책도 창당시기부터 일관되게 대중복지의 충실에 중점을 둔다. 강령에서도 안전보장문제와 헌법개정문제에

---

23 고등소학교高等小學校: 전전 일본에 존재했던 학교 편제로 소학교를 졸업하고 바로 중학교로 진학하지 않은 졸업생을 대상으로 2년간의 초등교육을 실시하는 학교
24 자민당 정치가의 출신 배경 : 초기 자민당은 요시다 시게루를 중심으로 하는 관료파와 하토야마 이치로를 중심으로 하는 당인파로 구성되었다. 또한 이들의 자녀들이 지역구를 세습받는 정치환경에서 다나카 가쿠에이 같이 배경 없는 정치인의 등장은 매우 이례적인 일이었다.

관한 언급은 적다. 한편 다나카파도 공공사업과 사회복지정책, 세제 등에서는 강경했지만 후쿠다파[25]나 나카소네파[26]와 같이 헌법개정문제나 안전보장문제 등 이념적인 문제에 열심인 의원은 적었다. 공명당도 다나카파도 이념적이지는 않고 지극히 현실주의라는 점에서 공통점이 있었다. 양자가 관계를 다질 필연성은 충분했다.

언론출판방해사건 이후 72년 중의원 선거에서 의석을 많이 잃은 공명당은 일시적으로 좌파색을 강화한다. 자민당의 다나카 가쿠에이에게 도움을 요청한 것을 야당 각 당으로부터 총공격 받았기 때문에 자민당에 가깝다는 이미지를 불식시키기 위한 활로 모색이었다. 그 배경에는 이케다의 의향이 있었다고 전해진다. 공명당 창당시 활동방침은 일미안전보장조약을 '정기적으로는 해소'하자는 것이었지만, 73년의 당대회에서 채택된 활동방침에서는 '즉각철폐'로 바꾸고, 자위대에 대해서도 위헌 소지가 있다고 밝혔다.

70년대 초반에는 안보·외교문제에서도 경제정책에서도 사회당 노선에 가까운 주장을 펼쳤다. 그리고 위원장 다케이리는 '중도혁신연합'을 제창하고 사회당과 민사당과의 공투노선_{社共民노선}을 제시한다. 외교 면에서도 중국과 소련, 북한 등 사회주의권과의 관계에 공을 들여 독자외교를 전개했다.

특히 중국에 대해서는 사토 내각이 중국과의 대결자세를 유지하는 와중에 공명당은 일찍부터 대만과 조약을 파기하고 중국과 국교 정상화를 해야 한다는 방침을 제시한다. 이것은 앞서 발표되었던 이케다의 「중국과의 국교 정상화를 위한 제언」을 수렴한 것이었는데 공명당은 71년부터 72년까지 다케이리가 세 번에 걸쳐 중국을 방문하며 다나카 내각의 일중국교정상화에 힘을 쏟았다.

---

25 후쿠다파: 현 청화회_{淸和会}
26 나카소네파: 현 지사회_{志帥会}

창공협정의 반발

75년이 되자 74년 말 창가학회와 공산당이 상호 입장을 존중하고 비방과 중상을 하지 않고 공존할 것 등이 확인됐다. 이러한 양당의 '창공협정'이 알려지자 정계관계자들은 적잖은 충격을 받았다. 창가학회가 공명당을 결성한 이래 공명당과 공산당은 지지기반이 둘 다 도시지역의 저소득자층으로 겹치기 때문에 표를 두고 벌어지는 격렬한 쟁투를 연출하며 비방전을 전개해 왔다.

공명당 선거활동의 행동부대는 창가학회의 부인부와 청년부였는데, 현장에서 부딪히는 것은 창가학회의 부인과 청년, 공산당원이었다. 공산당은 "공명당은 반자민을 내걸면서도 실제로는 자민당의 반공 캠페인에 발을 얹고 있다."며 맹렬하게 공격했다. 언론출판방해사건도 공산당원의 텔레비전 토론 폭로로 시작되어 아카하타의 캠페인에 의해 학회를 궁지로 몰아넣었다.

이케다는 공산당의 이러한 공세에 대한 방어를 고민하다 공산당과 협정 체결을 하려 했다. 협정의 유효기간은 10년으로 했다. 그러나 이 협정은 이케다가 단독으로 추진한 것으로 공명당의 간부들에게는 알려지지 않았기 때문에 다케이리와 야노 등 당 집행부는 이것을 알게 되자 강하게 반발했다. 공명당은 중앙집행위원회에서 공산당과는 공투하지 않을 것을 확인하고, 국회의 야당공투에도 공산당을 배제하는 자세를 보다 명확히 했다. 공산당은 '공투없는 공존은 있을 수 없다.'며 항의 했지만, 이케다 다이사쿠는 그러한 공명당 집행부의 자세를 방치했기 때문에 협정은 사실상 1년도 지나지 않아 효력을 잃었다.

나중에 야노는 일반사회에 널리 존재한 '창가학회와 공명당은 싫어하지만 반공세력으로서는 의미가 있다.'라는 평가가 창공협정으로 뒤집힐 것을 우려했다. 그 뒤 실제로 정부 사이드, 특히 공안 쪽에서 불쾌한 압박이 있었다는 것을 밝히고 있다(야노·시마다, 앞의 책).

창공협정의 충격을 지나 공명당은 75년 10월의 당대회에서 정치방침을 현실노선으로 되돌린다. 사회당에 가깝게 '일미안보조약의 즉각 철폐'였던 안전보장정책을 재검토하고 '개신한 자민당원도 포용'하는 '중도국민전선'이라는 방침을 내세웠다. 이 노선은 그 뒤에도 일관되게 지속되어 앞서 말한 오자와 이치로와의 비자민연립정권 수립으로도 이어지게 된다.

나카소네 정권인 1984년에는 공명당과 민사당이 자민당 반나카소네 세력과 연대한 '니카이도 옹립구상[27]'이 일어났다. 이 해의 자민당 총재선거에서 재선을 목표로 한 나카소네 야스히로中曾根康弘에 대해 전 수상인 스즈키 젠코鈴木善幸와 전 수상 후쿠다 다케오福田赳夫 등이 재선에 반대하여 은밀하게 다나카파 출신의 부총재 니카이도 스스무二階堂進를 수상후보로 하는 방침을 물밑에서 진행시켜 공명당과 민사당에게도 3당연립정권을 전제로 협력하게 한 것이다. 공명당 위원장 다케이리와 민사당 위원장 사사키 료사쿠佐々木良作도 동조했지만, 결국 핵심인 니카이도가 다나카의 설득을 받아들여 거부했기 때문에 계획은 좌초되었다.

공명당은 그 전 오히라大平正芳 정권 때도 오히라 측으로부터 연립 참여 제안을 받고 검토했던 경위도 있다. 이미 이때부터 자민당과의 연립은 시야에 넣고 있었다. 공명당은 그 후에도 사회당과 연대보다 파벌항쟁이 격화된 자

---

27 니카이도 옹립구상二階堂擁立構想: 1984년 나카소네 총리의 임기가 끝나자 전 총리 스즈키 젠코가 다나카파의 분열을 위해 다나카파의 2인자인 니카이도 스스무를 총리후보로 추천하고 이에 공명당과 민사당의 동의를 받은 사건이다. 다나카파의 1인자인 다나카 가쿠에이의 반대로 실현되지 못했다.

민당의 일부와 연대하는 것을 노리는 방침을 내세웠다. 실제로 당시 정치세력을 객관적으로 볼 때, 사회당과 손을 잡는 것보다 정권 획득 실현가능성이 훨씬 높았다. 이때 자민당은 총득표수가 서서히 줄어들게 되었다. 계속해서 약체화되는 자민당과 공명당이 손을 잡을 기반이 만들어지고 있었다.

'네지레 국회'라는 도약대[29]

창당 이래로 공명당은 일관되게 여당을 지향해왔다. 처음에는 사회당과 민사당과 함께 그것을 실현하자는 방침이었지만 계속하여 교조적 좌파가 주도하는 사회당을 단념하고 자민당 일부와의 연립을 지향하게 되었다. 이것은 저소득층이 다수를 차지하고, 일관되게 '반공'과, 현세이익을 중시하는 학회원들도 받아들이기 쉬운 것이었다.

결정적이었던 것은 1989년(헤이세이 원년)의 참의원선거였다. 자민당이 리크루트 사건[29]과 소비세 도입의 영향 등으로 역사적 대패를 겪고 비개선의석을 포함해도 참의원의 과반을 크게 밑돌아 '네지레 국회'가 처음으로 출현

---

28 네지레 국회ねじれ国会: 중의원과 참의원 각각 의석의 과반수를 차지하는 정당이 다른 상태. 일본은 하원인 중위원이 상원에 해당하는 참의원보다 우위에 있으나 네지레 상태인 경우 참의원의 반대로 법안의 통과가 복잡해지거나 시간이 길어져 정치적 의제선정과 정치구도 변화에 중요한 변수로 작동된다. 참의원이 중의원에서 통과된 법안을 거부하면 중의원에서 3분의 2 이상의 찬성으로 재가결할 수 있지만, 현실적으로 중의원에서 이런 의석을 확보하기는 매우 어렵다.

29 리크루트 사건リクルート事件: 일본 정보산업회사인 리크루트사가 계열사 미공개 주식을 공개직전에 정·관·경제계의 유력 인사들에게 싸게 양도하여 공개 후에 부당 이익을 보게 함으로써 사실상의 뇌물을 공여한 사건이다. 록히드 사건(1976), 교와스캔들 및 사가와 규빈 스캔들(1992)과 더불어 일본 4대 정경유착 비리로 손꼽힌다.

가이후 도시키

한 것이다. 이때 참의원에서 22석을 확보하고 있는 공명당이 찬성한다면[30] 정부제출법안은 가결되기 때문에 공명당이 법안의 성패를 결정하는 '캐스팅보트'를 쥐게 되었다.

참의원선거 후에 들어선 가이후 내각에서 자민당 간사장으로 취임한 오자와 이치로는 공명당과 민사당에 접근했다. '자공민' 3당으로 다수파를 형성해 '네지레 국회'를 돌파했다. 오자와는 무엇보다 공명당을 중시하고 서기장인 이치카와 유이치와의 관계를 돈독히 했다. 이것이 제1장에서 이야기한 비자민연립정권을 향한 첫걸음이었다.

---

30 1989년 제15회 참의원 통상선거 결과 : 자유민주당 109, 일본사회당 67, 연합의회 11, 공명당 22, 일본공산당 14, 민사당 8, 세금당 3, 제2원클럽 2, 스포츠평화당 1, 샐러리맨신당 1, 오키나와 사회대중당 1, 무소속 13

제3장

창가학회와 공명당의 내부구조

- 깊어지는 일체화

이케다 다이사쿠와 공명당

　이 장에서는 공명당이 어떤 정당이고, 창가학회와의 관계가 실제로 어떠한가에 대해 다룬다.

　이미 언급했듯이 공명당은 창가학회 회장인 이케다 다이사쿠의 발안으로 결성되었다. 2014년 11월에 간행되었던 공명당의 창립 50주년을 기념하는 당사党史『대중과 함께 - 공명당 50년의 발자취大衆とともに - 公明党50年の歩み』의 권두에도 이케다의 사진이 '이케다 다이사쿠 공명당 창립자(창가학회회장=당시)'라고 설명이 달려있었다. 이 당사의 머리말에서 공명당 대표 야마구치 나쓰오는 "공명당은 1964년(쇼와 39년) 11월 17일에 이케다 다이사쿠 창가학회 회장(당시)의 발의에 의해 결성되었다. '대중과 함께 말하고, 대중과 함께 싸우며, 대중 속에서 죽어갈 것'(이케다 다이사쿠·공명당 창립자)이라는 지침과 대중복지의 실현을 목표로 활발하게 활동을 전개하여 창당 50년의 가절佳節을 맞았다."고 설명하고 있다.

　앞서 기술했던 '언론출판방해사건'을 계기로 이루어진 '정교분리' 선언 이후 공명당은 오랜 기간 창가학회와의 관계를 짐짓 숨겨왔다. 그러나 자민당과의 연립정권이 장기화되고 창가학회에 대한 사회의 알레르기가 누그러지면서 공명당은 최근 이케다와 창가학회와의 관계를 당당하게 이야기하기 시작한다.

　창당 직후 공명당은 초대 위원장으로 취임한 하라시마 고지가 창당대회의 인사말에서 이케다를 '공명당을 낳아준 부모, 길러준 부모다'라고 표현했다. 첫 번째 중의원 선거에서 이케다의 지시로 이제 막 중의원 된 것이 전부인 다케이리 요시카쓰로 위원장이 교체된 것을 보아도 온전히 창가학회의 아래에 당을 두었다는 것을 알 수 있다.

다만 두 번째 중의원 선거에서 47석을 획득, 제2야당으로 도약한 뒤에 일어난 '언론출판방해사건'의 대응과 그 후 창공협정 소동에서 관계자의 증언들을 종합적으로 분석해보면, 당시 창가학회 회장인 이케다 다이사쿠와 공명당 집행부의 관계는 일정한 거리가 있었다는 것을 알 수 있다.

위원장 다케이리는 꼬박꼬박 이케다에게 보고하고 상담하면서도 일중국교회복을 위한 활동과 '창공협정'의 처리문제 등은 상당 부분 독자 행동을 취했다. 야노 준야의 증언에 따르면 당시의 다케이리는 이케다의 귀에 들어갈 것을 전제로 '(이케다)회장의 말은 어떻게 생각해도 이상하다.'며 많은 당간부 앞에서 비판한 적이 몇 번이나 있었다고 한다(矢野·島田, 앞의 책).

다케이리는 공명당을 어느 정도 창가학회에서 자립시킬지를 모색했는데, 이케다와 긴장관계에 들어갈 것도 각오했다. 다만 다케이리 자신이 훗날 "창가학회의 세계에는 독특한 윤리가 있다.", "그만둘지 아닐지는 자신이 결정하는 것이 아니다. (공명당 간부의) 임무는 이케다 다이사쿠 회장의 의사일 뿐 자기 마음대로 그만두는 것은 불손의 극치다.", "위원장을 맡게 된 때부터 인사권은 학회에게 있다고 명기했다."(竹入義勝, 「秘話·55年体制のはざまで」 朝日新聞연재, 1998년)고 술회하고 있어서 어디까지 진심으로 '자립'이 가능하다고 생각한 것인지 알 수 없다.

그 배경에는 언론출판방해사건 후 창가학회와 공명당의 '정교분리' 추진도 있었던 것 같지만, 기본적으로는 이케다 '신격화'가 아직 그 정도로 진행되지 않았던 것이 크다고 생각된다. 이케다는 약관의 32세에 창가학회 회장으로 취임하여(1960년) 사건 당시에는 그로부터 고작 10년 정도 지난 시점이었다. 유일무이의 지도자 지위는 확립되었을지라도, 2대 회장 도다 조세이의 문하생이던 이케다보다 선배격 간부들이 아직 많이 남아있었고 그중에는 이케다를 공공연히 비판하는 간부도 있었다. 그러한 환경에 있었기 때문에 다케이리가 이케다를 비판하여 견제하는 것도 가능했던 것이다. 나이도 다케이리가 이케다보다 많았고 "정치 쪽 일은 기본적으로는 다케이리에게 맡겼으면 한다."고 생각해 왔던 이케다였다. 다케이리 등에 자신의 생각을 일방적으로 밀어붙일 수만은 없었다.

오늘날에는 공명당 대표가 많은 사람들 앞에서 이케다를 비판하는 것은 상상도 할 수 없다. 이케다가 절대적 지도자로 군림하기에 창가학회 간부든 국회의원이든 모두 이케다의 '제자'일 뿐이다. 비판을 입에 담기 어려운 분위기가 만연해 있다.

이케다가 건강 문제로 사실상 부재하고 있는 게 벌써 6년(2016년 현재)이다. 이케다가 건강했던 10년쯤 전에는 약 1,000명이 참가하는 매달 본부 간부모임의 공식석상에서 이케다가 그 자리에 있는 공명당과 창가학회 간부에게 욕설을 퍼붓는 일도 잦았다. 그것은 일반 회원들의 불만을 누그러뜨려 주는 동시에 이케다의 권위를 높이기도 했다.

본부간부회의 모습은 촬영과 편집을 거쳐 전국의 창가학회 회관에서 중계 상영된다. 때문에 이케다가 일부러 이런 언동을 보이는 것은 아닐까. 공명당의 역대 톱인 간자키 다케노리나 오타 아키히로도 본부간부회에서 이케다로부터 이름이 불리면 일어나 차렷 자세가 되었다고 한다. 이에 대해 야노 준야는 "우리 시절엔 (사람들 앞에서) 이케다 씨가 '일어나'라며 명령하는 일은 한 번도 없었다."라고 증언하고 있다.(矢野絢也,『黒い手帖 創価学会 「日本占領計画」の全記録』講談社, 2009年)

뿐만 아니라 이케다가 개별 정책이나 국회대응 등에 대해 당 측에 상세하게 지시를 내리는 일은 이전에도 거의 없었다고 한다. 그렇다고 정치방침을 전적으로 당 측에 맡겼냐면 또 그렇지는 않다. 학회 간부들이 정기적으로 공명당 간부와 협의하고 주문을 하는 식이다.

빈번하게 협의를 여는 공명당과 창가학회

조직으로서 창가학회와 공명당은 일체화되기 이전부터 양자 간 협의가 보다 빈번하게 이루어지는 것으로 밝혀지고 있다.

공명당 간부들은 평소보다 상당히 이른 오전 7시경, 의원숙사[31]를 황급하게 나와 학회관련시설이 있는 도쿄 시나노마치信濃町로 가는 모습이 이전부터 자주 목격되었다. 이것은 2006년 공명당 대표가 간자키에서 이케다 직계인 오타로 교체되고, 창가학회 회장도 4반세기 만에 아키야 에이노스케에서 하라다 미노루原田稔로 교체되었던 시기부터 빈번하게 보여진 것 같다. 그 전까지는 한 달에 한두 번 열리곤 했던 창가학회 간부와 공명당 간부에 의한 비공식 협의는 적어도 국회개회 중에는 매주 1회, 목요일 아침에 열리는 것으로 보인다.

출석자는 학회 측은 회장을 시작으로 이사장과 사무총장, 여기에 부인부장과 청년부장 등, 당 측은 대표를 시작으로 간사장과 정조회장, 국대위원장 등으로 쌍방이 합쳐 10여 명이다. 협의는 주로 공명당 측에서 당면한 정책과제와 국회 전망 그리고 각지의 선거정세 등에 대해 보고하고, 이에 대해 창가학회 측이 의견과 주문을 이야기하는 형태로 진행된다.

---

31 의원숙사議員宿舍: 국회의원들의 도쿄 생활을 위해 만든 관사.

학회 측은 보통은 거의 듣기만 하는 역할이지만 선거에 관한 과제가 되면 주문은 단숨에 거세진다. 이를테면 2008년 가을, 수상인 아소 다로가 언제 중의원 해산을 밟을지가 초점이 될 때 창가학회 측은 아소에게 조기해산을 밟을 것을 거듭 강하게 당간부에게 촉구했다. 이 때문에 대표인 오타 등에게 아소한테 몇 번이나 조기해산을 주문하라고 질타했다. 조기해산을 밟지 않으면 이듬해 창가학회가 중시하는 도쿄 도의회 선거와 겹치게 된다. 중의원에 집중할 수밖에 없는 창가학회의 에너지가 분산되어 힘겹게 싸우는 형세가 된다. 때문에 먼저 준비를 시작한 중의원 선거를 빨리 치를 필요가 있다. 그런데 이때는 아소가 해산을 계속 망설이다가 결국 이듬해 여름 두 선거가 연이어 치러졌고 공명당은 중의원 선거에서 참패했다.

또한 2015년 가을, 소비세 증세의 경감세율 도입 문제에 관한 자민당과의 협의가 고비를 맞았을 때에는 학회 측은 매주 공명당 간부들에게 일정 규모 이상의 경감세율 실시를 강하게 촉구했다. 실은 이것도 단순한 정책실현이 아니라, 공명당이 직전의 중의원 선거에서 경감세율의 도입을 유권자에게 선명하게 약속했기 때문에 실현할 수 없다면 이듬해 참의원선거에서 운동원의 활력이 떨어져 고전을 면치 못한다는 사정 때문이었다.

이때는 아베가 공명당의 주장을 전면적으로 받아들이기로 결단하여 공명당은 이듬해 2016년의 참의원선거에서 승리할 수 있었다. 공명당과 창가학회가 어떤 형태로 분리되어 있는지를 볼 수 있는 것이 실제로 선거운동을 맡고 있는 부인부를 중심으로 한 창가학회의 운동원들이다. 앞서 말했듯이, 선거결과가 학회 간부들의 근무평정이 되는 것과 더불어 학회 측은 선거에 관계 된 안건이 올라오면 눈빛이 달라진다.

둘의 관계에서 일체화가 진행되고 있다고는 하지만 창가학회 측의 요청이라고 해서 공명당이 창가학회의 모든 것을 고분고분 따를 필요는 없다. 일상의 국회대응과 정책협의 진행방향 등은 기본적으로는 당 측에서 맡고 있다. 다만 당장의 선거에 직결되는 문제와 그것과 관련된 자민당과 민주당(민진당)과의 관계를 어떻게 할지, 공명당의 진로에 관한 기본문제, 그리고 개별정책이라도 헌법개정과 교육기본법 개정과 같이 창가학회의 역린을 건드리는 테마에 이르면 학회 측에서 거센 주문이 나오고 공명당의 집행부는 이에 응하기 위해 전력을 다하게 된다.

여전히 창가학회의 '역린'은 헌법 9조의 개정문제 등이다. 일찍이 이케다가 논문 등으로 명확하게 견해를 제시했던 것들이 대부분이다.

이러한 비공식 협의의 실체에 대해서는 아무래도 '정교일치비판'을 의식한 공명당의 간부들의 입이 무겁다. 협의 존재 자체를 부정하기 때문에 공명당 담당 정치기자에게 그 내용을 듣기가 쉽지 않다. 그것은 창가학회가 원칙적으로 매월 1회 열리는 본부간부회와 연 2회 개최하는 최고협의회 등에서 공명당의 간부가 출석하고 있는 것에 대해서도 같은 식이다. 언론의 취재에 대해 원칙적으로 답할 수 없는 상황이 되고 있다.

결론적으로 1970년에 정교분리를 선언한 이래 이케다가 일반 사람의 눈에 띄는 공개적인 장소에서 정치적 발언을 일절 올리지 않는 것과 학회 간부에서 공명당 의원으로 전출하는 케이스가 감소한 것 그리고 공명당 간부와 학회 간부의 접촉에 관한 보도가 줄어들고 있는 것에서 공명당이 독립성을 강화해 나가고 있다고 보는 논자도 있지만 실태는 다르다.

공명당의 인사 결정 과정

다음으로 공명당의 간부인사와 국정선거의 후보자 선출에 대해서 설명하고자 한다.

다니카와 요시키

예전부터 공명당의 위원장과 서기장, 지금의 대표와 간사장의 인사는 창당 당시도 현재도 창가학회의 최고간부들이 결정한다. 물론 공명당 간부의 의견은 듣지만 제3대 위원장 다케이리의 케이스처럼 이케다 한마디로 결정되기도 하고, 지금은 창가학회 회장인 하라다 미노루나 사무총장인 다니카와 요시키谷川佳樹 등이 상담하여 결정한다. 그렇기 때문에 공명당 대표 선거는 언제나 입후보자가 1인에 불과해 무투표로 결정되는 것이다. 기본적으로는 학회가 상위에 있다는 점은 한결같다.

정년이 다가오는[32] 의원을 실제로 은퇴시킬지 말지나 중참 양원의 후보자 선출에 대해서도 주도권은 학회 측에 있다.

이를테면 '정권교체선거'였던 2009년의 중의원 선거에서 낙선했던 공명당 전 대표 오타의 경우다. 이 당시 오타는 당의 정년제에 의해 이미 은퇴할 나이였지만, 창가학회는 그해 가을, 회장 하라다 주도로 이듬해 2010년 참의원선거의 비례구 후보자로 오타를 공천할 것을 내정했다. 그런데 2010년 1월, 이케다가 창가학회의 간부들 앞에서 '오타는 (공천해도) 괜찮겠나'라고 질문을 던졌다. 당황한 학회 간부들은 이미 발표했던 오타의 공천을 취소

---

32 창가학회의 정년제: 창가학회와 공명당은 간부 정년을 65세로 정하고 있다.

한다. 뒤에서 상술하겠지만 오타의 공천에 학회 부인부 간부들이 강하게 반발했다는 정보가 이케다의 귀에 들어간 것이다.

신인발굴은 지역 학회조직에서

신인후보 선정은 100% 학회 측에서 추천으로 결정한다고 공명당과 창가학회 간부 모두 입을 모은다. 덧붙여 공명당 국회의원도 이전에는 국대위원장 등을 역임한 구사카와 쇼조草川昭三와 같이 비학회원 국회의원이 있지만, 현재는 전원이 학회원이라고 한다.

이를테면 어떤 지역에서 중의원의 새로운 후보자를 결정할 필요가 생길 경우, 공명당의 도도부현 본부는 창가학회의 지역 조직과 본부에 후보자의 추천을 의뢰한다. 학회에 어떠한 인재가 있는지, 그 인물이 직장이나 지역에서 평판이 어떠한지, 학회의 종교활동에 어느 정도 참가하고 있는지 등등의 정보량은 당보다 학회가 압도적으로 많기 때문이다. 후보자를 찾는다고 창가학회 조직에 전해지면, '지역의 고등학교를 졸업하고 상경하여 도쿄의 일류대학을 나와 대기업에 취직한 이러한 학회원이 있다고 한다.'는 식으로 정보가 당사자가 지역을 떠나 20년 가까이 지나도 그 지역의 학회 부인부에 정보가 올라온다고 한다.

이러한 케이스에서는 이 인물이 현재 살고 있는 지역의 학회 조직과 직능조직에 물어보고 인물 됨됨이를 조사하여 평판이 괜찮다면, 공명당 본부의 대표나 간사장이 당사자를 만나 '면접'한다. 본인 입장에서 보면 어느 날돌연, 공명당 본부에서 '만나고 싶다'고 전화가 와서 만나보면 갑자기 선거에 나가 보라고 말을 하여 당혹스러워 하는 것이 보통이다. 회사에서 순조롭게 출세하고 있어도 사직해야 하고 정치가가 된다는 것에 부담을 느끼는 가족의 양해도 필요하다. 간사장 등이 거듭 설득해도 결국 단념하는 학회원도 적지 않다고 한다.

공명당은 다른 당과 달리 스스로가 선거에 나가고 싶다고 자청하여 후보자로 결정되는 케이스는 거의 없다. 그래서 어쨌든 진정성 있는 학자 스타일의 사람이 많고 정치가로서 조용하고 신사적인 의원이 많다는 인상을 준다. 각 당의 정치가를 취재해 온 필자의 경험으로 말하자면, 실제로도 그렇다. 무엇보다 자민당 내에서 권력투쟁을 거쳐 올라온 닳고 닳은 간부들과 진퇴를 거듭하는 상황에서는 불리할 것 같다는 느낌마저 든다. 공명당 제1세대인 다케이라나 야노 그리고 국대위원장 등을 역임했던 곤도 쓰네오權藤恒夫나 비자민연립정권을 만들었던 이치카와 등 일찍부터 노련한 정치가도 적지 않았지만, 현재는 그런 타입이 거의 보이지 않는다. 공명당 입장에서는 교섭에 노련한 인재를 발굴하고 교육시킬 필요가 있어 보인다.

후보자로 결정되는 인물의 직업은 창당 당시에는 고학력 학회원이 적었기 때문에, 고졸의 중소기업경영자나 지방의회 출신자가 많았지만, 최근에는 도쿄대학 등 일류대학을 나온 중앙성청 관료나 대기업 사원, 그리고 의사나 변호사, 공인회계사와 같은 사회적 엘리트가 대부분을 차지하고 있다. 창가학회에서는 사회 각 분야에서 활약하는 학회원의 리스트=데이터뱅크를 작성하여 그로부터 후보자가 리스트 업되기도 한다.

그런 한편으로 창가학회에서 청년부장 등 요직을 맡은 전 대표 오타나 임원실 등에서 근무경험이 있는 현 간사장 이노우에 요시히사井上義久와 같이 창가학회 본부직원의 경험자도 최근 잘 보이지 않는다.

이와 관련하여 학회 직원들도 최근에는 이케다가 창설한 창가대학이 아니라 도쿄대 와세다대 등 명문대 졸업생이 대부분을 차지한다. '빈자와 병자의 종교'라고 야유받았던 초창기 창가학회 모습은 더 이상 보이지 않는다.

재정에서도 창가학회에 기대고 있는 공명당

이어 공명당의 재정을 검증한다. 2014년의 정치자금수지보고서에 의하면 공명당의 수입은 131억 엔 정도로[33] 자민당의 234억 엔, 공산당의 224억 엔에 이어 세 번째. 공명당의 경우 선거활동은 창가학회원이 무료봉사로 하기 때문에 정치자금은 그다지 필요 없을 거라고 생각할 수 있지만, 실제로는 상당한 자금을 모은다.

그런데 그 내역은 공명신문의 판매와 광고수입 등 기관지 발행에 따르는 수입이 85억 엔 정도로 전체의 65%를 차지하고 있으며, 이것은 공산당과 같은 특징이다.[34] 그 외에는 국가의 정당교부금과 당원의 당비가 대부분이다. 기업헌금은 한 줌도 되지 않는다. 이중에서 당비는 약 45만 명에게서 12억 7000만 엔 정도를 지불받고 있는데 이것은 자민당과 민주당보다도 많다. 다만 공명당의 당원은 대부분 창가학회원으로 그것도 창가학회 중에서 지

---

33 한국과 일본의 정당 예산 : 2015년의 경우. 새누리당 561억(당비 114억, 보조금 195억), 더불어 민주당 475억(당비 61억, 보조금 177억), 정의당 78억(당비 19억, 보조금 21억) 출처: 『2015년도 정당의 활동개황 및 회계보고』, 중앙선거관리위원회.

34 일본공산당의 재정: 일본공산당은 정부의 국고보조금 지급을 거절하여 기관지 아카하타의 정기구독료(일요판 기준 130만 부)와 30만 명에 이르는 당원들의 당비로 당의 재정을 충당한다.

역자체에서 '의무'로써 할당되는 당원이 거의 대부분이라고 한다. 그런 당원들이 13억 엔 정도의 당비를 납부하고 있고, 공명신문 등 각종 출판물의 구독자를 합하여 재정 면에서 보아도 사실상 창가학회 전액부담의 정당이라고 말해도 지나치지 않다.

7월 10일 참의원선거를 앞두고
공명당 지지를 호소하는 공명신문

이제껏 본 것처럼 공명당과 창가학회는 사실상 한 몸인 셈이다. '정교분리' 선언 이후 형식상으로는 완전히 분리했지만 정당과 지지단체라고 하는 형태를 취하고 있기 때문에 지원할 때는 놀랄 정도로 엄격하게 수순을 밟고 있다. 다시 말해서 자민당과 일본의사연맹(일본의사회), 민진당과 렌고[35]와의 관계와도 같다. 그 과정을 간단하게 설명해보자면, 공명당은 우선 국정선거의 반년 정도 앞서 상임역원회(간부회)에서 창가학회에 지지를 의뢰할 것을 결정하고 정식으로 신청한다. 이것을 받은 창가학회는 선거 관련 결정기관인 '중앙사회협의회'를 열고 이제까지 공명당의 실적을 타당과 비교하는 등으로 공명당을 지지할지 말지를 협의한다. 이 과정에서 공명당이 가장 생활자의 시점에서 정책을 추진한다는 등의 이유로 지지를 결정한다. 다만 이러한 일련의 수순은 형식에 불과하다.

---

35 렌고連合, れんごう: 일본노동조합총연합(JTUC)의 약칭. 1989년 결성된 일본 노동운동의 내셔널센터. 현재 조합원 수는 약 700만 명.

서장에서도 썼지만, 이 책은 종교단체로서의 창가학회를 분석하는 것이 목적은 아니다. 그러나 여기서 창가학회의 종교적인 변모와 사회와의 관계에 대해서 조금 설명하고자 한다. 그것이 자공연립정권이 장기화되는 이유로도 이어지기 때문이다.

창가학회는 일련종日蓮宗의 일파인 일련정종[36]의 재가 신도단체였다. 학회의 교리는 일련정종의 교리로 장례 등을 포함하여 일련정종 사원에서 종교의례를 행해왔다.[37] 학회원들은 시즈오카현 후지노미야시富士宮市에 있는 총본산의 다이세키지大石寺에서 많은 헌금을 내고 그 돈은 다이세키지의 건물과 각지의 사원 건립 등에 사용되어왔다. 창가학회는 일련정종과 함께 발전해왔다.

그러나 1970년대에 들어 일본의 고도성장기가 끝나고 지방에서 도시로의 유입자를 신자로서 획득하는 것으로 확대해 온 창가학회의 회원수도 한계점에 이르게 된다. 그때 '제1차 종문전쟁'으로 불리는 일련정종과의 대립이 일어난다. 이 대립에는 회원수 증가가 멈추고 학회의 재정이 곽곽해졌다는 게 배경이라는 지적이 있다. 학회원의 기부는 그 다수가 창가학회를 거쳐 일련정종으로 모이는 것이지만, 이케다는 1977년 1월의 강연에서 창가학회의 회관은 현대의 사원에 해당되며 출가신도와 재가신도의 동등함 등을

---

36 일련종과 일련정종日蓮宗, 日蓮正宗: 니치렌의 불법을 본받아 탄생한 일련종에서 일련정종이 나중에 분리되었다. 일련정종은 니치렌을 본존으로 두고 다른 부처(석가모니불이나 아미타불)보다 우위에 두는 등 교리상 차이를 가진다.

37 일본 불교의 재정: 한국과 달리 일본 불교의 수입기반은 시주보다는 장례지도, 즉 장의사업에 있다. 흔히 일본인을 "신토로 태어나 기독교로 결혼하여 불교로 죽는다."라고 할 정도로 불교는 장의 사업과 떼어 낼 수 없는 관계다.

표명하였다. 이것은 다이세키지나 각지의 사원으로 흘러들어 가는 학회원의 기부금을 학회의 회관으로 모으려는 의도에서 나온 발언이라고 한다(島田裕巳, 『公明党vs創価学会』 朝日新書, 2007年). 이케다의 표명은 일련정종의 승려들로부터 '교의일탈'이라는 격렬한 비판을 불러일으켰다. 이때는 결국 이케다가 다이세키지에 '사죄의 등산お詫び登山'[38]을 하여 일단락되었다.

이 제1차 종문전쟁에 대해서는 교의를 둘러싼 대립이 본질이라고 보는 견해도 있다. 언론출판방해사건을 계기로 이케다가 '국립계단 건립'이라는 말이 '정교일치라는 오해를 불러' 앞으로는 일절 안 쓸 것을 선언한 게 시작이 된 것이다. 그 연장선상에서 창가학회는 당시 다이세키지에 기부한 거대한 정본당을 '국립계단에 해당되는 것이다.'라고 종문 측에서 인증해왔다. 그랬던 것이 일련정종 중에서도 교의에 엄격한 일파가 강하게 반발하여 교의를 둘러싼 대립이 격해지게 되었다. 이것이 제1차 종문전쟁의 원인이라는 것이다(玉野和志, 『創価学会の研究』 講談社現代新書, 2008年).

그에 따르면 창가학회가 정치의 세계로 진출했기 때문에 받아 온 비판을 막아보려고 '국립계단의 건립'을 포기한 것이 원인이 된다. 결국 창가학회가 정계로 진출하면서 세속화되었기 때문에 종문과 대립이 시작되었다고 보는 견해다.

어느 쪽이든 간에 이케다는 74년 4월 창가학회 회장에서 물러남과 함께 일련정종의 신도를 대표하는 법화강총강두法華講総講頭도 사임한다. 회장을 은퇴한 이케다는 이케다를 위해 신설한 명예회장 자리에 올랐다. 이것이 계기가 되어 이케다의 영향력은 일시적으로 학회 내에서도 저하되었지만, 곧

---

38 사죄의 등산お詫び登山: 창가학회와 일련정종의 갈등이 극에 달한 1978년 11월 7일. 이케다 다이사쿠가 갈등의 중재를 위해 학회 간부 2천 명과 함께 일련정종의 총본산 다이세키지를 방문한 사건.

이어 힘을 회복하고 그 존재는 차츰 신격화되어 갔다.

창가학회와 일련정종의 결정적 전기는 1990년이었다. 자세한 경위는 생략하지만 그 해부터 시작된 '제2차 종문전쟁'에서 창가학회는 종문 측의 요구를 딱 잘라 거절하고 기관지 세이쿄신문에 종문비판 캠페인을 전개해 나갔기 때문에 일련정종은 최종적으로 창가학회를 파문했다. 일련정종의 신도단체로 성장해 온 학회에게 있어서 종문과의 결별은 대단히 중대한 사건이었다. 창가학회에서는 이제까지 숭상해 온 '어본존'과 일련정종의 승려에게 의존해 온 장례 등, 의례를 앞으로 어떻게 할지 등이 큰 문제가 되었고 이에 고참회원들조차 동요를 보였다고 한다. 창가학회는 이에 회칙을 변경하고 마키구치, 도다, 이케다로 이어지는 3대의 회장을 '광선유포의 영원의 스승'으로 내세우고 탈일련정종화를 명확히 하는 것으로 이것을 수습하여 회원수 감소를 막았다.

'미움받는 자'에서 벗어난 창가학회

이 일련정종과의 결별은 90년대부터 2000년대에 걸쳐 창가학회의 사회와의 관계망에 큰 변화를 불러일으켰다. 애초에 일련정종은 다른 종교를 사교邪宗로 배척하고 다른 종교의 것은 방법謗法[39]이라 하여 '죄에 해당한다.'라고 생각해 왔다. 창가학회도 이를 따라 타 종파의 절에 발을 들이거나, 지역 신사의 마쓰리에 참가하는 것을 금지시켰다. 이러한 일련정종의 엄격함이 지역사회와의 알력을 낳아, 세간의 경계와 미움을 받는 원인도 되어왔다. 이

---

39 방법謗法: 부처나 불법을 헐뜯는 일

것이 종문과의 결별을 계기로 창가학회는 종교적 엄격함을 완화하고 종교적 색채가 엷은 지역 마쓰리에는 참가해도 상관하지 않는다는 견해를 내놓았다. 이것은 창가학회원이 이제까지 피해 온 지역의 자치회활동과 PTA활동[40] 등에 적극적으로 참가할 수 있는 계기가 되었다.

그러나 그것만으로 창가학회가 광범하게 사회에서 받아들여질 수 있게 된 것은 아니다. 창가학회와 공명당의 간부들이 모두 지적하는 것은 종문과의 결별과 함께 공명당이 자민당과의 연립정권에 참가하게 된 것이 큰 전환이 되었다는 것이다.

종문에서 독립하여 8년 후인 1999년, 공명당은 자민당과의 연립정권에 참가한다. 그에 따라 공명당과 창가학회에 대한 사회 일반의 이해가 비약적으로 넓어졌다. 무엇보다 창가학회에 대한 편견이 강했던 지역에서는 학회와 공명당에 대한 저항감이 누그러진 결과 예전에는 선거 지원을 부탁하기 위해 방문해 보면 모두 상대 후보만 찾아가기 바쁜 지역의 유력기업 오너 등 지역 '명사'들이 정중하게 맞이하게 되었다고 학회관계자는 증언한다. 이것이 자공연립의 큰 효과였다고 한다.

이러한 배경은 창가학회의 회원수가 1970년대 후반부터 정체되는 경향을 보이고 2000년대에 되면서 성장이 거의 멈춰지는 중에도 이 시기 공명당이 득표수를 대폭으로 늘리는 요인이 되었다.

---

40 PTA_{Parent-Teacher Association} : 지역 학부모를 중심으로 하는 교육 단체

공명당 득표수 득표율의 추이

여기서 공명당과 창가학회의 진짜 선거 실력을 검증해 보고자 한다. 구체적으로는 참의원 전국구 및 그 뒤의 비례구 득표수와 득표율, 그리고 중의원 소선거구비례대표병립제가 도입된 후 열린 96년 중의원 선거부터 비례블록의 득표총수와 득표율의 추이를 확인한다.

표 공명당 비례 득표수와 득표율

	실시 년	득표수(만)	득표율(%)
참 의 원 선 거	1965년(제7회)	509	13.7
	1968년(제8회)	665	15.5
	1971년(제9회)	562	14.1
	1974년(제10회)	636	12.1
	1977년(제11회)	717	14.2
	1980년(제12회)	666	11.9
	1983년(제13회)	731	15.7
	1986년(제14회)	743	13.0
	1989년(제15회)	609	10.9
	1992년(제16회)	641	14.3
	1995년(제17회)	신진당시대	
	1998년(제18회)	774	13.8
	2001년(제19회)	818	15.0
	2004년(제20회)	862	15.4
	2007년(제21회)	776	13.2
	2010년(제22회)	763	13.1
	2013년(제23회)	756	14.2
	2016년(제24회)	757	13.5
	2019년(제25회)	653	13.0

	실시년	득표수(만)	득표율(%)
중 의 원 선 거	1996년	신진당시대	
	2000년(제42회)	776	13.0
	2003년(제43회)	873	14.8
	2005년(제44회)	898	13.3
	2009년(제45회)	805	11.5
	2012년(제46회)	711	11.8
	2014년(제47회)	731	13.7
	2017년(제48회)	697	12.5

(전국구·비례구. 2016년 이후는 역자 추가)

공명당은 창당 후 첫 국정선거였던 1965년의 참의원선거에서 일거에 509만 표를 획득하고 득표율도 13%를 넘어섰다. 다음의 68년 참의원선거에서는 득표수를 665만 표까지 늘렸다. 그 이후 70년대부터 90년대에 걸쳐 공명당의 득표는 600만 표에서 700만 표대로 이어진다. 그랬던 것이 2000년대에 이르자 2001년의 참의원선거에서 처음으로 800만 표대를 넘어 2004년의 참의원선거에서는 역대 최고인 862만 표를 획득한다.

한편 현재의 소선거구비례대표병립제가 도입된 이후의 중의원 비례 득표 총수(전국 11블록 합계)가 1회째인 96년은 신진당으로서 선거를 치렀기 때문에 판단할 데이터가 없다. 2000년의 총선거가 776만 표, 2003년이 873만 표, 그리고 2005년의 중의원 선거에서는 898만 표로 역대 최고 득표를 달성했다. 당시는 염원하던 1,000만 표도 꿈은 아니라고 생각했다. 이 2005년 총선거는 고이즈미 정권의 이른바 '우정해산'선거로 수상인 고이즈미가 우정민영화에 반대한 자민당 출신 의원들의 선거구에 '자객'[41]을 보내는 등 큰 화제

41 자객刺客: 상대 후보의 대항마로 젊거나 여성 후보를 공천하여 부동층의 표를 잠식하는 선거전술

가 되었기 때문에 대단히 관심이 높았고 투표율도 67.5%까지 치솟았다. 공명당은 무당파층의 득표가 적기 때문에 투표율이 높아도 득표가 그다지 증가하지 않고 투표율이 높으면 득표율은 떨어진다. 그러나 이 선거에서는 득표수가 증가했기에 득표율도 13.3%로 크게 떨어지지는 않았다.

그 뒤 공명당의 득표수는 중참 모두에서 감소하게 된다. 참의원에서는 2007년에 776만 표로 그 전의 참의원선거보다 86만 표나 떨어지고 그 이후에도 2010년은 763만 표, 2013년은 756만 표로 조금씩 떨어지고 있다. 2016년의 참의원선거에서는 757만 표로 거의 평행선을 달리고 있다.

중의원을 보면 2009년은 그 전의 우정해산선거 때부터 93만 표나 떨어진 805만 표, 2012년은 약 94만 표가 더 떨어진 722만 표가 되었다. 다만 2014년의 중의원 선거에서는 731만 표로 약간 회복했다.

이 득표수를 창가학회의 공표 회원수와 비교해서 보자. 공명당 창당 이전의 1959년 참의원선거 전국구에서 창가학회문화부원의 후보자들의 합계는 248만 표였지만 이 시점에서 학회의 회원 세대수는 117만 세대였는데, 1세대당 2.1표 정도를 획득한 것이 된다. 그랬던 것이 1965년의 참의원선거를 보면, 창가학회의 회원 세대수는 530만에 대해 509만 표를 얻어, 1세대당 1표를 가져온 셈이 된다. 창가학회의 회원 세대수는 그 후에도 증가를 계속하여 1970년대에는 750만 세대가 되었지만, 71년 참의원선거의 공명당의 득표수는 562만 표, 74년 참의원선거에서는 636만 표로써 그 뒤에도 1세대당 1표를 밑돌고 있는 상태가 계속된다.

이 숫자에서는 창가학회가 국정선거에 진출한 당시에는 치열한 선거운동으로 한 사람의 학회원이 몇 표씩 비회원의 표를 끌어오고 그것이 조직 확대로도 이어지는 것을 알 수 있다. 그 후에도 창가학회에서는 선거 때마다 학회원에 대해 회원 이외의 지인이나 친구의 표를 끌어오는 'F작전(F=프랜드)'을 추진했음에도 그러한 활발한 집표활동을 하는 회원은 공표 세대수의 증가와는 반대로 별로 늘어나지 않았다는 것이 관찰된다. 70년대 중반이후에는 이전과 같은 창가학회 확대 양상이 멈춰지고 2000년대 초반에 걸쳐 평행선을 달리는 상태가 계속된다. 그리고 또한 공명당의 득표수도 600만~700만 표 대로 고정된다.

득표감소를 막기 위해 자민당과 협력한 공명당

그것이 2000년대 전반이 되자 800만 표대 득표를 이루어 내고 학회세대수도 다시 증가시키게 되었다. 덧붙여 역대 최고 득표였던 2005년 중의원 선거의 898만여 표를 획득할 때 창가학회의 회원 세대수는 821만 세대로 득표수가 학회세대수를 크게 웃돌았다. 어떻게 그것이 가능하게 되었을까. 두말할 나위 없이 1999년 공명당과 자민당의 연립에 의한 선거협력 효과였다.

자공연립정권 발족 이후, 공명당은 전국 300석의 중의원 소선거구 중 8~9개의 선거구에는 공천후보를 내지만 그곳에는 자민당후보자가 출마하지 않고 공명당 후보자를 추천한다. 그 대신 공명당은 그 이외의 이백 수십 개의 소선거구에서 자민당 후보를 추천하는 협력체제를 취하고 있다. 이는 다소 언밸런스한 협력처럼 보이지만, 공명당은 각 소선거구에서 자민당후보의 개인후원회와 지지기업, 업계단체에 자민당후보를 지원하는 것을 담보로 비례구에서는 공명당에 투표해달라는 바터 협력을 얻어 내왔다. 이 자공 선거협력으로 공명당은 비례표를 대폭 늘릴 수 있었다.

이 선거협력은 당초 자민당 지지자에게 공명당과 창가학회에 대한 알레르기가 강했기 때문에 꽤나 진행이 어려웠지만, 선거를 거듭할수록 안착화되었다. 실제 선거협력에서는 지역의 공명당과 학회 간부가 자민당의 후보 진영에서 후원회 명부를 입수하면, 학회원이 계속 전화를 돌려 '소선거구는 자민 아무개, 비례구는 공명 아무개로'라고 호소한다. 그리고 자민당 후보의 가두유세 등에 공명당 지방의원이 동행하여 비례구의 공명당 후보의 이름을 연호하여 지지를 호소하는 모습도 당연시되고 있다. 후원회명부 제출은 당초 자민당 측에서 상당히 저항감이 강했지만, 지금은 당연한 것처럼 여겨지고, 전화 반응이 나쁘면 공명당 측이 자민당 후보자 본인과 후원회 간부에게 개선을 요청하기도 한다.

양당의 선거협력은 지방선거에서도 이뤄지고 있다. 창가학회가 현의회 선거와 시의회 선거에서 자민당후보를 지원하는 대가로 그 현의원과 시의원으로부터 후원회명부를 받아 중의원 선거와 참의원선거에서 비례구의 공명당표 획득을 위해 전화작전을 활용하는 케이스가 적지 않다. 또한 사이타마埼玉현이나 아이치愛知현 등 공명당이 참의원선거구에서 후보자를 낸 지역에서는 자기 선거에서 학회의 지원을 받은 자민당 지방의원들에게 지역 학회 간부가 "공명당후보가 고전하고 있기 때문에 비례구와 함께 선거구에서도 공명당에 지원을" 해 달라고 독촉하고, 머뭇거리거나 망설이면 "다음 당신 선거는 2년 후 아닙니까."라며 압박하는 케이스도 있다고 한다. 사이타마현의 어느 자민당 시의원은 "이런 걸 말하고 싶어도 내 선거가 걱정되기 때문에 단념할 수밖에 없다. 우습다고 생각하지만, 선거구에서도 공명당 후보를 지원할 수밖에 없다.'라고 털어놓았다.

이와 관련하여 창가학회는 2000년대에 이르면 자민당 지지자가 공명당에 투표하는 것에 대한 심리적 저항감의 완화를 위해 비례구의 투표를 정당 이름이 아닌 그 지역을 중점지구로 하는 비례후보자 개인 이름을 쓰도록 철저히 의뢰했다.[42]

그렇다면 공명당의 비례표 중 얼마만큼이 자민당에서 유입된 표일까. 중의원 선거로 보면 공명당이 처음으로 자민당과의 연립정권으로 참가한 2000년의 중의원 선거 비례의 득표는 776만 표였다. 이때는 아직 선거협력이 그다지 진척되지 않았던 것으로 보여진다. 두 번의 선거 후 2005년의 중의원 선거에서는 898만 표로 증가하는데, 투표율 차이를 무시한다면, 단순 계산으로 그 차이의 122만 표가 자민당 지지에서 얻은 표라고 할 수 있다. 이것은 참의원선거 결과에서도 비슷한데, 공명당은 자민당과의 선거협력으로 100만~150만 표 정도를 상승시켰음이 드러난다.

실제 이 시기 공명당의 비례표의 증가수가 많은 도도부현을 조사해보면, 규슈九州와 주고쿠中国지방, 북부 관동関東 등 보수기반이 튼튼한데 창가학회 조직이 약한 지역이 상위를 점하고 있다. 자민당 조직이 강한 지역에서 공명당이 자민당 지지층으로부터 비례표를 얻고 있다는 것을 증명하는 것으로 바터 협력의 성과가 확실히 보여지고 있다.

자민당과의 선거협력이 해마다 깊어지고 있는 것은 언론사들이 발표하는 출구조사 결과에서도 뒷받침된다. '자민당지지'라고 답한 유권자 중 '비례구에서 공명당에 투표했다'라고 응답한 비율은 2000년 중의원 선거에서는 3~4%였지만 그 비율은 서서히 증가하여 2014년 중의원 선거와 2016년 참의원선거에서는 7~8%까지 상승했다. 이 데이터에서도 공명당 비례 득표수 중 자민당 지지자 표가 100만~150만 표 정도라는 것이 뒷받침된다.

---

42 참의원 비례투표 방식: 일본 참의원 비례투표는 정당 이름을 쓰거나 후보자의 이름을 쓰는 방법 모두 인정된다.

학회원의 고령화와 선거전의 현실

그렇다면 왜 2007년 참의원선거 이후 공명당의 득표수가 감소하고 있는 것일까. 이에 대해서는 위기감을 가진 창가학회가 상세한 분석을 해왔다. 자세한 것은 뒤에서 소개하겠지만 하나는 활동적인 학회원의 고령화에 있다. 다른 하나는 무엇보다도 자민당 모리 내각 이후 구 청화회(=후쿠다파의 흐름을 이어받은 파벌[43]) 정권하에서 정책 면에서 공명당스러움을 잃어버려 지지자로부터 눈 밖에 난 결과다. 무엇보다 학회원 고령화는 심각하다. 1950년대에서 60년대에 걸쳐 치열하게 절복과 선거활동으로 지지를 넓혀간 경험을 가진 백전노장百戰鍊磨의 운동원 다수가 70대가 넘어 집표력이 빠르게 떨어지고 있다.

1960년에 20세였던 학회원은 2010년에는 70세가 넘는다. 창가학회는 공식 회원 세대수를 2007년 828만 세대에서 갱신하지 않고 있다. 학회 간부에 따르면 회원의 증감은 고령회원의 사망 등으로 조금 감소하더라도 크게 감소하고 있는 것은 아니라고 한다. 그러나 신규회원은 부모가 학회원인 '2세 회원'이 많은데 이들은 회원 활동도 크게 하지 않는다. 예전처럼 비학회원의 표를 몇 표씩 끌어오는 열성 활동가는 확실히 줄어들고 있는 것으로 보여진다.

2016년 7월의 참의원선거에서 공명당의 득표수는 757만 표 정도로 3년

---

43 청화회淸和政策研究会: 기시 노부스케가 만든 파벌로 자민당을 대표하는 친미 매파. 자유헌법론, 헌법개정론 등을 주창하며 일본의 재무장에 적극적인 자세를 보여온 파벌. 기시 노부스케 시절에는 자민당 내의 주류 파벌이었지만, 1970년대 촉발된 각복전쟁角福戰争에서 다나카 가쿠에이에게 파벌의 영수 후쿠다 다케오가 패배하면서 1980~1990년대에는 비주류 파벌로 전락한다. 하지만 냉전 해소 후 신자유주의와 우경화로 힘을 회복하여 현재 자민당 내 최대 파벌로서 아베 총리를 비롯한 내각의 주요 각료들 다수가 이 파벌 소속이다.

전의 참의원선거에 비해 약 5,000표가 소폭 증가했다. 그러나 이 선거에서는 공명당이 후보자를 옹립한 7선거구 중 도쿄와 오사카 이외의 5개 선거구에서 자민당이 공명당의 후보와 경합함에도 불구하고 공명당의 후보자를 추천하고 아베 수상이 응원 유세를 하기도 하며 관방장관 스가 요시히데菅義偉가 공명당 후보를 위해 자민당 지지의 업계단체를 모아 지지를 호소하는 등 자공의 선거협력은 한층 심화되었다. 그런 중에서도 득표수가 거의 비슷했다고 하는 것은 창가학회의 실력 - 집표능력은 서서히 떨어져 현재 600만 표 정도에 불과하다고 할 수 있다.

이렇게 힘든 상황에서 공명당 간부는 이 참의원선거2016년 7월 24회 참의원 통상 선거 후 "선거운동 방식에 대해 무언가 새로운 활력을 제시하지 못하고 지리멸렬했다."고 말했지만 학회 간부는 "일본 사회 전체가 그러하듯이 학회원의 고령화는 피할 수 없기에 젊은 회원에게 옛날 같은 선거전을 시키려는 생각은 무리다."라고도 한다.

그렇기 때문에 창가학회에서는 선거의 '전선'을 축소하기 위해 중의원 소선거구에서 철수하는 등 회원 부담을 줄이려 하고 있다. 이제까지 거듭된 논의가 다시 부상할 가능성이 있는 것이다.

제4장

공명당의 고난의 행군과
창가학회의 '정권축소노선' 모색

청화회 정권시대의 도래

공명당이 자민당 연립정권에 참가할 당시 수상은 공명당과 관계가 원래부터 깊었던 다나카田中角栄파 - 다케시타竹下登파의 흐름을 이어받은 구 경세회經世会(현 平成研)의 오부치 게이조小渕恵三였다. 또한 정권의 요직에도 구 경세회의 노나카 히로무野中広務나 리버럴 색이 강한 굉지회宏池会[44]의 고가 마코토古賀誠 등이 있었기 때문에 공명당은 안도감이 있었다. 그런데 그 오부치는 공명당이 연립에 참가하고 1년도 채 지나지 않은 2000년 4월 뇌경색으로 쓰러져 은퇴한다.

그 뒤를 이은 것이 오부치 정권에서 자민당 간사장이었던 모리 요시로였다. 모리는 다나카파와 오랜 세월 대립해 온 후쿠다파의 흐름을 이어받은 파벌=구 청화회(현 淸和研)의 영수였다. 구 청화회는, 전통적으로 자주헌법제정이라는 당시党是, 당의 기본방침와 안전보장문제 등을 중시하는 의원이 비교적 많고 이 점에서 실리를 중시한 현실주의의 파벌로, 외교·안보문제에서는 비둘기파가 많았던 구 경세회는 다른 기풍을 가지는 파벌이었다.

모리의 뒤로도 자민당 총재로 고이즈미 준이치로, 아베 신조安倍晋三, 후쿠다 야스오福田康夫로 구 청화회 출신자가 계속 취임한다. 공명당은 기질이 다른 파벌 출신자에 의한 정권, 그리고 그 정권에 불만이 쌓여가는 학회원 사이에서 이러지도 저러지도 못하고 연립유지에 어려움을 겪게 된다.

---

44 굉지회宏池会: 이케다 하야토가 창시한 파벌. 이케다는 전임 총리 기시와 달리 안보보다 경제성장을 내세우며 일본의 고도성장기를 이끌었다. 굉지회는 그런 이케다의 노선을 계승하는 파벌이기 때문에 경제 정책 중심이고, 친아시아적인 성향이 강한 비둘기파이다. 자민당 내에서 경세회와 함께 강력한 주류 파벌이었지만, 90년대 후반부터 파벌이 분열되어 현재는 세력이 약해졌다.

모리 내각에서는 모리가 교육기본법[45] 개정 필요성을 거듭 강조하여 공명당과 창가학회의 강한 반발을 낳았다. 다만 이 문제는 모리 내각이 1년여 만에 끝나버려 결론이 나지 않은 채로 끝났다.

이 사이 2000년 6월에는 공명당이 자민당과 연립에 참가한 이후로 첫 번째 치러진 중의원 선거가 실시되었다. 자민당과 공명당의 전면적인 첫 선거 협력이었지만, 처음 해보는 자공협력이어서 소선거구 후보자조정이 불발로 끝나고 공명당의 후보자가 자민당과 보수계 무소속의 후보와 싸워야 하는 선거구도 남았다. 모리 내각의 지지율마저 바닥을 기고 있어 결과적으로 자민·공명·보수 여3당이 과반수는 넘겼음에도 자민·공명 양당은 의석수가 감소했다.[46]

덧붙여서 이 중의원 선거에서는 현재의 공명당 대표인 야마구치 나쓰오가 도쿄1구에서 입후보하여 96년과 마찬가지로 자민당의 하라사와 가쓰에이平沢勝栄에게 패하여 낙선했다.

그러나 공명당은 불과 1년여 사이에 반자민에서 자민당과의 연립이라는 180도의 노선전환을 단행해냈다. 조직 안팎에서 비판을 받았음에도 불구하고 11블록의 비례구에서 합계 776만 표도 획득했다. 이것은 이 당시 역대 모든 공명당의 참의원 비례구(구 전국구를 포함한) 득표수 중 가장 많은 것이다.

게다가 언론사의 출구조사에 의하면 공명당 지지층 중 6~70%의 유권자가 소선거구제에서 자민당 후보에 투표했다. 자민당 연립의 의의 등에 대해

---

45 교육기본법敎育基本法: 교육기본법은 천황의 교육칙어를 GHQ가 폐지하고 만든 것으로 평화헌법과 함께 전후 일본의 평화주의와 민주주의의 상징이기도 하다. 여기서 정치적 쟁점이 되는 것은 교육기본법에서 정하는 교육의 목표와 이념에 대한 조항이다. 우파는 여기에 애국 등의 이념을 넣고자 한다.

46 제42회 중의원의원총선거 결과: 자민당은 233석, 공명당은 31석으로 이전 선거에서 각각 38석, 11석이 감소했다.

'학습활동'을 철저히 한 성과로 창가학회의 대단히 높은 통솔력·조직력을 보여준 결과였다.

고이즈미 정권에서의 공명당의 고뇌

하시모토 류타로

모리 퇴진 후에 발족한 고이즈미 내각은 공명당을 계속된 고민에 빠지게 한다. 애초에 모리의 퇴진에 따라 자민당 총재선거에서는 당초 구 경세회의 전 수상 하시모토 류타로橋本龍太郎가 유력했다. 그런데 결과는 고이즈미 준이치로의 압승으로 끝났다. 하시모토정권 탄생을 기대한 공명당·창가학회의 간부들은 낙담했다.

고이즈미는 '자민당을 깨부순다ぶっこわす'라고 외치며 종래의 자민당의 경제·재정정책을 대전환 시켰다. 구 다나카파·다케시타파가 자주 해온 공공사업을 통한 도시와 지역의 소득격차 시정 등을[47] 비판하고 시장원리를 중시한 신자유주의적인 경제정책을 내세웠다. 고이즈미 노선은 복지 절감으로 이어졌기 때문에 소득재분배정책에 의한 현세이익 실현을 중시하는 점에서 구 경세회와 공통점을 가져온 공명당에게는 지독한 일이었다.

고이즈미 정권에서는 빠른 속도로 샐러리맨 의료비의 자기부담률을 인상

---

47 이익유도정치利益誘導政治: 정치가들이 중앙정부로부터 사회간접자본을 선거구에 유치하여 그 대가로 정치자금과 표를 제공받는 형태이다. 다나카 가쿠에이가 주도한 일본열도 개조계획이 대표적이다.

하는 등 방침이 발표되었다. 공명당은 자민당 후노족의원[48]들과 함께 반대했지만 고이즈미는 강행했다. 안전보장정책에서도 2001년에 미국의 9.11 동시다발테러 사건이 일어나자 이에 대한 아프간전쟁으로 미군 등을 자위대가 후방지원하기 위한 '테러대책특별법안' 등에 연이어 찬성해야만 했다.

고이즈미 준이치로

가장 큰 문제가 된 것이 이라크전쟁 후 부흥지원의 자위대 파견 문제였다. 공명당은 여론조사에서는 반대가 압도적으로 많았던 고이즈미의 파견방침을 용인한다. 공명당 대표인 간자키 등이 사전에 파견처인 이라크의 사마와السماوة, al-Samāwa. 무탄나 주의 주도를 방문하여 안전을 확인했다고 한다. 어떤 의미에서는 고이즈미를 돕는 역할까지 도맡았기 때문에 창가학회 내 큰 반발을 불러일으켰다. 젊은 회원들이 반대 서명을 모아 공명당과 창가학회에 제출하는 소동도 일어났다.

공명당과 창가학회를 더욱 괴롭힌 것은 고이즈미의 야스쿠니 신사 참배였다. 공명당은 창가학회 초대회장인 마키구치가 치안유지법 위반으로 체포되어 옥사한 역사를 가지고 있기 때문에 수상의 야스쿠니 참배에 강하게 반대해왔다. 이 야스쿠니 참배로 공명당이 중시하는 중국과 한국과의 관계도 극단으로 악화되었다. 간자키는 고이즈미가 참배 할 때마다 비판 발언을 했다. 그러나 고이즈미는 한 번도 굴하지 않았고 창가학회에서는 강한 불만의 목소리가 높아갔다.

---

48 후노족厚労族: 후생노동성의 족의원族議員을 일컫는다. 족의원은 해당 상임위에서 오랫동안 활동한 자민당 의원을 지칭하는 말로 오랜 경험으로 관료를 견제할 수 있는 전문성을 갖춤과 동시에 관료 - 관련업계와 유착하여 정경유착과 부정부패의 원인으로 지목되기도 한다.

고이즈미 정권 5년간 공명당은 연립정권 유지를 우선했다. 때문에 공명당의 주장과 다른 정책에도 큰 저항을 보이지 않고 계속 받아들이기만 했다. 창가학회 회장 아키야 에이노스케 등 학회 간부와도 파이프라인을 가지고 있었던 다케시타나 오부치, 그리고 관방장관 등을 역임한 아오키 미키오 青木幹雄들이 있던 구 경세회의 의원들과는 달리 고이즈미는 수상 취임 전에는 공명당의 의원과 창가학회 간부와의 교류가 거의 없었다. 중선거구시절 고이즈미는 가나가와현의 같은 선거구[49]에서 공명당의 이치카와 유이치와 격렬한 표 쟁탈전을 전개했던 적도 있었던 만큼 공명당과는 거리가 멀었다.

고이즈미는 공명당의 반대의견에는 귀를 기울이지 않았다. 심지어 공명당이 강하게 요망해 온 중의원 선거제도 개편과 영주외국인 지방참정권 부여 법안조차 협력하는 모습을 티끌만큼도 보여주지 않았다.

모리·고이즈미 정권 사이 세이쿄신문 지상에서는 이케다 다이사쿠 이름으로 교육기본법 개정의 움직임을 비판하는 담화와 헌법9조의 개정에 반대하는 견해가 실렸다. 그 배경에는 창가학회 내에서 자민당에 대한 불만이 높아진 것이라는 건 두말할 필요도 없다.

제1차 아베 정권에서 일어난 공명당과 창가학회의 일체화

자민당 총재가 고이즈미 준이치로에서 아베 신조로 교체된 직후인 2006년 9월 말, 공명당 대표도 8년 만에 교체되어 간자키가 물러나고 오타

---

49 가나가와현 제2구神奈川県第2区: 5인 선거구로 고이즈미는 1972년부터 1993년까지, 이치카와 유이치는 1976년부터 93년까지 지역구로 활동했다. 소선거구제 실시 이후 고이즈미는 제2구에서 분화된 가나가와현 제11선거구를 지역구로 삼았다.

기타가와 가즈오

아키히로가 새로운 대표로 취임했다. 오타는 창가학회에서 남자부장, 청년부장 등 요직을 역임한 학회의 리더 출신으로 이케다의 직계다. 신임 간사장 기타가와 가즈오北側一雄도 이케다가 창설한 창가대학 1기생인 이케다 문하생이다.

그리고 불과 1개월여 지난 11월, 이번엔 25년 동안 이케다의 밑에서 창가학회의 회장을 역임해온 아키야 에이노스케가 경질되었다. 새로운 회장 하라다는 오랜 기간 이케다의 비서를 맡아 온 측근 중의 측근이다. 일련의 인사는 학회와 당 모두 이케다 직할통치 체제 완성을 의미했다.

하라다는 도쿄대 졸업 후 창가학회본부로 들어와 젊은 시절부터 이케다의 곁을 지키며 보좌해 온 '학회관료'이다. 내부에서는 "(이케다)선생의 유능한 '비서'였지만 큰 조직을 통솔할 타입은 아니다."라고 평가되었다. '포스트 아키야'의 유력후보는 이때의 인사로 이사장에 취임한 마사키 마사아키正木正明나 부회장 중 한 사람으로 이때 학회본부의 사무국장으로 취임한 다니카와 요시키谷川佳樹라는 관측이 흘러나왔다. 그런데 왜 하라다의 기용으로 되었을까.

아무리 유능하더라도 이 당시 50대 초반에 불과한 마사키나 다니카와는 다른 중견 학회와 공명당의 중견 간부들과 나이가 뒤집히기 때문에 무리라고 일컬어진다. 그렇다면 왜 군이 아키야를 바꿔야 하는 것일까. 그것은 이케다가 자신과 함께 2대 회장 도다 조세이 문하생이었던 아키야를 빼고 자신이 건재한 상황에서 이케다 체재를 반석에 올리는 것이 목적이라고 하는 것이 관계자들의 일치된 견해였다. 그렇기 때문에 이 인사는 장래, 이케다가

장남인 부이사장 이케다 히로마사_{池田博正}에게 '세습'시키는 포석이 아닐까 하는 관측도 흘러나왔다. 하지만 현직 간부들은 한결같이 이를 강하게 부정했다. 고등학교 교사에서 학회본부직원으로 옮겨 온 히로마사는 학구풍의 사람으로 거대조직을 총괄할 타입은 아니라는 것이다. 그렇기 때문에 히로마사는 학회를 하나로 결집시키는 '상징'으로서 이케다 다이사쿠 사후 SGI=창가학회

이케다 히로마사

인터내셔널의 회장으로 취임할 가능성 또한 있을 수 없다는 것이 간부들의 해설이다.

다소 옆으로 새는 이야기지만, 이케다는 회장 교체 즈음의 인사말에서 '이곳에 모인 중요한 최고간부들은 모두 회장과 같다.'라고 말했다. 결국 신회장 하라다도 자신의 밑에서 집단지도체제를 맡는 간부 한 사람에 불과하다는 것을 공언한 것이다.

실제, 신체제 발족에 따라 일상의 조직운영은 하라다, 마사키, 다니카와의 3인 또는 부이사장인 하세가와 시게오_{長谷川重夫}를 더해 4인에 의한 집단지도체제로 이행했다. 동시에 하라다 등을 통해 이케다의 의향이 더 강하게 일상업무에 반영되었다고 이야기 된다.

이 4반세기 만의 수뇌인사는 정계 관계자에게도 영향을 주었다. 전 회장 아키야는 일본최고의 선거부대인 창가학회의 부인부·청년부를 양성하고 그 지휘를 맡아왔다. 관방장관과 자민당 참의원 의원회장을 맡아 온 아오키 미키오_{青木幹雄}는 아키야가 회장에 취임하기 전부터 오래 알고 지낸 사이로 아오키가 일찍이 비서로 일했던 고 다케시타 노보루를 필두로 한 구 경세회

중심의 폭넓은 정계인맥을 자랑했다. 그리고 학회의 집표력을 배경으로 자민당 의원들에게 강한 영향력을 가졌다. 그러나 신임 회장 하라다를 아는 정치가는 거의 없었다. 이 때문에 자민당 내에서는 "25년간 학회의 집표머신을 지휘한 아키야의 퇴임이 자공의 선거협력에 영향을 주지 않을까." 하고 걱정하는 목소리도 나왔다.

그 아키야를 자른 이케다의 진의가 당시 "구 경세회 인맥을 자랑해 온 아키야를 물러나게 하고 당분간 아베 신조의 출신파벌인 구 청화회에 다가가려는 의사표시"라는 해설도 흘러나왔다. 오랜 기간 '최강군단'의 이름을 자랑해온 경세회였지만 고이즈미 정권의 5년간 약체화되어 그러한 인맥이 더 이상 중요하지 않다는 것이 아키야를 자르는 이유의 하나가 된 것이다. 그러나 창가학회 간부에 따르면 투톱_{당대표, 학회장}의 교체 목적은 어디까지나 이케다가 창가학회와 공명당에 직접 감시를 잘 하겠다는 것으로 동시에 공명당은 창가학회의 아래에 위치하고 있다는 것을 재확인시키는 것이라고 한다. 그렇기 때문에 이 교체극으로 먼저 변화하는 것은 창가학회와 공명당의 관계다.

제3장에서 쓴 바와 같이, 전부터 공명당 간부들은 도쿄·시나노마치의 학회관련시설에 자주 드나들며 창가학회 간부들과 비공식 협의를 해왔다. 2006년, 공명당 대표와 창가학회 회장이 함께 교체되자 이제까지 월 1, 2회 정도였던 그 비공식협의가 매주 열리게 되었다. 학회와 공명당의 수뇌인사를 통해 양자의 일체화가 더욱 진행된 것이 분명하다.

아베 신조와 밀회한 이케다 다이사쿠의 속마음

이 지도부 교체극 직전, 아베 신조는 이케다 다이사쿠와 은밀히 회담했다. 이케다는 오랫동안 공명당을 제외한 국회의원의 면회요청은 대부분 거절해왔기 때문에 의외의 만남이었다. 이 역시 창가학회와 공명당의 지도부 교체와 깊게 엮여 있다.

회담은 아베가 처음으로 수상에 취임하기 직전인 2006년 9월, 아베의 요청을 이케다가 받아들이는 형태로 이루어졌다. 아베가 비밀리에 수상관저의 관방장관실을 빠져나와 도쿄에서도 굴지의 고급주택지에 있는 시부야渋谷 쇼도松濤의 학회시설로 향한 것은 자민당 신임 총재로 선출된 이틀 뒤, 수상 취임 나흘 전이었다. 대저택이 즐비해 있는 골목에 고즈넉이 세워진 이 시설은 시나노마치 주변의 통칭 '학회촌'과는 달리 일반에게는 알려져 있지 않아 밀회에는 안성맞춤인 곳이었다.

회담에 이케다는 우선 아베의 외조부인 전 수상 기시 노부스케岸信介와 부친인 전 외무상 아베 신타로安倍晋太郎와의 교류에 대해 웅변했다. 기시의 사위로 수상 비서관이기도 했던 아베 신타로는 수상인 기시 대리로 이케다가 회장에 취임하기 2년 전 열린 학회의 중요한 행사에 참석했다. 이어 이케다는 일중국교정상화에 큰 역할을 수행한 학회의 역사를 언급하며 일중협력이 앞으로 점점 중요해진다고 설명했다. 한편 아베는 눈앞에 닥친 중의원 보궐선거와 이듬해의 참의원선거협력을 요청했다. 정권의 운명이 걸린 정치결전을 앞에 두고 아베가 공명당·창가학회를 꺼리는 본심을 억누르고 이케다에게 회담을 제안할 이유는 충분하다.

그런데 이케다는 왜 아베의 요청을 수용했을까. 이 시점에서 이케다는 이

아베 신타로

미 창가학회 회장 교체를 결심하고, 그 타이밍을 노리고 있었던 것 같다. 이것이 아베와 만난 이유 중 하나로 보여진다. 정계와 두터운 파이프를 과시한 아키야를 자르기 위해서는 학회 내의 불안한 목소리를 누를 필요가 있었다. 정계와의 관계도 자신이 도맡는 것을 보여 주는 게 상책이라고 생각한 게 아닐까.

이케다는 그 다음 달 도쿄 하치오지八王子의 창가대학에서 열린 자신의 200개째가 되는 명예학위 수여식에서 수백 명의 출석자를 앞에 두고 아베와의 회담을 언급한다. "일중우호의 중요성에 대해서는 안짱에게도 잘 말해두었다." 최고간부들은 '안짱'이, 수상 아베 신조를 가리키는 것이라는 직감이 곧바로 왔다고 한다. 이케다가 아베와 회담한 사실을 간부들에게 알려준 것이다.

더 주목 할 것은 아베 - 이케다 회담의 동석자다. 거기에는 회장 아키야가 아닌 학회 내의 변호사 그룹 수장으로 부회장인 야히로 요리오八尋賴雄만이 자리에 있었다. 야히로는 재판대책 등 이케다의 이른바 뒷일을 처리해 온

아오키 미키오

실력자다. 정계와의 파이프도 두텁고 이전부터 나카가와 히데나오中川秀直나 니카이 도시히로二階俊博 등 많은 자민당 실력자와 친분이 있었다. 결국 이케다는 앞으로 정계와의 연락책은 아키야가 아닌 야히로라고 아베에게 보여준 셈이다. 이것은 아베에게도 절호의 기회였다. 왜냐면 아키야는 아베가 영향력을 배제하려고 생각한 중의원의 최고

실력자 아오키 미키오青木幹雄의 맹우로 창가학회와의 관계는 아키야 때문에 라도 아오키의 손아귀를 벗어날 수가 없었다. 아베에게 아키야 없는 창가 학회 파이프는 절호의 찬스였다.

'보수파'를 표방하는 아베와 '평화주의'를 내걸은 창가학회는 이케다 개 인의 의도가 있었기에 모순을 밀쳐두고 밀월관계를 연출했지만 이는 곧 무 너지게 된다.

은밀히 수정된 정치방침

2007년 7월의 참의원선거에서 아베 자민당은 역사적 참패를 겪고, 자민 당과 연립을 함께한 공명당도 패배했다. 아베 내각은 참의원선거 2개월 뒤 총사퇴 한다. 수상은 고이즈미와 아베와 같이 구 청화회 출신 후쿠다 야스 오福田康夫로 교체되었다.

참의원선거 후 소집된 임시국회에서 야당 측이 다수를 쥔 참의원에서는 의장과 운영위원장의[50]의 자리를 민주당이 차지했는데 그 의미는 대단히 컸 다. 수상과 관료의 문책결의와 증인 채택이 야당의 의향만으로 실현되기 때 문이다.

이를 이어받아 민주당 대표로 취임한 오자와 이치로 주위에서 검토한 것 이 이케다 다이사쿠의 국회 증인 채택이었다. 일찍이 자민당이 격렬하게 창 가학회 공격을 개시함으로써 이케다의 증인 채택을 요구하여 창가학회를 비자민세력에서 떼어낸 전례가 있듯이, 자민당에서 창가학회·공명당을 떼어

---

50 의회운영위원장議会運営委員長: 상임위의 하나인 운영위원회의 위원장. 중의원 참의원에 각 각 설치되어 있음.

내려고 생각한 것이다. 자민당의 가메이와 노나카 등에게 공격받아 온 창가학회와 공명당이 어떤 반응을 할지 결단이 임박했다고 본 오자와였다. 창가학회의 간부들은 오자와가 자민당과 자웅을 결판낸 뒤에 중의원 선거에서 이케다의 국회소환을 강하게 요구할 것이라 보고 방어태세를 갖추기 시작했다.

후쿠다 야스오

그런데 참의원선거 2개월 뒤 아베가 퇴진하여 후쿠다 야스오가 수상으로 취임하자, 오자와는 다른 방법으로 공명당을 흔들기 시작했다. 자민·민주의 대연립 구상이다. 오자와는 대연립을 위해 후쿠다와의 당수회담에 앞서 전 수상 모리 요시오와 비밀리에 사전 절충을 거듭했다. 그 와중에 오자와는 대연립에서 공명당을 배제할 것을 집요하게 요구했다. 그런데 이 대연립 구상은 민주당 내의 맹렬한 반대에 의해 좌초되었다.

한편 참의원에서는 그 해 10월, 오자와와 가까운 민주당 부대표 이시이 하지메石井一가 공명당의원에게 이케다 개인으로의 '상납금의혹'을 터트려, "이케다 씨를 참고인으로 소환해야 한다."고 목소리를 높였다. 공명당은 충격이었다. 오타나 기타가와 등 공명당 간부들은 긴급회의를 열어 대응을 논의했다.

이런 실정을 어느 정도 예측했던 창가학회는 참의원선거 직후 비밀리에 새로운 방침을 결정하게 된다. 이는 미묘한 방침 변경이었기 때문에 표면화가 되지 않았지만, 공명당이 자민당과의 연립을 맺은 이후 처음있는 정치활동 방침 변경이었다.

창가학회는 매년 7, 8월에 이케다가 피서를 위해 가루이자와軽井沢에 머무는 기회를 이용, 전국의 창가학회 간부가 가루이자와와 주변 학회시설에 결집하여 '전국연수회'를 열었다. 2007년 8월 중순에 열린 연수회에서 그 방침은 결정되고 이를 이어받아 각지에서 이변이 일어나기 시작했다.

창가학회는 자공연립 후에도 2003년의 중의원 선거에서는 개별 선거구 사정에 따라 많은 수의 선거구에서 은밀하게 민주당 후보를 지원해 왔다. 오사카의 나카노 간세이中野寛成와 도쿄의 조지마 마사미쓰城島正光 등 구 민사당계 노조출신 의원들이 그 대상이었다. 그들은 그 보답으로 노조 조직표를 비례구에 공명당 몫으로 돌려주었다. 일찍이 공명당과 민사당 사이에 있어 온 '공민협력'의 흔적이었다. 그런데 2005년 우정해산에 따른 중의원 선거에서는 그것이 사라졌다. 창가학회가 고이즈미 측의 요구에 응해 이를 끊고 공명당 후보가 없는 거의 모든 선거구에서 자민당후보를 지원했기 때문이다. 그 결과 나카노도 조지마도 낙선하였다. 민주당에서는 창가학회 지지 의원이 사라졌다. 민주당과는 완전히 연을 끊은 것이다.

그러나 이 해의 연수회를 기점으로 이전부터 창가학회와 관계가 양호한 민주당 전·현직 의원들에게 학회 간부와 공명당 의원이 다시 접촉하기 시작했다. 2007년 참의원선거 결과로 볼 때 다음 중의원 선거에서 민주당 정권이 탄생할 가능성은 상당히 높아 보였다. 그렇기 때문에 공명당도 창가학회도 간부가 개인적인 연줄을 활용하여 민주당 측 파이프의 재구축에 몰두하게 된 것이다.

공명당은 소선거구에서도 후보를 옹립한 이상 다음의 중의원 선거에서도 기본적으로는 자공 선거협력을 유지하지 않을 수 없다. 그러나 동시에 민주당과의 파이프만들기도 물밑에서 진행하여 일부에서는 선거협력도 한다. 그것이 2007년의 가루이자와에서 결정한 새로운 방침이었다.

충격적이었던 참의원선거 분석결과

창가학회에게 이어질 중의원 선거는 전례 없이 가혹한 환경에서 펼쳐지게 되었다. 이를 각오한 학회는 2007년의 참의원선거 후 선거결과를 상세히 분석해 보았다. 그 결과 'F(=프렌드)표'라 불리는 비학회원 지지자의 표가 줄어든 게 직접적 패인으로 지방을 포함 꽤 많은 학회원이 공명당에 투표하지 않았다는 사실도 드러나게 되었다. 본래는 공명당 지지를 밖으로 넓혀야 할 학회원의 상당수가 공명당이 아니라 민주당에 투표했다는 분석결과는 관계자에게 충격을 주었다.

사카구치 지카라

원인 중 하나는 공명당이 자민당과의 연립을 맞잡은 약 10년간 서민의 눈높이에 서서 삶을 지킨다는 '평화와 복지의 당'인 공명당이 특히 고이즈미 정권하에서 당 노선에 반하는 정책을 추진시켜 온 것이다. 이를테면 평판이 지극히 나빴던 노인 의료제도를 추진한 것은 고이즈미 내각에서 후생노동상을 맡은 공명당의 사카구치 지카라坂口力였다. 뒤이어 입각한 것은 국토교통상 후유시바 데쓰조冬柴鐵三였는데, 국교성의 이익을 대변하는 국회 답변을 되풀이해 여론의 비판을 받았다.

창가학회에서는 다음 중의원 선거를 의식하여 2008년 3월 각종 신도집회에서 정치문제를 적극적으로 제기하라는 지시를 내렸다. 그러나 그 찰나에 도로특정재원 문제가 큰 관심을 모아 가솔린 특별세 잠정세율 유지를 주장하는 국교상 후유시바와 공명당에 대한 비난의 목소리가 쏟아졌다. 해명에 쫓긴 지방간부는 "공명당은 자민당보다도 수구파로 보이는데, 이렇게는 선거를 치를 수 없다."며 애태웠다.

창가학회 내부 불화도 참의원선거 고전 요인이었다. 25년 만의 회장교체로 선거에 악영향의 우려를 낳은 것은 앞에서 서술했지만, 실제 아키야 은퇴 이후 공명당 선거는 대부분이 잘 되지 않았다. 회장 인사 만이 아니라 각 지방조직에서도 세대교체가 단행되었지만, 이러한 인사가 고참 회원들의 불만을 낳고 선거에서의 전투력을 떨어뜨리게 되었다는 지적이 내부에서 나왔다.

그럼에도 이케다는 2008년 3월, 다시 대규모의 인사를 단행한다. 선거에서 절대적인 힘을 발휘하는 부인부 부장이 10여 년 만에 교체되었다. 청년부장 등도 젊은 간부로 바뀌었다. 게다가 각 블록의 책임자인 '방면장'도 관서를 비롯한 각지에서 교체되었다. 80세가 된 이케다는 당면한 선거의 영향력보다 자신이 건재할 때 내부를 자기 색깔로 칠하는 것을 우선한 것이다. 그것은 이미 고령에 접어든 이케다의 '초조함'으로도 볼 수 있다.

후쿠다 퇴진과 아소 교체를 노린 공명당과 창가학회

중의원 선거에 대한 위기감이 강했던 창가학회는 지지율이 떨어져가는 후쿠다 내각으로는 중의원 선거는 치를 수 없다고 생각했다. 후쿠다는 청화회 출신이면서도 아베와는 달리 중국과의 관계를 중시하는 등 자민당 내에서는 어떻게 보면 비둘기파로 이 지점에서는 공명당의 생각과도 비슷했다.

그러나 선거 승리를 무엇보다 우선하는 공명당과 창가학회는 이듬해 2009년으로 공표된 도쿄도의회선거와 중의원 선거가 겹치는 것을 극도로 꺼렸기 때문에 인기 없는 후쿠다를 조기 퇴진시키고 새로운 수상 밑에서 중의원 조기 해산으로 선거를 앞당겨 치를 것을 꾀했다. 구체적으로는 비교적 국민의 인기가 높은 아소 다로麻生太郞로 수상 교체를 획책한 것이다.

공명당은 연립정권 파트너일지라도 다른 당 인사에 주문을 넣는 것은 자제해 왔다. 공명당에 대한 자민당 지지층의 잠재적인 반발도 의식하여 과도한 언동은 피해왔던 것이다.

그런데 이때는 강한 위기감 대문에 그런 염려를 집어 던졌다. 공명당 전 대표 간자키 다케노리는 2008년 7월 강연에서 "이제부터 지지율이 올라 후쿠다 정권의 손으로 해산할지, 아니면 지지율이 떨어져 후쿠다 대신 다음 수상이 해산할지 알 수가 없다."고 발언했다. 연이어 "공명당은 후쿠다를 단념했다."는 메시지를 발언했다. 같은 시기에 창가학회의 변호사 그룹 수장으로 부회장인 야히로 요리오 등이 고가 마코토古賀誠와 니카이 도시히로二階俊博, 아오키 미키오青木幹雄 등 자민당 실력자들을 연이어 만나 신정권에서 조기해산 할 것을 요청했다. 야히로는 이 시기 도쿄 요쓰야四谷의 요리점에서 전 수상 고이즈미 준이치로와도 만나 같은 요청을 했다.

게다가 2008년 8월의 내각개조에서 후쿠다는 기존 한 사람의 공명당 각료 몫을 두 사람으로 늘리고 그 중 1인은 여성으로 해줄 것을 공명당 내부에 제안했지만 공명당은 거절했다.

결정적인 것은 해상자위대가 인도양행 미국 함선 등에 급유활동을 속계시키기 위한 신테러대책 특별조치 법안이었다. 후쿠다는 2008년 가을의 임시국회에서 통과시키려했지만 공명당이 난색을 보인 것이다. 창가학회와 공명당은 이때 연말부터 연시에 걸쳐 해산·총선거에 초점을 모으고 있었다. 그 중의원 총선의 직전 시기 참의원에서는 야당의 반대로 가결될 수 없는 법안을 여당이 3분의 2를 점하는 중의원의 재의결로 성립시키는 것에 저항이 강했다. 당시 가솔린 값이 급등하는데 공짜로 미군에게 급유한다는 비판이 높아갔기 때문이다. 때문에 공명당은 가을의 임시국회 회기에 대해서도 이 법안의 재의결을 전제하지 않는 단기 일정을 강하게 주문했다. 후쿠다는 급유활동 속계에 대해 사실상 미국에 약속했기 때문에 임시국회에서 통과시키고자 했다.

궁지에 몰린 후쿠다가 갑자기 퇴진을 표명한 건 2008년 9월 1일이었다. 정책에서는 비교적 공명당과 접점이 많아도 이처럼 국정선거와 도의회 선거가 엮이자 매몰찰 수밖에 없었다. 선거에 대한 공명당의 입장을 보여주는 사례의 하나라 할 수 있다.

오자와 이치로가 학회 간부에게 전한 놀랄만한 제안

후쿠다 퇴진 뒤에는 공명당이 바라던 대로 대중의 인기가 높았던 아소 다로가 수상으로 취임했다. 그런데 공명당은 아소 때문에 오히려 궁지에 몰리게 되었다. 아소가 중의원 해산 시기를 계속 미뤘기 때문이다.

2009년 7월에 도쿄 도의회 선거가 있는 것은 처음부터 인지하고 있었다. 학회에게 도의회는 1955년에 최초로 정치 진출을 달성했던 정치적 '성지'이다. 앞서 말했듯이 창가학회에서는 도의회의원은 국회의원과 동급으로 취급되었고 이 선거에서 매번 전국에서 학회원을 동원해 왔다. 그런 이유로 공명당과 창가학회는 도의회선거 앞뒤로 반년간은 중의원 선거를 피하고자 했고, 2008년 중에 해산과 총선 실시를 아소에게 요구한 것이다.

아소 다로

10월 하순에는 공명당 대표 오타와 함께 간사장 기타가와가 그랜드프린스호텔아카사카グランドプリンスホテル赤坂의 중화요리점에 들어간 뒤에 종업원용 엘리베이터를 이용해 '탈출'한 뒤 위층 객실에서 아소와 회동했다. "이대로 해산 시기를 질질 끌면, 그저 두 번째 후쿠다가 될 뿐이다." 두 사람은 2시간에 걸쳐 끈질기게 때로는 격렬하게 아소를 다그쳤다. 연내 해산 실시를 수도 없이 창가학회 수뇌들로부터 강하게 요구받은 두 사람은 더 이상 지체하게 되면 얼굴을 들 수 없었기 때문에 필사적으로 매달렸다. 그러나 아소는 최후까지 고개를 끄덕이지 않았다. 오타 일행은 이튿날 ANA인터컨티넨탈도쿄ANAインターコンチネンタルホテル東京로 장소를 바꿔 다시 아소와 밀회한다. 다시 연내 선거 실시를 몰아붙였지만 아소는 '리먼 쇼크'로 경제가 어렵다며 조기 해산에는 답을 하지 않았다.

2008년 말 학회 간부는 "아소 씨가 연내 해산을 미루니 공명당은 중의원 선거와 도의회선거 양쪽에서 패배를 각오해야만 한다."라고 험한 얼굴로 말하며, 아소에 대한 불만을 드러냈다. 그러나 공명당이 소선거구에서 후보자를 내세운 이상 자민당과 협력할 수밖에 없었기에 간부들의 고민이 깊어갔다.

이 시기 물밑에서는 오자와 이치로가 활발한 움직임을 보여주고 있었다.

후쿠다가 갑작스런 퇴진을 표명하기 직전인 2008년 하순, 오자와는 은밀히 교토를 방문한다. 창가학회 총관서장이자 부이사장인 니시구치 료조西口良三와 회담했다. 일찍이 호소카와·하타정권 시기 오자와와 니시구치는 빈번하게 연락을 취해온 사이였다. 니시구치는 이케다의 신뢰가 두텁기 때문에 니시구치에게 말하면 이케다에게도 이야기가 전해질 것이라고 오자와는 판단했기 때문이다. 그리고 회장 아키야는 오자와의 정적이었던 다케시타나 아오키 등과 친한 관계였기 때문에 아키야와 이야기하게 되면 정보가 자민당으로 흘러간다고 생각하여 니시구치를 창구로 사용한 것이다.

오랜만에 니시구치와 느긋하게 회식한 오자와는 창가학회가 자민당과 거리를 두고 차기 중의원 선거에서 자민·민주 양당과 등거리를 지켜준다면, 공명당이 후보자를 세운 소선거구에서는 민주당후보를 출마시키지 않겠다는 제안을 했다.

오자와 제안의 배경에는 전 공명당위원장 야노 준야[51]가 창가학회 간부의 방해로 평론활동을 중지 당한 것에 반발하여 학회를 상대로 제기한 소송이 있었다. 민주당의 간 나오토菅直人와 국민신당의 가메이 시즈카龜井静香들은 공명당과 학회의 내부사정을 모두 알고 있으면서도 지금 학회와 전면대결하고 있는 야노를 야당 유지有志의원들의 '공부모임'에 부르는가 하면, 참고인으로 참의원에 정식 증인채택 할 계획마저 내비쳤다. 창가학회 간부들로부터 "몇 번이라도 야노의 국회 출

야노 준야

---

51 야노 준야矢野絢也, 1932~ : 공명당 서기장(1967~86), 위원장(1986~89)을 역임했다. 사회당, 민사당과 함께 사공민 노선을 주도하는 한편 자민당과도 두터운 인맥을 자랑해 왔다. 1989년 메이덴코사건明電工事件으로 정계를 은퇴하고 정치평론활동으로 전향한다. 그러나 훗날 창가학회와 관계악화로 학회와 각종 소송전을 치른다.

석을 저지시켜라."고 요청 받은 공명당은 대응에 고심하고 있었다. 오자와
는 이것을 역이용하여 "민주당에 협력한다면 야노 문제도 풀릴 수 있지 않
겠냐."며 동요시켰다.

그러나 이 시기 창가학회는 무엇보다 조기해산을 노리고 있었다. 오자
와 - 니시구치 회담과 같은 시기 창가학회 이사장 마사키 마사아키正木正明는
공명당 간사장 기타가와와 함께 후쿠다 내각에서 자민당 간사장을 지낸 아
소와 회담하여 조기해산을 위한 전략을 협의했다. 때문에 창가학회는 오자
와의 제안을 거절한다. 이에 따라 오자와는 오타 아키히로가 출마한 도쿄
12구에 자신이 입후보 의사를 내비치는 등 둘의 관계는 더욱 악화되었다.

이케다 다이사쿠의 경악스러운 지시

2008년 7월 말, 가루이자와軽井沢에서 매년 열리는 창가학회 연수회가 개
최되었다. 여기서 이케다의 '지도'는 충격적이었다. "어떤 정치상황이 되더라
도 우리들은 이겨야 한다. 그러기 위해서는 '자공바라기自公ありき'만 생각할
필요는 없다." "선택지를 좁힐 필요는 없다. 관계는 폭넓게 만들어 가야 한다."

결국 이케다는 창가학회를 지키기 위해 자민당과의 연립에 얽매이지 않
고 민주당정권에 대비할 것을 분명히 지시한 것이다.

이에 따라 일부 의원들은 즉시 이케다 발언에 편승한 메시지를 내기 시
작했다. 이를테면 참의원에서 중의원으로 갈아타기가 결정된 도야마 기요
히코遠山清彦는 신문 인터뷰에서 "'자공'바라기가 아니라 어떤 구성이 국민을
위한 것인가의 시점에서 임해야 한다. 정책현실을 위해서는 '민공'의 선택지

도 배제하지 않는다."고 발언했다.

하지만 선거는 전쟁이다. 제1선에서 득표활동을 하는 부인부의 운동원에게 복잡한 지시를 내리면 그 운동량이 떨어질 뿐이다. 그래서 소선거구에 공명당 후보를 옹립한 이상 중의원 선거도 기본은 자민당과 협력하여 싸울 수밖에 없다. 그렇기 때문에 공명당은 "재원 없는 정책, 위태로운 안전보장 정책, 하토야마^{鳩山由紀夫}대표의 위장헌금문제를 호소한다."는 등 민주당 비판을 전면에 내세웠다. 선거가 가까워지자 이케다의 지시는 무시되는 것처럼 보였다. 그러나 물밑에서는 그 지시에 따르는 움직임이 활발하게 이어졌다.

자민당과 공명당이 연립을 구성한지 10여 년, 양당의 선거협력은 확연히 깊어졌다. 공명당이 후보를 세우지 않은 소선거구에서는 공명당·창가학회가 자민당 후보를 지원하고 그 보답으로 자민당 후보의 후원회와 지원기업들로부터 공명당의 비례표를 얻어 오는 이른바 '바터 협력_{barter trade}'이 진행되었다.

그런데 이번 중의원 선거는 조금 양상이 달랐다. 자민당이 지지율 20%를 밑도는 아소 내각으로 선거 돌입을 결정했기 때문에 얼마라도 공명당 비례표를 늘리기 위해서라도 평판이 나쁜 자민당 후보자에게 투표 할 것을 학회원에게 지시해왔다. 그런데 한편으로는 자공 양당의 균열을 전망하는 민주당 후보가 지역의 창가학회 간부에게 협력을 요청하는 케이스도 각지에서 연이어져, 신청을 받은 학회 측도 선거구에서는 한정적으로 민주당 후보에게 협력하는 움직임이 시작되었다.

그러나 공명당과 창가학회로서는 둘도 없는 적으로 싸워 온 민주당 간부와의 관계 만들기에 정면으로 뛰어들지 못했고, 일시적으로 민주당 정권이 들어서더라도 선거에서 격하게 비판해 온 상대에게 곧바로 다가갈 수도 없는 노릇이었다. 게다가 정권여당인 자민당을 완전히 적으로 돌리면 결국 자민당의 거센 공격을 받는 악몽이 재현될 것이다. 이를 막기 위해서라도 민주당의 선거 행동부대로, 일찍이 공명당과도 양호한 관계였던 렌고 등 노조와의 관계를 다지는 것은 큰 의미가 있었다. 그렇기 때문에 이 시기부터 학회 이사장 마사키를 시작으로 공명당의 간사장 기타가와, 부대표 이노우에 요시히사가 렌고 회장인 다카기 쓰요시高木剛 등과 잇달아 회담을 가지는 등 물밑에서 파이프만들기에 힘을 쏟았다.

공명당은 자신들 힘만으로 중의원 소선거구를 이겨낼 수 없기 때문에 소선거구에 후보자를 옹립한 이상, 양대 정당 어딘가와 전면 협력해야만 한다. 그렇기 때문에 앞으로도 자민당과 협력할 것을 결정했지만, 고작 10명 남짓한 의원을 소선거구에서 당선시키기 위해 나머지 거의 모든 선거구까지 자민당에게 협력한다는 것은 매우 비효율적이다. 그럼에도 자민당 정권이 안정될 때는 자민당과 협력하여 비례구 공명당 표를 꽤 늘릴 수 있기 때문에 당장은 괜찮았다. 그러나 지지율이 극단적으로 낮아진 아소 내각의 선거는 자민당 지지 자체가 대폭으로 줄어들어 선거협력의 메리트도 줄어든다. 이에 양대 정당의 한쪽에만 전면 협력하면 다른 한쪽을 완전히 적으로 돌려 야당으로 전락할 때 적으로 돌려진 여당에게 격렬한 공격을 받게 된다는 두려움이 커졌다.

그리고 창가학회는 정치와의 관계를 무엇보다 최우선으로 여겨왔다. 이때 창가학회의 내부에서는 정치와의 관계를 축소시켜야 한다는 의견이 강해지기도 했다. 학회에서는 이 수년 전부터 여름의 가루이자와 연수회에서 앞으로의 정치 대응을 놓고 의논을 계속해 왔다. 그중에는 지금의 소선거구

비례대표병립제를 예전의 중선거구제로 되돌리거나 비례대표중심제로 바꾸려는 희망이 무리라면 소선거구에서 철수하고 중의원은 비례구 특화로 가야 한다는 의견이 강해졌다.

소선거구 철수론이 강해진 이유

중의원에서 소선거구비례대표병립제가 도입된 이후 공명당이 치른 세 번의 중의원 선거에서 공명당 의석은 대개 30석대 초반이었다. 평균하면 중선거구시대보다 20 몇 석 정도 줄어든 것이다. 그럼에도 겨우 8개의 소선거구에서 의석을 확보하기 위해 학회는 운동원을 인근 도도부현에서 선거구에 대거 투입하였다. 동시에 이 8개의 소선거구에서 자민당 지원을 얻는 보답으로 그 이외 대부분의 소선거구에 자민당 후보를 지원하는 불균형한 협력을 해왔다.

이것을 버리고 비례구로 특화한다면 지금 소선거구에 쏟아 붓는 학회원의 에너지도 포함하여 모든 힘을 비례표 모으기에 투입할 수 있다. 동시에 자민·민주당을 불문하고 공명당 비례표를 튼튼히 쌓아두고 보다 협력적 후보와 기민하게 선거협력을 진행할 수 있다. 그에 따라 비례 의석을 지금보다 늘릴 수 있다는 계산이 나온 것이다. 계산대로면 소선거구에서 완전 철수해도 중의원 의석구는 큰 차이 없이 2~3석 정도 감소로 국회 안에서의 존재감은 큰 변화가 없다.

비례에 특화된다면 자민당과 전면적인 선거협력은 필요 없기 때문에 국회에서는 때때로 정권에 대해 시시비비 태도로 임하는 것이 가능하다. 정권교체 시기에 양대 정당의 고래 싸움에 휘둘리지 않아 '악몽 같은 나날'이 재현될 가능성도 줄어든다.

다시 말해 지금 너무 헛된 노력을 쏟아붓고 있다는 것이다. 특히 남자부등 젊은 세대에서는 축소노선에 찬동하는 의견이 많았고 비례구도 포함하여 중의원 완전철수를 주장하는 청년간부도 있다고 한다.

그러나 그동안 창가학회는 축소노선으로 전환하는 결단을 내지 않았다. 하나의 이유는 중의원 진출을 결정한 것도 소선거구제에서 계속 싸울 것을 결정한 것도 이케다 다이사쿠 본인이었기 때문이다. 고위 간부들은 이케다의 뜻과 다른 축소노선 전환을 입에 올리지 못한다. 그런데 정치상황이 크게 요동치는 이 시기, 정치 진출 50여 년 동안 꾸준히 의석 확대를 목표해 온 창가학회가 처음으로 키를 잃은 배처럼 축소노선에 흔들리고 있었다.

자민당 정책에 대한 공동책임의 중압감

이렇게 창가학회의 민주당 정권을 의식한 포석도 불사하는 논의가 활발해진 배경에는 모리 정권 이후의 '비경세회 정권'에서 공명당이 정부·자민당이 내세운 강경보수 정책, 또는 신자유주의 정책에 편승한다는 공동책임을 부담스러워했기 때문에 학회 안에서 강한 불만이 나왔으리라 본다.

제1차 아베 정권하에서 공명당이 가장 강하게 저항한 정책 과제는 모리내각 때부터 현안 사항이었던 교육기본법의 개정문제였다. 이케다 다이사쿠가 높이 평가해 온 리버럴 색채가 강한 교육기본법을 개정하는 것에 아베가 강하게 의욕을 보였기 때문에 양당 사이에서 알력이 생겼다. 자민당 측이

'애국심'이라는 단어를 삽입할 것을 추진하자 공명당이 강하게 저항했다. 그러나 최종적으로는 이 문제마저도 공명당은 표현만 조금 바꾸는 것으로 타협했다.

제5장

몽환의 '민공연대'

- 이케다 건강 악화와 창가학회의 방황

사람들 앞에서 당 지도부를 매도한 이케다 다이사쿠

2009년 8월의 중의원 선거는 역사적 정권교체 선거가 되었다. 공명당도 1967년 중의원 진출 이후, 역대 최저 의석(21석)이 된 역사적 참패였다. 후보를 옹립한 8개 소선거구에서도 전패하여 대표 오타와 간사장 기타가와 등 간부들도 줄줄이 낙선했다. 창가학회·공명당의 실력을 알 수 있는 바로미터인 공명당 획득 비례 득표총수(전국11블록의 합계)는 850만 표이다. 중의원에서 소선거구 비례대표병립제가 도입된 이후 투표율은 가장 높은 69%까지 올랐음에도 불구하고, 공명당의 득표는 그 4년 전 중의원 선거보다 93만 표나 감소했다. 예상을 넘은 참상에 간부들은 말을 잃었다.

중의원 선거 이후 첫 창가학회 본부간부회의가 2009년 10월, 도쿄·하치오지八王子의 마키구치 기념관에서 개최되었다. 그 광경을 이튿날 세이쿄신문은 "(이케다) 명예회장은 '광선유포는 영원의 대사업'이라고 강조했다. 전국의 위대한 동지의 분투에 진심으로 감사의 말을 전했다." 등으로 보도했다. '광선유포'란 널리 니치렌의 가르침을 전하는 것을 의미한다. 선거에서 공명당 세력확대는 '광선유포'와 동일시되기 때문에 그것을 '영원의 대사업'이라 선언한 것은, 선거 참패를 인정한 것이라고도 받아들인다. 그러나 곧바로 중의원 선거를 거론하지는 않았다. 3일 후 세이쿄신문에서는 '명예회장의 스피치 전문'이 게재되었는데, 간접적으로 중의원 선거 패배를 총괄한 것으로 보여지는 발언은 보이지만, 여기서도 선거를 직접 거론하지는 않았다.

그러나 실제로 이 자리에서 이케다는 대단히 엄한 책임추궁을 했다. 기사화하기에는 그 내용이 지나치기 때문에 신문에는 빠지게 되었다. 전국의 창가학회의 회관으로 배송된 연설 영상에서도 그 부분은 편집되었다.

"승부는 반드시 이겨야만 한다. 나는 줄곧 목숨을 걸고 싸웠고 이겨왔다. 이번엔 왜 그렇지 못했는가." "간부들에게 우유부단함이 남아있다. 하라다 (회장), 아키야(에이노스케, 전 회장), 니시구치(료조, 전 총관서장)……, 자네들은 진심을 다해 싸웠는가." "거기 앉아있는 오타도 그래. 의원들은 대체 뭘 한 거냐."

이케다는 1,000명 정도의 출석자들 앞에서 그 자리에 있던 창가학회와 공명당의 최고간부를 포함하여 6명 정도의 구체적 실명을 거론하며 질책했다. 매도에 가까운 격한 발언이었다고 한다.

이런 회합에서 이케다가 간부를 가리켜 면책하는 일이 드문 일은 아니다. 이는 일반회원들의 불만을 풀어주기도 하고, 이케다의 권위를 높이기도 했기 때문이다. 그래도 이 날 발언은 너무 격한 것이었다.

앞서 말했듯이 이케다는 이 3년 정도 전부터 직계를 간부에 등용하는 형태로 인사의 세대교체를 단행해왔다. 4반세기에 걸쳐 선거운동을 지휘해온 전 회장 아키야를 사실상 해임하고 선거에는 완전히 문외한인 자신의 '어용' 인 하라다를 회장으로 앉힌 인사가 그 상징이었다. 공명당 의석 확대보다도 학회 내부의 조직강화=이케다 체제의 완성을 우선한 것이기 때문이다. 선거에 어느 정도 지장이 나올 수밖에 없다고 생각되는 인사였다.

그러나 예상을 훨씬 뛰어넘는 참패에 이케다의 분노가 폭발했다. 공명당은 그 앞의 참의원선거에서도 패배했다. 선거활동을 조직의 결속과 확대 수단으로 삼아 온 창가학회가 선거에 잇달아 진다면 약체화된다고 여겨져 왔다. 동시에 국회에서 일정 영향력을 확보하지 못한다면 조직방어도 뜻대로 될 수 없다. 이케다는 자신이 주도한 인사가 실패로 평가될 수 있는 선거결과에 초조함을 강하게 내비친 것이다.

아키야 라인의 복권과 민주당

　중의원 선거 참패로 창가학회 안에서는 '선조先祖귀환'이라고 불리는 움직임이 현저하게 나타났다. 다음 참의원선거를 위한 선거대책의 전면에 전 회장 아키야가 다시 나오게 된 것이다. 아키야는 3년 전 회장직에서 물러난 뒤 최고지도회의 의장이라는 한직으로 밀려나 있었다. 아키야는 물러난 뒤에도 선거대책에 일정한 관여를 해오면서 서서히 발언력을 부활시켰다.

　2006년에 아키야가 회장에서 물러날 때, 25년 동안 선거를 진두지휘한 아키야가 일선에서 물러나면 학회의 선거활동에 지장이 생길 것이라는 우려는 학회와 공명당 내부만이 아니라, 연립 파트너인 자민당에서도 나왔었다. 실제로 그 뒤 국정선거에서 자공양당은 2연패하였다. 그것도 참패였다. 이듬해 참의원선거를 이기기 위해서는 선거에 정통한데다 나가타초永田町[52] 인맥도 풍부한 아키야의 힘을 빌릴 필요가 있었다. 아키야는 선거대책에서 멀어져 있던 부회장 사토 히로시佐藤浩를 선거 실무책임자로 복귀시켰다.

　아키야와 부회장이자 사무국장인 다니카와 요시키谷川佳樹, 그리고 사토 3인은 자공연립이 시작될 때부터 10년간 자민당과 선거협력을 추진해왔다. 그렇기 때문에 아키야와 사토의 복권은 민주당과의 관계구축을 급선무로

52　나가타쵸永田町: 일본 도쿄도 치요다구 나가타쵸 주변은 일본 정계의 중심지로, 국회의사당, 최고재판소, 자민당등 각 정당의 중앙당사등이 위치해 있다. 의회와 정당등 중앙정계 정계 자체를 뜻하는 말로 쓰인다. 근처의 가스미가세키霞ヶ関는 중앙관청 등이 몰려있어 중앙관료사회를 뜻하는 말로 쓰인다.

하는 현실과 모순된 흐름으로도 보여진다. 다만 그것이 오해라는 시각도 있다.

복귀한 아키야가 먼저 한 것은 일찍이 공명당 서기장으로서 수완辣腕을 발휘했던 이치카와 유이치市川雄一를 2010년 1월 당 상임고문으로 복귀시킨 것이었다. 2009년 9월에 발족한 하토야마 정권하에서 여당·민주당의 간사장은 오자와 이치로, 이치카와의 복귀는 노골적인 민주당으로의 태세전환이었다. 이치카와는 호소카와 정권에 참가한 이후 공명당의 전략이 신진당 해당으로 인해 실패로 끝나자 자민당의 격렬한 학회공격을 초래한 책임을 한 몸에 짊어져 이케다의 질책을 받은 뒤 칩거에 들어가게 되었다. 그랬던 것이 십수 년 만에 본 무대로 복귀한 것이다.

아키야는 자신들도 오자와와 밀회하는 등 민주당과의 파이프 부활에 정력적으로 매진했다. 아키야도 사토도 어디까지나 '선거대책의 프로'였기에 그들에게 공명당을 이기게 하기 위해서 또는, 학회를 지키기 위해서는 자민당도 민주당도 관계없었다. 특히 아키야는 오자와와 직접적 파이프는 두텁지 않았기에 호소카와·하타 정권 당시는 함께 뒤에서 정권을 지원하고 그 뒤에도 함께 신진당을 지원하여 자민당과 싸운 경력을 가졌다.

덧붙여 창가학회 내에서는 이때 지방의 현장 단위에서도 잠시 한직으로 물러나 있던 전 간부들이 차차 라인으로 복귀했다. 특히 의원OB는 그들이 가진 풍부한 경험과 폭넓은 인맥이 선거에서 요긴하다고 생각되었기에 중요 포스트로 불러들여졌다. 그 이면에는 자공연립 이전의 인맥이 필요했던 면도 있었다. 그 상징이 이치카와와 동시에 공명당 고문으로 복귀한 오카와 세이코大川清幸와 구로야나기 아키라黒柳明라는 두 명의 전 참의원이었다. 이 두 사람은 의원OB 중에서도 학회 내 지위가 높기에 OB들을 움직이기 위한 상징으로 복귀시켰다고 한다.

이케다에 의해 은퇴되었던 아키야와 이치카와 등의 복귀는 '이케다 체제'의 공고화를 위해 행해진 인사가 실패함과 동시에 학회와 공명당의 인재 부족마저 표면에 드러난 것이다.

연기만 지핀 소선거구 철수론

중의원 선거에서 참패로 공명당이 야당이 되자 창가학회 내에서는 선거 전부터 연기를 지펴 온 중의원 소선거구 철수를 골자로 한 향후 정치노선 논의가 본격화 되었다. 이제까지처럼 자민당과 전면적으로 협력하여 비례구와 소선거구 양쪽에서 의석 확보를 목표하는 것은 그만두어야 한다는 의견이 한층 강해진 것이다.

중의원 선거 직후인 2008년 9월 도쿄·시나노마치의 학회시설에서 전국 13방면의 방면장들이 본부의 간부들과 의견을 교환하는 '방면장회담'이 개최되었다.

회의에서는 "더 이상 자민당과 한 몸이 되어 선거를 치를 수 없다. 공명당 단독으로는 소선거구에서 이길 수 없는 이상, 소선거구에서의 의석 확보에 연연할 일이 아니다." "비례구에 특화하면 보다 효율적으로 의석 확보가 가능하다. 이번에도 소선거구에 투입된 힘을 비례로 돌렸다면 비례 의석은 더 얻었을 것이다."라는 소선거구 철수를 요구하는 의견이 이어졌다. 이에 대해 관서방면의 대표가 "소선거구에서 철수한다면 지리멸렬해질 뿐이다. 비례구만으로는 정당의 존재감을 보일 수가 없다." 등 반대의견도 나왔다.

결국 중의원 선거 총괄은[53] 공명당 공천후보를 옹립한 8개 소선거구 모두의 승리에만 연연하기 때문에 역으로 전패하는 결과를 불러왔다는 인식에 일치, 그때그때의 정세에 조응하여 유연한 선거전술을 하자는 결론을 내었다. 그러나 소선거구 철수에 대해서는 "소선거구에서 싸워야 비례표의 신장이 가능하다."라던가, "(공명당에서는 하지 않았던) 소선거구와 비례의 중복 입후보를 시키는 것으로 비례표를 올려야 한다."라는 의견도 나오며 결론이 미뤄졌다.

앞에서 몇 번 언급했지만, 공명당은 자신들의 힘만으로는 소선거구에서 이기지 못하는 이상 소선거구에서는 양대 정당의 어느 한편에 서서 전면 협력으로 싸워야 한다. 그리고 소선거구에서 당선시키려면 너무 많은 노력이 필요하다. 게다가 이번처럼 협력 상대와 함께 야당으로 전락하게 된다면 이번에는 여당이 된 적대 정당으로부터 공격받아 이케다의 국회 소환이나 학회에 대한 세무조사 등의 반격을 받을 수 있다는 두려움이 컸다. 민주당 정권이 탄생했기 때문에 이번에는 민주당에 접근하지만 민주당이 앞으로 중의원 선거에서 몇 번이나 이겨 장기집권한다는 보장이 없는 이상, 민주당과 전면협력에 발 벗고 나설 수도 없다. 그렇다면 소선거구에서 철수하여 비례로 일정의석을 확보하여 양대 정당의 틈바구니에서 정권에 대해 시시비비의 입장으로 임하자는 의견이 이 시기 학회본부의 간부들 사이에서 확산되었다. 이전부터 소선거구철수론을 부르짖은 간부 한 사람은 "이번, 8선거구 전패로 소선거구에서 철수할 수 있는 환경이 마련되었다. 상처의 교훈이다."라고 말했다. 다만 소선거구제이기 때문에, 전국 각 방면 중 가장 많은 소선거구에서 싸워온 관서방면 간부들은 소선거구 철수에 강하게 저항을

53 총괄總括: 총괄은 종합평가와 후속대책 모두를 지칭.

보여주었다.

미뤄지는 정치노선 논의

창가학회에서는 이러한 정치노선 논의를 2009년에만 여러 차례 가졌다. 오타 퇴임으로 공명당 대표로 취임한 야마구치 나쓰오도 두 번 정도 참가했다. 창가학회 내 의견을 수렴한 야마구치는 중의원 선거에서 얼마 지나지 않은 9월 15일 텔레비전 방송에서 "소선거구 철수는 가능한 선택지다."라고 밝혔다. 그러나 공명당 내에서는 오타와 기타가와를 시작으로 낙선한 베테랑들이 "계속해서 소선거구에서도 싸워야 한다."는 의견을 냈다. 야마구치 자신은 완전 철수 여부에 대해 헤매고 있었기에 최종 결론은 계속 미뤄진 채 시간만 죽이고 있었다.

일련의 논의 중에는 중의원 선거에서 비례에 특화할 경우의 상세한 시뮬레이션도 제시되었다. 가상의 중의원 선거에서 비례에 특화한다면 북관동과 남관동 그리고 도카이東海 등 6개 비례 블록에서 1석 정도, 최대 6석을 늘리는 것이 가능했다. 8개의 소선거구에서 의석을 확보하기 위해 창가학회에서는 주변의 도도부현에서 대량의 운동원을 숙식시켜 동원하는 등 큰 노력을 쏟고 있기에 그것을 중단하고 각각의 지역에서 선거에 결합한다면 비례 표를 늘리는 것이 가능하다는 논리였다.

또한 소선거구에서 자민당과의 전면적인 선거협력은 삼가고 자민·민주 양당의 후보와의 3파전을 한 경우에도 오사카 6구 등 관서 일부에서는 공명당이 이길 가능성이 있다는 시뮬레이션도 제시되었다고 한다.

그러나 11월에 들어서자 이러한 논의는 중단되어 결론은 참의원선거 뒤로 미루게 되었다. 이듬해 참의원선거대책이 먼저였기 때문이다.

이케다의 한마디로 일축된 오타 아키히로 공천

이때 2010년의 참의원선거를 둘러싸고 하나의 문제가 발생한다. 제3장에서도 조금 다루었지만 중의원 선거에서 낙선한 전 공명당 대표 오타 아키히로를 이듬해의 참의원선거의 비례구 후보로 할지를 둘러싸고 창가학회와 공명당이 혼란에 빠진 것이다.

오타는 교토대를 졸업 후 창가학회에서 남자부장, 청년부장 등의 요직을 역임한 학회 엘리트 간부였다. 이케다의 '양아들'이라 불리며 대대적인 선전으로 국회의원에 진출한 '공명당의 프린스'였다. 그러나 오타가 공명당 대표로 취임했던 2006년 이후 참의원선거와 중의원 선거의 두 번의 국정선거에서 참패하여 그 책임을 지고 대표를 사임했다. 오타 자신도 낙선한 이상, 정계를 은퇴할지 다음 중의원 선거에서 권토중래를 기약할지 당연히 많은 학회 간부의 의견이 오갔다. 이 시기 학회에서는 간사장이었던 기타가와의 처우도 포함하여 논의되었는데, 청년부와 부인부에서는 "패배의 책임자인 이상 두 사람 모두 은퇴해야 한다."라는 의견이 나왔다고 한다.

그러나 회장 하라다는 이러한 반대론을 일축하고 오타의 참의원 비례구 옹립을 결심했다. 2009년의 중의원 선거도 2007년의 참의원선거도 자민당의 아소 다로와 아베 신조의 미숙함에 휘둘려 참패했다는 평가가 강했기에 다음 중의원 선거가 4년 후인 2013년이라고 가정하면 오타는 68세로 입후보가 가능할지도 불투명했다. 원래 하라다는 오타와 함께 동시대의 학회 엘리트였다. 그런데 오타는 도중에 바라지도 않았던 정계로 전출하게 되었기에 하라다는 오타에게 꽤 동정적이었다고 한다. 결국 오타는 명예회장인 이케다에게는 드물게 속마음을 아는 국회의원이었기 때문에 하라다가 이케다의 기분을 헤아려 참의원 전출을 결정한 것이 아닐까라고도 전해진다. 이 방침은 2009년 12월 3일 정식으로 발표되었다. 오타는 연말연시에 학회관계자와 경제단체 등으로 인사방문을 돌며 정력적으로 활동을 펼쳐나갔다.

오타의 옹립으로 창가학회는 참의원선거운동을 어느 정도 변경할 것을 결정하게 된다. 공명당은 참의원선거에서 전국을 독자 블록으로 나눈 뒤 각 블록에서 비례후보를 한 사람씩 할당, 집표에 책임을 지는 방식을 취해왔다. 또한 자민당과의 선거협력을 스무드하게 하기 위해 투표의뢰는 당명이 아니라 후보자명으로 할 것을 지시해왔다. 자민당 지지자에게 '공명당'을 적으라고 하는 것은 심리적 저항감이 강했기 때문이다. 그러나 이때는 선거운동의 중심이 되는 학회 부인부를 중심으로 오타 공천의 반발이 커져 오타를 받아들이는 블록이 없었기 때문에 다음 참의원선거에서 투표를 기본적으로 당명으로 할 것을 호소하는 방침을 결정하게 된 것이다.

그런데 연초에 이변이 일어났다. 2010년 정월, 이케다 앞에서 회장 하라다와 간부들이 모인 신춘 상견례에서 이케다가 "그런데 참의원선거에 오타는 (공천하여도)괜찮을까."라고 발언한 것이다. 세간의 이해와는 다르게, 이케다가 개별 선거방침에 대해 입을 연 것은 매우 드문 일이라고 한다. 오타의 공천에 의문을 던진 이케다의 발언에 간부들은 낭패가 되어 곧바로 참의원선거방침 수정이 시작되었다.

오타의 공천을 재빨리 발표한 것은 반발하는 학회원들을 설득할 시간을 충분히 만들기 위함이었지만 오타에 대한 반발은 수습되기는커녕 확산되기만 했다. 특히 선거운동의 핵이라 할 수 있는 부인부 간부들은 "경험이 풍부한 베테랑 의원도 필요하다."며 간부들이 설득했지만 "그래도 오타 씨의 공천은 (재임 중에 66세를 넘는 경우는 공천하지 않는다고 한다.) 정년제를 정한 당의 내규에 반한다. 하마요쓰浜四津敏子 씨(대표대행)마저도 정년제를 따라 이번 기한으로 은퇴하는데 이건 납득이 안 된다."라며 맹렬히 반발했다. 이러한 목소리가 이케다의 귀에 들어간 것이다.

게다가 당명으로 투표를 호소하려는 방침은 지방간부들로부터 이견이 터져나왔다. 자민당과의 선거협력으로 공명당의 비례표를 끌어온 규슈와 도호쿠의 방면장들은 "당명투표로는 보수층에게 지지를 넓히기 힘들다. 후보자명 투표로 다시 돌려놓아야 한다."고 의견이 나오고 있었다.

이렇기 때문에 창가학회는 1월 하순, 오타를 공천에서 제외를 결정하였다. 동시에 예전처럼 후보자명 투표로 되돌려 지지 확대를 꾀한다는 방침으로 되돌아갔다.

우왕좌왕하는 참의원선거방침

2010년 참의원선거는 선거구에 몇 명의 후보를 내세울지마저도 도중에 방침이 바뀌었다. 처음에는 중의원 참패의 충격도 있어서 선거구는 도쿄와 오사카 두 곳만 집중할 방침이었다. 무리하면서까지 의석 확대를 목표로 하지 않는다는 '정치축소노선'을 선행적으로 취한 것이다.

그러나 그렇게 해서는 비례구에서 옹립하는 8명과 합쳐 전원이 당선되어도 10석에 불과하여 현재 보유한 11석보다 줄어들 수밖에 없다는 의견이 나오게 된다. 주로 지방간부들로부터 '의석 축소를 전제로 싸우면 사기가 떨어진다.'며 후보자 확대를 요구하는 목소리가 나오게 되었다.

그리고 수상 하토야마 유키오와 민주당 간사장 오자와 이치로의 정치자금문제가 부상하였다. 내각 지지율이 급락하는 등 야당인 공명당에게 선거정세가 호전되기도 했기에 새롭게 사이타마 선거구도 후보자를 옹립하기로 결정한다. 현재 보유 중인 11석 확보를 목표로 하는 방침으로 전환했다.

이렇게 창가학회의 참의원선거방침이 우왕좌왕하게 된 배경에는 간부들의 자신감 상실이 비쳐진다. 학회원의 공명당 이반, 이탈이라는 심각한 사태에 유효한 대응을 하지 못하면서 선거에 자신감을 잃게 된 것이다.

연립 10년의 질곡

실은 참패한 2009년 중의원 선거에서도 공명당은 보수 지반이 두터운 규슈, 도호쿠, 그리고 시코쿠 일부에서 건투하여 그중 비례표를 늘린 현도 있었다. 자민당 간부와의 선거협력이 가져온 성과였다. 그럼에도 불구하고 전체로서는 큰 폭으로 표가 줄어든 것은 도쿄 등 본래 공명당이 강한 대도시와 그 주변에서 표가 대량으로 감소했기 때문이었다. 창가학회의 자체 분석 결과, 도시지역에 사는 그중에서도 남성의 학회원의 다수가 민주당에 투표했다는 실태가 드러났다. 이것은 조직으로서 충격적인 실태였다. 앞에서도 다루었지만 이러한 현상은 2007년의 참의원선거에서도 보여졌다. 그에 대한 대책을 내놓아야 했다.

그런데 공명당은 야마구치의 대표 취임 인사말에서 "이 10년 동안 공명당다움을 잃어버렸다.", "연립정권에 매몰되었다."라며 자공연립의 부정적 측면을 강조하는 바람에 오타나 기타가와, 또한 후유시바 데쓰조 등 자공 정권을 주도한 선배들로부터 강한 반발이 나와 표현이 수정되었다. 더욱이 정조회장실에서 취합한 자공정권 10년을 정책 면에서 총괄한 문서에서도 "고이즈미 수상을 따라 이라크 전쟁을 지지하고 이라크의 자위대파견에 찬성한 것은 잘못이다."라는 문장이 들어가자 당시 간부였던 전직 의원들로부터 반론이 나와 문서 자체가 '파기'되었다고 한다.

공명당은 이 시점에서 이미 10년간 계속되어 온 자공 연립의 질곡에서 쉽게 벗어날 수 없었다. 창가학회 측은 구조적으로 선거에서 이기기 위해 무엇이든 한다는 관점에서 자공연립을 지지해 왔지만, 당 측에서는 심리적으로도 자민당과의 연립에 끌려들어가고 만 것이다. 공명당이 창당의 초심으로 돌아가 존재감을 발휘할 수 있을지 그것도 눈앞의 선거를 생각해서 자민당과의 협력관계를 우선으로 할지, 이 대답 없는 질문을 지금 공명당의 의원들에게 던지지 않을 수 없다.

부활한 이치카와가 찬성시킨 추가예산안

이 시기 가장 주목을 모은 공명당 관계 뉴스는 결국 오자와 이치로와의 '이치 - 이치 라인'으로 나가타초를 주름잡았던 이치카와 유이치의 부활이었다. 이치카와의 공명당 상임고문으로의 복귀는 2010년 1월 7일에 발표되었다. 대표 야마구치는 기자회견에서 "오자와 씨가 당권을 쥔 민주당과의 연대를 염두에 둔 인사인가."라는 질문에 "그런 것은 아니다."라고 부정했다.

물론 이것은 정치적 수사에 불과했다. 앞서 말했듯이 이치카와의 복귀는 창가학회의 전 회장 아키야 에이노스케가 주도한 인사로 10년간 계속된 자공노선에 휩쓸려간 공명당을 민주당 쪽으로 방향을 틀기 위해서였다. 이치카와와 오자와는 오자와가 신진당을 해당시킬 때에 다툼으로 틀어져 있었지만 이치카와의 일선 복귀는 민주당에 강한 메시지가 된다고 생각했기 때문이다.

이치카와 유이치市川雄一

복귀한 이치카와는 매주 목요일에 열리는 공명당의 중앙간사회에 꼬박꼬박 출석하였다. 당 대표와 간사장들이 나란히 앉아 회합의 마지막까지 매번 같은 장광설을 시전했다.

"자네들은 왜 의원 뱃지를 달고 있는가. 그 의미를 잘 생각해야만 한다. 그것을 생각한다면 여당과 잘 어울리지 않으면 안 된다는 것을 알 것이다."
"이를 위해 나는 여기로 돌아왔다. 내 말을 명심해야 한다."

복귀 당초, 이치카와는 이러한 발언을 거듭했다. 요컨대 창가학회를 지키기 위해서는 민주당과 좋은 사이가 될 필요가 있다는 의미였지만, 배경에는 창가학회와 진흙탕 소송이 계속된 전 공명당 위원장 야노 준야의 존재가 있었다. 당시 민주당과 국민신당 의원들이 야노를 국회에 출석시켜 공명당과 학회의 '정교분리문제'를 추궁할 태세를 보였기 때문에 학회에서는 이것을 어떻게 해서라도 막아야 했다. 야노는 창가학회와 공명당의 '속사정'

을 강연과 저서로 밝혀왔다. 그렇기 때문에 야노의 증인 채택이 이뤄진다면 이케다 국회 소환으로도 이어질 수 있다는 두려움이 있었다.

동시에 민주당은 매니페스토[54]에 종교법인의 세제 개정도 내걸고 있었기 때문에 민주당과 관계 회복이 공명당 의원의 첫 번째 임무라는 것이 이치카와의 발언에 담겨 있었다.

이 이치카와가 조속히 주도권을 발휘한 것이 2009년의 제2차 추가예산안의 대응이었다. 공명당은 자민당과 함께 "정부의 경제대책은 불충분하다."고 비판해왔다. 집행부는 당연히 추가예산안에 반대할 계획이었다. 그런데 이치카와는 "긴급하게 필요한 경기대책과 고용대책을 마련하기 위해서 찬성하는 게 좋다." "여기서 찬성하면 더 이상 우리가 자민당과 한 몸이 아니라는 것을 보여줄 수 있다. 이 기회를 놓치면 안 된다."라고 주장하였다. 결국 이치카와는 집행부를 설득시켜 찬성으로 돌려놓았다.

민주당은 하토야마와 오자와의 정치자금문제가 부상하여 국회대책에서도 곤란한 입장에 놓여져 있었기에 추가예산안 찬성은 실제로 민주당에 강한 메시지가 되었다. 이후 민주당은 공명당을 배려하기 시작한다. 공명당도 그에 응하여 정부가 제출한 '아동수당법안'과 '고교무상화법안'에 일부 수정하여 찬성으로 돌아섰다.

그러나 이러한 움직임에 대해 주변의 학회원으로부터 비판이 분출되었다. '불적仏敵'이라며 싸워 온 상대가 제출한 주력법안에 찬성하는 것은 정서

---

54 일본의 매니페스토: 매니페스토란 정당이나 후보가 선거 공약을 구체화하여 문서로 배포하는 것을 말한다. 일본에서는 처음에 불법적인 선거 홍보물로 여겨졌으나 2003년 중의원 선거부터 제도화되었다. 처음 매니페스토를 선거에서 선보인 것은 공명당이었으나 이를 적극적으로 활용하고 홍보한 것은 민주당으로 이것이 주효하여 2007년 참의원선거, 2009년 중의원 선거를 연이어 승리하며 정권교체를 이루어냈다. 그러나 3년 만에 민주당 정권이 붕괴하여 일본정치에서 매니페스토 열풍은 사라지게 되었다.

적으로 용납할 수 없다. 게다가 그 민주당의 투톱에 학회 부인부가 가장 싫어하는 금전스캔들이 부상한 것이다.

앞서 설명한 것처럼 창가학회와 공명당은 기본적으로 매주 1회, 이목이 뜸한 이른 아침, 양쪽 간부 10여 명이 모여 비공식 협의를 가진다. 여기서 창가학회의 부인부와 청년부의 대표는 이러한 현장의 학회원들이 가진 불만의 목소리를 전달하여 추가예산안과 아동수당법안들에 왜 찬성했는지를 일반 학회원이 알 수 있게 설명해줄 것을 강하게 요구하였다. 당 측은 찬성 이유를 의원이 설명하는 DVD를 급히 제작하는 등 대응에 나섰다.

창가학회의 최고지도자인 이케다가 자공정권이던 2008년 여름의 가루이자와의 연수회에서 재빨리 "자공바라기'라고 생각할 필요는 없다."며 민주당과의 파이프만들기를 은밀하게 지시했던 것은 앞서 소개했다. 그런 이케다였기에 민주당 정권이 탄생했을 때 국회에 야노 문제가 불붙을 것을 염려했다. 지금보다 여당·민주당과의 관계의 구축을 서둘러야 한다고 생각했다. 그것은 일단은 자신이 물러나게 한 이치카와를 전 회장 아키야를 통해 정식무대로 올려 보낸 것에서도 알 수 있다. 다만 이미 거대해진 창가학회는 이케다의 한마디에 곧바로 정치노선을 대전환할 정도로 단순한 조직이 아니었다. 선거의 최전선에서 싸워 온 운동원들은 민주당에 대한 반발이 강했다. 그것이 이 시기 창가학회와 공명당의 움직임을 파악하기 어렵게 만든다.

학회원의 맹렬한 반발을 부른 오자와-아키야 회담

2010년 2월 26일 심야. 나가타초에 충격이 일었다. 오자와 이치로와 창가학회 간부가 밀회했다는 정보가 여기저기 퍼진 것이다. 창가학회도 오자와도 표면상으로는 회담 사실을 부정했기 때문에 다음날 조간에 이 내용을 기사로 게재한 것은 일부 신문뿐이었고, 게다가 출석한 학회 간부의 이름은 특정되지도 않았다. 그 뒤, 오자와와 야마구치는 각각 기자회견을 열어 전면 부정했다.

회담은 26일 밤에 호텔뉴오타니ホテルニューオータニ의 한 방에서 이뤄졌다. 출석자는 민주당 측이 오자와와 참의원 의원회장 고시이시 아즈마輿石東, 창가학회 측이 아키야와 사무총장(부회장) 다니카와 요시키谷川佳樹였다. 아키야는 장래 회장후보인 다니카와를 동행시킨 것이다.

이 자리에서 오자와는 학회 측에 여름 참의원선거에서 자민당 지원 중단을 요청한다. 또한 고시이시가 입후보하는 참의원 야마나시山梨선거구의 정세도 이야기 되었다고 한다.

양측은 왜 이 시기에 회담했는가. 왜 회담 사실이 즉각 밖으로 알려졌는가. 학회관계자에 따르면 회담을 세팅한 것은 오자와 측이었다고 한다. 오자와는 1월에 도쿄 지검 특수부의 사정청취를 받는 등 자신의 정치자금문제로 고초를 겪고 있었다. 그 영향으로 민주당의 지지율도 급속히 저하되고 있었다. 오자와는 참의원선거에서 2인선거구에 복수후보 옹립을 추진하였지만 이 방침에 각료들이 정면에서 반론을 제기하는 등, 위세가 기울고 있음이 보이기 시작했다. 오자와가 간사장이라는 것만으로도 당의 지지율이 계속 떨어진다면 당내에서 오자와를 밀어내는 흐름이 강해질 것이 예상되었다.

그런 오자와였기에 창가학회와의 관계 재구축은 자신의 정치생명 연명으로 연결된다. 선거에서 조금이라도 학회의 협력을 얻어낸다면 민주당 의원은 그 파이프 역할을 한 오자와에게 거스를 수 없다. 또한 참의원선거 결과 여당 3당_{민주당, 사민당, 국민신당}으로 과반수를 유지할 수 없어도 학회를 통해 공명당의 협력을 얻게 되면 중참의 '네지레'는 피할 수 있다. 오자와가 그것을 실현시킨다면 오자와의 지위는 안정 될 수 있다. 뭐든 요구가 많은 연립상대인 사민당과 국민신당에 대해서도 '학회카드'는 강한 통제수단이 된다. 무엇보다도 학회와 자민당의 선거협력의 강도를 조금이라도 낮추게 된다면 참의원선거정세는 호전된다.

결국 이 회담은 오자와에게 유리한 것 투성이다. 이 때문에 오자와 측은 일부러 사람들의 눈에 띄기 쉬운 국회 근처의 호텔을 회담장소로 지정하고 오자와 측근이 그러한 정보를 흘리지 않았을까라고도 전해진다. 민주당에는 입정교성회_{立正佼成会}[55] 등 반창가학회의 종교단체 지원을 받아 당선된 의원도 적지 않았지만, 오자와 - 아키야회담이 드러난 뒤에도 당내에서 비판은 나오지 않았다.

한편, 창가학회가 회담을 수용한 배경에 민주당 정권과의 파이프를 두텁게 하려는 기본방침이 있던 것은 말할 필요도 없다. 야노 문제에 관련하여 야노와 이케다가 국회에 불려나오는 것을 막기 위해서라도 오자와의 제안은 거절 할 수 없다. 다만 자신의 돈 문제로 각종여론조사에서 국민의 80% 가까이가 간사장을 사임해야 한다고 답한 오자와와 밀회가 드러나는 것은 피하고 싶었다.

실제 이 회담이 보도되자 지역의 학회 간부와 공명당의원에게 현장의 학회원으로부터 항의가 빗발쳤다. 어느 서일본의 국회의원은 수많은 부인부 운동원으로부터 "우리들은 오자와를 '불적'이라고 생각해서 중의원 선거를

---

55 입정교성회_{立正佼成会}: 일련종 계열의 종단.

싸워왔다. 돈지랄의 오자와와 우리의 최고간부가 만난다는 것은 납득 할 수 없다"라며 분노의 목소리를 듣기도 했다고 한다. 이 의원은 "학회 최고 간부는 회원 모두를 지켜야 하기 때문에 여당에 대해 손을 내밀 필요가 있 다면, 다시 말해 나쁜 상대와도 만나야 하는 것이다."라고 가까스로 변명을 되풀이했다고 다음날 하소연했다.

민주당과의 거리를 '연출'한 공명당

야마구치 나쓰오

이렇듯 내부로부터의 강한 반발에 직면한 창 가학회와 공명당은 2010년 3월에 들어서자 궤도 수정을 꾀한다. 우선 이치카와가 모습을 감추었 다. 함께 했던 당의 중앙간사장회를 3월 초중반 내내 결석한다. '친민주당'의 상징인 이치카와를 숨김으로서 민주당에 밀착한다는 인상을 흐리게 했다.

게다가 공명당 대표 야마구치도 발언을 미묘하게 수정한다. 2월 중순 의 당수 토론에서는 하토야마 유키오가 정치자금 제도의 개혁에 의욕을 보 여줄 것을 요구하는 장면도 있었다. 그러나 3월 말의 토론에서는 "정말이지 실망내각이다."라며 비판 일변도로 전환했다.

2월에 야마구치는 수상관저를 찾아가 개호시설[56] 대기자의 해소 등을 목 표로 하는 정책제언 '신·개호공명비전'을 직접 건넸다. 하토야마로부터 '진지

---

56 개호介護: 개호는 일본에서 노인장기요양을 뜻하는 말로, 개호시설은 노인은 위한 장기 요양시설을 말한다.

하게 검토하겠다.'라는 회답을 끌어내자 만연한 웃음을 드러내며 기자회견을 하고 "앞으로는 다른 정책문제에서도 정부에서 불러준다면 적극적으로 대응할 것이다."며 민주당에 기대는 모습을 감추지 않았다.

그러던 것이 3월 하순에 하토야마의 측근이 공명당 간부에게 전화하여, 아동수당법안의 개정협의에 대해 "야마구치 대표가 관저로 와준다면 바로 수정에 응할 수 있겠지만"이라고 제안했지만, 학회원의 반발을 두려워하여 결국 응하지 않았다. 야마구치는 3월, 회원의 반발을 잠재우기 위해 만든 비디오에서 "참의원선거 후에 민주당과 연립을 구성하는 것은 생각하지 않는다."라고 힘주어 발언했다.

이러한 '노선 방황'에 대하여 당시, 창가학회 간부는 "민주당과의 연립은 무리지만, 학회를 지키기 위해서라도 공명당은 참의원선거 후 정책과제에서는 정부·민주당과 협의를 진행하고, 공명당 주장이 어느 정도 수용된다면 법안에 찬성하는 '각외협력'에 가까운 모양을 취했어야 했다. 그러나 눈앞의 참의원선거를 이기기 위해서는 지금의 민주당과 하토야마 정권과는 거리를 둘 필요가 있다."라고 해설했다.

창가학회는 결국 참의원선거전술은 기존대로 자민당과의 선거협력을 기본으로 할 수밖에 없다는 방침을 굳혔다. 2009년 참의원선거에서 민주당이 압승한 것이라 해도 애초 민주당은 지방조직이 정비되지 못해 국회의원 후원회도 허약했다. 만약에 공명당·창가학회가 민주당 후보와 선거협력을 하더라도 상대로 공명당의 비례표를 끌어내는 힘은 극히 미미하여 보답은 바랄 수도 없다. 협력하게 된다면 결국 '공민협력'과 같이 민주당 지지 노동조합과 바터 협력할 수밖에 없지만, 지금은 학회원의 반발 때문에라도 민주당과의 협력에 발을 들일 상황은 아니라는 판단이었다. 현장의 학회원을 동요케 하여 활동력과 사기를 떨어뜨리면 이익은 고사하고 본전도 못 찾을 것이다. 그래서 학회와 공명당이 중의원 선거 전부터 물밑에서 진행해 온 렌고 가맹노조와의 관계강화도 담보 상태가 계속되었다. 준비 없이 벼락치기로하는 선거협력으로는 득표에 힘이 실리지 못한다.

창가학회의 간부는 당시, "정책만으로 보면 공명당은 자민당보다 민주당에 가깝다. 다만 이번의 참의원선거에 대해서는 민주당과의 협력은 극히 일부에 그칠 수밖에 없다."라고 전했다. 통상국회 전반의 중요법안에 찬성하고 오자와 - 아키야회담을 한 덕분에 우선 야노와 이케다가 국회에 불려나간다는 우려도 낮아졌다. 다음 참의원선거에서 목표 의석을 확보하고 학회의 힘을 회복시켜 선거 후 민주당과의 관계를 재구축해보자는 생각이었다.

당시의 세이쿄신문에서는 "이제 창립 80주년이다. 승리, 승리, 승리로"라는 위용 넘치는 글이 게재되었다. 그러나 90년대부터 2000년대에 걸쳐 공명당은 자민당 협조노선에서 비자민연립정권의 참가, 그리고 이번에는 일전하여 자민당과 연립이라는 큰 노선전환을 되풀이했다. 그리고 이 시점에서는 창가학회가 주도하여 '민주당 협조노선'으로 뱃머리를 돌리고 있었다. 국민의 정치의식이 높아진 와중에 설명도 없이 노선변경을 거듭한 공명당은 앞으로 어떻게 표를 모을 수 있을지, '평화와 복지의 당'을 팽개쳐 온 공명당에 냉담해진 학회원을 되돌아오게 할 수 있을지, 그리고 의석 확대를 단념하면 운동원에게 동기부여는 얼마큼 유지할 수 있을지, 당시 나는 그러한 의문들을 가지고 있었다.

그러나 서장에서 말했듯 창가학회는 선거운동 그 자체가 종교단체·창가학회의 중심 활동이 되어있다. 그렇기 때문에 많은 모순을 안고 있음에도 학회의 운동원들의 활동량이 크게 떨어지는 것은 아니다.

'이케다 부재'의 충격

2010년 6월 하토야마 내각 총사직에 따라 민주당 대표 선거에서 새 대표로 간 나오토가 선출, 간 내각이 발족했다. 간 내각 발족 후 7월에 열린 참의원선거에서 여당 민주당은 44석을 획득하였다. 참의원에서는 연립 파트너인 국민신당을 더해도 과반수에 이르지 못하는 '네지레 국회'가 출현했다. 다시 공명당이 법안의 가부를 좌우하는 캐스팅보트를 쥐게 되었다.

참의원선거 전의 공명당과 창가학회의 움직임으로 미루어 볼 때, 공명당은 참의원에서 새로 쥐게 된 캐스팅보트를 지렛대 삼아 민주당과의 한층 관계를 강화할 수 있다고 예상되었다. 그러나 민주당과의 관계는 그 뒤에도 그다지 진전되지 않는다. 게다가 2010년 가을의 임시국회에서는 지난번에는 찬성했던 추가예산안에 반대한다. 이러한 대응은 '이케다 부재'가 사실상 장기화되어 창가학회의 동요가 반영된 것이다.

2010년 11월 3일 창가학회 창립 80주년을 기념하는 행사가 도쿄 하치오지의 창가대학기념강당에서 개최되었다. 그런데 여기에 명예회장인 이케다 다이사쿠의 모습은 없었다.

1960년 약관 32세에 창가학회 회장으로 취임한 이케다는 국내 827만 세대, 192개국에도 회원을 둔 거대한 조직을 구축하고 그 과정에서 절대적인 카리스마 지도자가 되었다. 이 유례없는 오거나이저는 1979년 회장에서 물러난 뒤에도 명예회장과 SGI=창가학회인터내셔널의 회장으로 매머드교단에 군림을 계속했다. 그것은 발행부수 500만 부를 자랑하는 『세이쿄신문』과 『우시오潮』, 『제3문명』 등의 학회계 잡지를 주의 깊게 본다면 한눈에 알 수 있다. 그 이케다가 창립 80주년의 행사라는 중요한 행사를 결석했다. 학회의 비상사태인 것은 말할 필요도 없다. 실제 많은 학회원이 "여기 나오지 못할 정도로 (이케다) 선생의 용태가 나쁠까......"라고 받아들였다. 행사에서는 정면에 설치된 초대형 화면에서 80년간 학회의 궤적을 보여주는 영상이 상영되자 부이사장 하세가와 시게오長谷川重夫가 대회장을 가득 메운 4000명의 출석자 앞에서 이케다가 전한 '축복의 노래'와 '기념의 메시지'를 대독했다.

이케다는 2010년 5월에 열린 본부간부회를 마지막으로 사람들이 모인 장소에는 한 번도 모습을 보이지 않았다. 그 뒤 일상적으로 이케다와 대화를 주고받는 것은 장남이자 부이사장인 이케다 히로마사 등 가족을 제외하면 회장 하라다와 부이사장 하세가와 등 최측근 두 사람뿐이었다.

이케다가 모습을 보인 마지막 본부간부회의 출석자에 따르면 이때 이케다의 모두 발언은 혀가 굳어 듣기 어려운데다가, 다른 사람의 모두 발언을 듣고 있는 때에도 침을 흘리는 등 이미 '조짐'이 보였다고 한다. 한편으로 얼마 되지 않은 2003년 봄에 심장병을 악화시켜 도쿄 오차노미즈御茶ノ水의 준텐도順天堂대학병원에 긴급입원한 때와 같이 위중한 용태는 아니었다고 한다. 실제 이 행사 보름 뒤 세이쿄신문은 이케다가 미국의 명문대학에서 '명예 인문박사학위'를 수여받아 부부동반으로 수여식에 출석한 것을 대대적으로 전했다. 거기에는 하라다와 하세가와 그리고 몇 명의 창가대학관계자도 동석하여 그 모습이 수록된 사진을 크게 게재하여 이케다의 건재를 어필했다.

그러나 이케다는 참의원선거를 위한 총궐기대회였던 2010년 6월의 본부간부회에 맡긴 메시지 중에서 자신의 결석이유에 대하여 "모두가 창가학회의 모든 책임을 지고 싸울 때가 오고 있다. (중략) 나를 의지할 것이 아니라 그대들이 모든 책임을 가져야 할 시대다."라고 말했다. 또한 창립 80주년의 기념행사의 메시지에서는 "(저는) 온갖 고난 속에서도 후회없는 역사를 남겨왔다. 저는 무엇보다 포기할 수 없는 이 '인간혁명'의 용기의 힘을 뒤를 이을 청년에게 양보합니다."라며 자신의 사후를 언급하는 듯한 말도 했다. 이 때문에 간부들 사이에서는 이케다 시대의 종언을 의식하는 공기가 급속도로 퍼져 나갔다. 최고간부 중 한 사람은 "선생님은 두 번 다시 본부간부회에 출석하지 않을지도 모른다."라고 전했다. 창립 80주년은 뜻밖에도 '포스트 이케다' 시대가 눈앞에 임박했음을 안팎에 보여주게 되었다.

참의원선거 후 중단된 본부간부회

2010년 7월의 참의원선거 직후로 예정되었던 본부간부회가 이케다의 지시로 급히 중단되었다. 전국의 학회원들에게는 당혹감이 확산되었다. 본부간부회는 매월 1회 전국 지방조직의 간부가 도쿄에 모여 열리는 중요 행사다. 무엇보다도 전국 규모 선거 후에는 이케다가 선거의 총괄을 포함한 스피치를 하기에 특히 중요시되어 왔다. 앞에서 소개한 것처럼 2009년 중의원선거 후 본부간부회에서는 이케다가 그 곳에서 마침 그 자리에 있는 회장 하라다와 공명당 대표 오타 등 학회·당의 최고간부들의 실명을 거듭 거론하며 질책하고 참패의 책임을 엄하게 추궁했었다. 2010년 참의원선거에서도 공명당은 비례구에서는 참패했던 3년 전보다 12만 표가 더 떨어지고 의석도 두 석이나 줄어들었다. 다만 선거구에서는 약간 우세로 바뀐 사이타마를 포함하여 후보를 옹립한 3개 선거구에서 우위 당선을 달성했다. 비례를 포함하여 합계 9석을 획득했기 때문에 학회에서는 "오랜만에 야당으로 선거를 치른 것을 고려해보면 선전했다."라고 평가했다.

그럼에도 민주당이 대폭으로 의석을 잃었기 때문에 비개선 포함 19석을 차지한 공명당이 다시 참의원에서 캐스팅보트를 쥔 것은 오랜만의 낭보였다. 공명당이 큰 존재감을 발휘할 수 있는 토대가 마련된 것이다. 이 때문에 선거 후 본부간부회는 이케다가 승리선언을 하는 축하모임이 될 예정이었다.

그러나 이케다는 "이번에는 더위 속에서 정말로 잘 싸워주었다. 각지에서 멋지게 대승리의 역사를 만들어냈다." "모든 것을 내려놓고 쉬고 싶다. 천천히 피로를 회복한 뒤 기운을 북돋아 주고 싶다."는 메시지와 함께 본부간부회를 중지한다는 이례적 통지를 내보냈다.

이변은 계속되었다. 매년 여름 이케다가 가루이자와에서 머무르는 시기에 맞춰 전국의 간부들이 가루이자와와 그 주변에 모여 열리는 '전국연수회'도 중지되었다.

이케다는 4년 전, 4반세기 만에 회장을 교체시켜 하라다를 신인 회장으로 올려놓는 등, 자신의 직계간부를 등용하는 형태로 인사 세대교체를 진행해 왔다. 그것은 자신이 건재할 때 학회 내부를 '이케다 색'으로 물들이는 것을 우선한 것으로, 선거활동에는 어느 정도 지장이 나올 수 있는 것이었다. 2009년의 참의원선거 후 학회 내부에서 논의가 진행되어 온 중의원 소선거구에서 철수에 대해서도 이케다는 이해를 보였다고 한다.

그러나 그 이케다가 참의원선거 후 모습을 보이지 않음에 따라 창가학회의 정치방침을 둘러싼 내부 논의는 혼돈 속으로 빠지게 되었다.

비밀회담에서 논의된 참의원선거 총괄과 향후 정치방침

가루이자와의 연수회가 중지된 것에 따라 학회에서는 참의원선거 직후인 2010년 7월 말, 도쿄의 시나노마치에서 '최고협의회'라고 불리는 회합을 열었다. 참가자는 회장 하라다와 이사장 마사키 마사아키, 그리고 사무총장 다니카와 요시키 등 학회 중추간부와 부인부·청년부 등의 대표, 거기에 전국 13방면의 각방면장과 방면의 부인부장, 청년부장 등 모두 100명 정도가 된다. 전체회의와 테마별 소모임도 열었지만, 개최 사실은 『세이쿄신문』에도 실리지 않는 이른바 비밀회담이었다. 3일간에 걸쳐 열린 협의회에서는 참의원선거 총괄과 향후 정치방침이 큰 주제였다.

첫날에는 공명당 대표 야마구치도 급히 달려와 직전에 열린 참의원선거 결과에 대해 "신당 난립도 있어서 비례에서는 고전했지만, 전체적으로는 당 재건으로 이어지는 결과를 얻을 수 있었다. 헌신적인 어려분의 지원을 받들어 회원 여러분께 마음으로부터 감사의 말씀을 드린다."라고 머리 숙여 인사했다.

회합에서는 참의원선거 실무를 도맡아 온 부회장 사토 히로시가 "이번 선거는 오랜만에 야당으로서 임한 선거로 대단히 어려운 싸움이 예상되었지만, 일정한 성과를 거두어 퇴조경향에 브레이크를 걸 수 있게 되었다."라고 총괄한다. 각 방면장으로부터도 "이번은 천지인 중 인화로 단결하여 싸워왔기에 공명당이 비판을 받지 않았다. 회원으로부터는 '오히려 싸우기 편했다'라는 목소리도 들렸다." 등의 평가 의견이 이어졌다.

적은 인원의 회합에서 시간을 써가며 논의한 것은 중의원 선거 직후부터 과제인 민주당과의 거리를 어떻게 설정하고 실현할지의 정책과제였다. 학회의 조직방어를 위해서도 정권과 거리를 좁히는 것이 중요하다는 인식을 공유하고 있었다. 민주당과의 파이프만들기는 시급했다. 그러나 동시에 지방 방면장들로부터는 "우리들은 이번에도 민주당에 레드카드를 내미는 싸움을 한 것이다. 민주당에 대한 학회의 사고방식은 대단히 협소한데 앞으로 국회에서 민주당에 협력하는 것은 우리 요구를 상당히 내려놓는 것이다. 그래서는 조직을 지키기 어렵다."는 의견도 이어졌다.

에다노 유키오

민주당 정권과의 관계에서 가장 중요한 문제는 거리를 좁히려 해도 간 정권과의 사이에 유의미한 다리가 없다는 것이었다. 무엇보다 수상 간 나오토와 관방장관 센고쿠 요시토仙谷由人는 그동안 학회비판의 최선봉이었다. 회합에서는 "간사장 에다노枝野幸男도 역부족이다. 결국 민주당에서 우리와 내실있는 대화가 가능하려면 오자와 이치로뿐이다."라며 오자와 복권을 기대하는 의견도 나왔지만, "만약 오자와가 복권해도 정치자금문제를 안고 있는 오자와에 협력한다면 회원의 맹반발은 필연이다."는 반론도 나왔다.

결국 누가 민주당에서 실권을 쥐더라도 굴러들어 온 캐스팅보트를 철저히 이용하여 학회의 요구를 실현시켜야 하며 구체적으로 무엇을 중심에 놓고 정책실현을 만들어 나갈지를 검토해야 했다.

의견이 모두 일치한 것은 중의원 선거제도의 발본개혁이었다. 제1장 마지막에 쓰여있듯이 학회 간부들은 지금의 소선거구 비례대표병립제에 대해 "사표가 많고 회원의 부담이 커서 성과가 미미하다." "공명당은 매번 비례구에서 13% 정도 득표율에도 의석점유율은 그 절반 정도로 득표에 부합한 의석을 얻지 못한다."는 강한 불만을 품고 있었다. 이 때문에 회합에서는 '선거제도개혁을 실현한다면, 민주당과 연립을 구성해도 학회원의 이해는 얻을 수 있다.'는 의견까지 나왔다고 한다.

창가학회와 공명당에게 소선거구제의 폐지는 예전부터 절실한 염원이었고, 공명당은 자민당 연립에 뛰어들 때부터 선거제도 발본개혁을 추구했다. 처음에는 정수 3인의 중선거구를 150개로 만드는 중선거구제 부활을 요구해왔다. 그러나 이 회합에서는 "3인 선거구에서도 공명당후보를 당선시키기 어렵다."며, 결국 안은 백지가 되었다. 민주당은 참의원선거 매니페스토에서 중의원 선거 비례구 정수를 80석으로 줄이는 방침을 내세웠는데 만약 이것이 실현되면 공명당은 큰 충격을 받는다. 이 민주당안을 저지하기 위해서라도 새로운 독자 개혁안을 시급하게 정리하여 민주당에 실현을 촉구한다는 방침을 정하고 구체적인 내용에 대해서는 당 측에 위임하기로 했다.

다만 회합에서는 "캐스팅보트를 쥐고 있어도 선거제도개혁의 실현은 대단히 어렵다. (민주당과의 협력) 허들을 너무 높여서 정권을 몰아세우면 정국이 혼란하고 조기 해산·총선이 치러질 우려도 있다."며 걱정하는 목소리도 높았다.

이런 의견의 배경은 이듬해 4월에 있을 통일지방선거였다. 학회는 선거에서 거대조직을 착실하게 움직이기 위해 투표 반년 전부터 다양한 행사를 면밀히 배치하여 유권자에게 이름을 각인시켜나가는 스케줄 투쟁을 하고, 운동원들을 오직 한 선거에 집중시켜 표를 모으러 보낸다. 그러나 복수의 선거가 동시에 열린다면 이러한 창가학회 선거운동은 기능부전에 빠진다. 따라서 학회는 통일지방선거와 동시에 중의원 선거가 열리는 것을 대단히 꺼려하는 것이다.

한편 다음 중의원 선거는 어떻게 대응할지, 구체적으로는 소선거구에서 철수할지 말지에 대해서는 중의원 선거제도 발본개혁을 요구할 것을 결정하면서도 그 이상의 논의는 거의 진행하지 않은 채 결론을 유보시켰다.

전략없는 민주당의 학회·공명당 대책

한편 민주당은 2010년 9월의 대표 선거에서 간 나오토가 재선되자 공명당과 학회와의 관계 구축에 본격적으로 나서기 시작했다. 참의원에서 캐스팅보트를 쥔 공명당을 여당 측으로 끌어들일 수 있다면 안정된 정권 운영이 가능하다는 계산이었지만 실제로는 지지부진했다.

그 이유의 하나는 앞서 말했듯이 수상과 정권간부는 학회의 '불적'으로 이제까지 교류없이 서로를 외면해왔기 때문이다. 민주당이 야당이었을 때 간 나오토는 창가학회에 적대적인 종교단체들의 지지를 얻고자 만들었던 '종교와 정치를 생각하는 모임'의 최고고문으로 취임하였다. 중의원 예산위

센고쿠 요시토

원회에서 공명당과 학회와의 관계를 '정교일치'라고 단정하여 공격해왔다. 그 '생각하는 모임'의 회장이 관방장관 센고쿠였다. 게다가 센고쿠는 창가학회가 '배신자'로서 철저하게 공격해온 야노 준야의 아들을 비서로 두고 있어서 간과 마찬가지로 학회와 적대적 관계였다. 게다가 당의 간사장은 '원리주의자'라고 불리는 독불장군 오

카다 가쓰야岡田克也로 공명당과의 파이프만들기는 당연히 난항이었다.

그럼에도 간과 센고쿠는 필사적이었다. 최선봉에서 창가학회 공격에 나섰던 과거를 잊어버리기라도 한 듯 이 손 저 손을 부지런히 내밀었다. 그러나 그것들은 섬세한 전략이 결여된 임기응변이었다.

간 나오토는 임시국회를 앞둔 9월 하순 돌연 이케다 다이사쿠가 설립한 도쿄 후지미술관富士을 방문하여 특별전을 관람했다. 이것은 사실 고이즈미 준이치로가 즐겨했던 퍼포먼스를 그대로 카피한 것이었다. 오랫동안 공명당과 껄끄러운 고이즈미였지만 수상 취임 이듬해 남아프리카에서 열린 UN 회의에 출석할 때 NGO전시회장의 한 귀퉁이에 있던 SGI=창가학회인터내셔널의 코너에 들어가 이케다 다이사쿠가 촬영한 사진을 감상하였다. 두 달 뒤에 열린 공명당 대회에 내빈으로 출석하여 인사말로 이케다의 사진을 절찬했다. 이것이 학회들의 공감을 일으켜 고이즈미와 학회의 거리가 좁혀졌고 정권기반 강화에 큰 역할을 했다.

그러나 간은 미술관을 단시간 방문했을 뿐이었다. 창가학회의 간부는 "고이즈미 씨가 성공한 포인트는 (이케다) 선생의 이름을 거론하여 사진을 절찬했던 것이었다. 간 수상이 후지 미술관에 갔음에도 회원들은 전혀 반응하지 않다."며 혹평했다. 그럼에도 정권유지에 필사적인 간은 공명당에 접근을 계속했다. 임시국회 대표 질문에서는 비판을 퍼붓는 공명당의원에 대해 "여야를 넘어 협력을 도모해 주시면 대단히 고맙겠습니다."라며 시종일관 저자세로 답변했다. 공명당에 추파도 계속 보냈다.

공명당 대책에서 가장 활발하게 움직인 것은 "밤의 총리"라는 이명이 정착되어갔던 관방장관 센고쿠였다. 구면인 공명당 간사장 이노우에 요시히사와의 관계를 지렛대 삼아 다양한 일들을 벌여나갔다.

9월 하순에 센고쿠는 우선 이노우에에 연락을 취해 "추가예산안에 공명당의 정책을 반영하는 것을 우선순위에 넣고 싶다."고 요청했다. 센고쿠와 이노우에는 특별히 친한 관계가 아니었다. 다만 센고쿠가 변호사로서 활약했던 시절부터 알고 지내서 센고쿠에게는 비교적 편한 마음으로 대화가 가능한 몇 안 되는 공명당의원이었다. 한편으로 센고쿠는 이때 창가학회의 광보실에 갑자기 전화를 걸어 "간부 여러분께 인사를 드리고 싶다."고 면회를 요청했지만 거절당한 적도 있다. 어느 학회 간부는 "우리들은 어디까지나 종교단체로서 알지도 못하는 정치가에게 문 앞까지 달려나가는 접대에 응하고 싶지 않은 것을 센고쿠 씨는 정말 모르는 것 같다."고 비판했다.

게다가 센고쿠는 같은 시기에 창가학회의 분노를 사는 행동마저 했다. 가을의 수련회에서 야노 준야에게 욱일대훈장을 수여를 결정한 것이다. 당초 학회의 중추간부들은 "정말이지 내각부의 인사들은 사무적으로 일만하는 것 같다. 센고쿠를 탓할 일은 아니다."라고 냉정하게 받아들였다. 그런데 그 뒤의 언론 보도에서 야노가 재판에서 학회 간부와 법정 공방 중인 것을 이유로 관료들이 서훈을 주저하자 센고쿠가 "그런 것은 장애가 되지 않아"라며 수속을 진행시킨 것이 밝혀지게 되었다. 이 때문에 학회와 공명당의 간부들은 "역시 센고쿠는 믿을 수 없다. 정말로 우리와 협력하려는 것인가."라고 불신감을 드러냈다. '야노문제'가 창가학회에게 얼마나 중요한지를 센고쿠는 인식하지 못했다.

특종 보도된 민주 공명당의 추가예산안협의

이 시기 민주당과 공명당 관계를 상징적으로 보여준 것이 추가예산안 협의과정이었다. 공명당은 2010년 참의원선거 후 창가학회의 최고협의회에서 결정한 방침에 따라 '네지레 국회'의 주역이 되기 위해 정부·민주당에게 정책요구를 들이미는 전술을 취하기 시작했다. 9월 초순에는 약 4조엔의 추가예산안을 골자로 하는 독자적 긴급경제대책을 발표하였다. 그 일주일 뒤에는 자민당 등과 함께 수상관저 관방장관실의 센고쿠를 방문하여 '경제위기 대책에 관한 요청'을 하고 공명당 독자 대책도 제출했다. 9월 하순, 센고쿠가 공명당 간사장 이노우에에 대하여 '우선순위에 넣고 싶다.'고 부탁한 것은 이 공명당의 요구를 가능한 선에서 수용한 추가예산안에 찬성을 바라기 때문이었다.

공명당은 그 전년도 제2차 추가예산안에는 찬성했었다. 이번에는 정부측이 처음부터 공명당의 주장을 대폭 수용하는 자세를 보였기에 찬성으로 기우는 것이 당연해보였다.

실제로 정부 측은 공명당에 최대한 배려를 보였다. 재원에 대해서는 2009년도의 결산잉여금의 전액을 충당하는 등 공명당의 안을 거의 반영했다. 세출면에서도 지역활성화 교부금의 지방자치단체 교부, 학교시설 내진화 등 공명당의 주장을 대폭 받아들였다. 이 때문에 공명당 간부들은 "추가예산안의 편성을 제안한 이상 반대는 불가능하다."며 찬성 쪽으로 기울어져 있었다.

그런데 추가예산안을 둘러싼 양자의 협의는 당초부터 먹구름이 드리워져있었다. 최초의 오산은 요미우리신문読売新聞의 특종기사였다. 9월 29일의 조간에서 '민주·공명 정책협의로 ~ 추가예산 등 부분연합 염두에'라는 제목이 펼쳐졌다. 기사는 1면에 크게 게재되어 "추가예산안 등을 둘러싸고 민주당과 공명당의 간사장과 국대위원장 등이 가까운 시일 내 정책협의를 개시하는 것이 알려졌다." "민주당의 정책협의 제안에 대해, 공명당은 간부가 협의한 결과 이에 응하는 것을 결정했다."는 내용이었다. 공명당 관련 기사가 전국지 1면에 오른 것은 드문 일로, 이 특종은 큰 파문을 불러일으켰다.

이 정책협의는 센고쿠가 이노우에게 요청하여 비밀리에 진행하기로 설정한 것이었다. 센고쿠의 생각은 양당 간사장들에게 협의를 축적시켜 추가예산만큼 되지 못한 많은 정책과제에도 의견을 조정하여 결국에는 '각외협력'까지 발전시키자는 전략이었다. 공명당 내부의 반발도 예상했기 때문에 일단은 비밀리에 진행하려던 것이었다.

그런데 협의개시 전에 이 이야기가 노출되자 공명당은 대혼란에 빠진다. 우선 공명당 전 대표 오타가 민감하게 반응했다. 자공노선을 견인해왔던 오타는 민주당과의 거리를 줄이려는 노선에 반발해왔다. 오타는 속내를 아는 집행부의 한 사람을 불러 강한 어조의 비판을 전했다. 전 간사장 기타가와 가즈오 등 다른 '자공'파 베테랑들도 반대하여 당내 항쟁 양상을 띠기도 했다.

결국 집행부에게는 가혹한 상황이 조성되었다. 요미우리신문 기사를 읽은 전국의 학회원들이 당본부에 항의전화를 끝없이 걸어왔다. 학회 중추간부의 예상과는 다르게 현장의 제일선에서 조직확대와 선거운동을 담당하는 부인부의 운동원들과 10년 가까이 싸워온 민주당이었다. 이제까지도 공명당과 민주당이 접근하는 기미를 보일 때마다 반발의 목소리를 높여왔다. 여기서 요미우리가 자극적인 기사를 게재했기 때문에 비판의 목소리가 단숨에 높아졌던 것이다.

이에 따라 야마구치와 이노우에 등 당 간부는 이 기사가 다룬 협의와는 별도로 예정되어있던 여야당의 정조회장회담에 대해서도 '지지자의 오해를 불러일으킨다.'며 취소되었다. 양당 협의는 원점으로 되돌아가게 되었다. 정보관리의 소홀함이 부른 사태였다.

공명당의 '네지레특수'

그럼에도 정부·민주당은 끈질겼다. 센고쿠는 계속해서 이노우에와 연락을 이어갔다. 두 사람은 9월부터 10월에 걸쳐 수차례 도내에서 비밀리에 회담했다. 때로는 센고쿠와 사법 수습 동기인 공명당 국대위원장 우루시바라 요시오漆原良夫도 동석했다. 센고쿠는 공명당 측이 요구하는 정책의 우선순위를 경청하고 계속하여 추가예산안에 반영시켰다. 그 외에도 공명당이 자공정권시대부터 강하게 주장해왔으나 실현되지 못한 미술품 보상법안과 학회부인부가 강하게 요구한 자궁경부암 백신의 공적자금 조성 실시 등에도 합의하였다. 공명당의 '네지레특수'가 불붙자 의원들은 "자공정권시대보다도 공명당 정책이 실현된다."며 소곤거렸다.

각각의 경제정책에서도 외교·안보정책에서도 정책적으로는 공명당은 자민당보다도 민주당에 가깝다. 이론적으로야 따지면 공명당이 참의원에서 캐스팅보트를 쥘 때부터 이러한 상황은 충분히 예상할 수 있었다.

간 나오토도 직접 움직였다. 도쿄공업대학 응용물리학과 후배로 간에게서 얼마 없는 구면의 공명당의원인 정조회장 사이토 데쓰오에게 몇 번이나 전화를 걸어 추가예산안의 찬성을 의뢰했다.

공명당이 '네지레특수'로 불붙은 광경은 십몇 년 전에도 볼 수 있었다. 그것은 공명당이 자민당과의 연립에 뛰어들기 직전의 일이었다. 당시의 오부치 정권은 참의원에서 캐스팅보트를 쥔 공명당을 여당으로 끌어들이기 위해 공명당의 정책을 연이어 수용해갔다. 그 전형이 '지역진흥권'(상품권) 구상이었다. 당시 자민당 내에서는 '궁극의 돈낭비 정책이다.'라고 그 경제효과를 의심하는 목소리가 강했지만 오부치와 관방장관인 노나카 히로무는 공명당의 주장을 받아들여 그 지급경비를 추가예산안에 반영시켰다. 이것이 계기가 되어 자공연립으로 나아가는 기운이 일거에 높아졌다.

이번에도 간과 센고쿠는 당시의 자민당과 같이 공명당을 끌어들일 생각을 하고 있었던 것이다. 그렇지만 그것은 실패로 끝나게 된다. 그 이유의 하나는 앞서 말했듯이 센고쿠의 치졸한 공명당 대책이었다. 간 정권에서는 오부치 정권에서 공명당 대책을 담당한 노나카와 같은 모사꾼이 없었기에 공명당·창가학회 대책은 어설픔만이 눈에 보일 뿐이었다.

학회원의 민주당 혐오와 기억

민주당 집행부의 기능부전도 영향을 주었다. 무엇보다도 학회 부인부가 가장 민감했다. '정치와 돈'의 문제에서 민주당이 아무런 손도 쓰지 못한 게 큰 영향을 주었다. 공명당이 오자와의 국회 출석 요구 카드를 꺼낸 이상, 간사장 오카다 가쓰야가 이에 대해 '국민생활에 직결된 추가예산안을 볼모로 무리한 요구를 하고 있다.'고 비난하여 공명당과 창가학회의 신경을 거슬렀다.

결정적인 것은 내각 지지율의 급락에 따른 학회 내 분위기 변화였다. 센카쿠 열도의 중국어선 충돌사건 대책 등에서 정권의 서툰 대응이 연일 보도되었던 것으로 인해 내각 지지율은 이 시기 급속하게 떨어져 갔다. 이에 대해 학회 안에서는 반민주당의 기운이 한층 높아졌다. 하라다 등 학회 간부와 야마구치 등 공명당 간부가 정기적으로 하는 비공식적 협의에서 학회 측은 민주당에 대한 내부의 강경한 분위기를 당 측에 전달했다.

10월 14일 열린 중의원 홋카이도 보궐선거에서 자민당의 전 관방장관 마치무라 노부타카町村信孝가 민주당 후보 나카마에 시게유키中前茂之에게 압승하면서 이 흐름은 가속화되었다. 각 언론사의 출구조사에 의하면 공명당 지지층의 8~90%가 마치무라에게 투표했다. 이 보궐선거에서 창가학회와 공명당은 마치무라를 적극적으로 지원하지는 않았다. 그럼에도 불구하고 이러한 결과가 나타났다는 것은 학회원들이 얼마나 민주당을 싫어하고 있는지가 증명된 것이었다.

결국, 공명당은 "흙으로 만든 배泥舟에 불과한 간 내각에 협력해버리면 다음 해 통일 지방선거는 이길 수 없다."며 11월 8일 추가예산안 반대 방침을 굳혔다. 그럼에도 민주당과 파이프를 남겨두고 싶은 공명당 집행부는 정식결정 전에 간부가 손을 써 간과 센고쿠 등에 반대하는 방침을 사전에 통지했다. 체념한 간 수상은 "으음, 유감입니다."라고 몇 번이나 되풀이했다고 한다.

추가예산안 본체에는 반대했던 공명당이었지만, 공명당이 반대하면 성립하지 못하는 예산관련법안에는 찬성하여 예산 집행에는 영향을 주지 않으려고 배려했다. 더욱이 국회 경시의 발언을 한 법무상 야나기다 미노루柳田稔에 대해서는 조기 사임을 촉구하면서, 센고쿠 등에 대한 문책결의안에 대해서는 수정예산안과 관련법안의 체결에 영향을 주지 않기 위해 자민당을 설득해 제출시기를 늦추게 하는 등 국회 심의에 협력했다.

민주당에 반발하는 학회원의 의향을 반영하는 동시에 민주당에도 배려하여 조기해산을 피하는, 모순된 두 명제를 양립시키는 아슬아슬한 선택이었다.

이케다의 건강 악화가 불러온 먹구름

간 정권의 어설픈 공명당 대책과 지지율 급락에 따라 창가학회 내의 '반민주' 기운은 높아져 갔다. 게다가 애초부터 일반 학회원이 민주당에 강한 혐오감을 가졌음에도 공명당의 간부들은 왜 민주당에 그 정도로 신경을 썼을까. 하나의 이유는 앞서 말했듯 정국이 대혼란에 빠져 조기 해산·총선거로 이어지는 것은 어떻게 해서든 막아야 했기 때문이었다. 간 내각이 붕괴하면 민주당은 새로운 수상을 선출하여 지지율이 높아진 상황에서 해산·총선거로 돌입할 것으로 예상되었다. 그러나 공명당은 통일지방선거를 목전에 두고 있기에 그것만은 피해야 했다.

그러나 더 근본적인 이유는 다른 것에 있다. 권력을 가진 정부·여당으로부터 창가학회공격을 막기 위해서다. 예상컨대 이케다 등 학회 간부의 국회 출석과 민주당이 정권공약으로 내걸었던 종교법인과세의 강화가 현실이 되는 경우 학회로부터 격하게 질책 받는 것은 결국 공명당 국회의원들이다. 공명당의원의 첫번째 임무는 학회조직을 지키는 것으로 그것은 에나 지금이나 변함이 없다. 게다가 자민당으로부터 증인 신문요구 등으로 연거푸

공격받았던 때의 공포가 잊혀지지 않았기 때문에 이케다는 "조직을 지키기 위해 여당과의 파이프를 즉시 만들"라고 말해 온 것이다.

간부의 한 사람은 당시 "명예회장이 정치방침에 대해 구체적 지시를 내는 것은 오래전에도 없었다. 명예회장의 부재로 정치노선이 혼란에 휩싸인다고 보는 해석은 핵심을 비껴간 것이다."라고 말했다. 그러나 2008년의 가루이자와의 연수회에서 민주당과의 파이프만들기의 중요성을 강조한 것처럼 이케다는 고비마다 큰 방향성을 제시해온 것이 확인된다. 가장 큰 영향은 최고간부들에게 미치는 심리적 영향이다.

하라다가 제6대 창가학회 회장으로 취임한지 4년이 지났다. 일상 업무는 회장 하라다, 이사장 마사키 마사아키, 부회장의 한 사람인 사무총장 다니카와 요시키 세 명에 의한 집단지도체제로 이행하고, 선거에 관하여는 거기서 전 회장인 아키야와 부회장 사토 히로시가 더해지는 지도부가 형성되어왔다. 그것은 이케다의 의향이 직접 조직 내에 전해지기 쉬운 체제로, 어디까지나 이케다에 의한 집단지도체제다.

그럼에도 그 이케다는 사실상 부재하게 되었다. 이케다의 장기부재는 좋든 말든 최고간부들에게 '포스트 이케다' 시대가 임박했음을 의식하게 했다. 머지않아 누군가가 이케다를 대신하여 조직을 통솔할 필요성이 있는 것이다.

이케다 이후의 회장은 지금의 하라다로 세 명째[57]다. 그러나 그 누구도 이케다라는 강력한 오너 휘하의 간부 한 사람에 지나지 않았다. 그러나 이케다가 사망한 후의 회장은 명실상부한 톱 리더가 되는 것은 틀림없다. 그

---

57 창가학회의 역대 회장: 마키구치 쓰네사부로(1930~1944), 도다 조세이(1951~1958), 이케다 다이사쿠(1960~1979), 호조 히로시北条浩(1979~1981), 아키야 에이노스케(1981~2006), 하라다 미노루(2006~현재)

차세대 리더를 목표로 하는 상층 간부들에게는 학회 내에서 기반을 다지는 매우 중요한 시기에 들어선 것이다.

족쇄가 된 '포스트 이케다' 레이스

자공연립정권 시절 창가학회 간부가 공명당 의원을 건너뛰고 자민당 간부와 회합을 가지는 건 드물지 않은 일이었다. 전 수상 다케시타 노보루를 시작으로 폭넓은 정계인맥을 자랑해 온 아키야는 논외로 치더라도 많은 간부가 각각의 인맥을 가지고 있었다. 후쿠다 야스오 정권의 말기에는 이사장 마사키가 자민당 간사장이었던 아소 다로와 밀회하여 아소 정권으로의 이행과 해산전략에 대하여 협의했던 적도 있었다.

그러나 민주당 정권이 탄생한 이래 신정권과의 관계 구축이 큰 과제였음에도 불구하고 학회 간부와 민주당 간부와의 접촉은 거의 없었다. 자공정권이 10년이나 계속되어 야당의원과의 관계가 끊어졌다는 사정도 있지만, 최고간부들이 '포스트 이케다'를 의식하여 정계대책에 함부로 움직였다가는 화를 입을 수 있다는 정서도 영향이 있었다고 보여진다. 일반 학회원 사이에 민주당 정권에 반감이 강할 때에 민주당의 의원과 만났다가는 어떻게 될지 불 보듯 뻔한 일이었다. 비판을 받더라도 이케다가 부재하여 비호해 줄 사람도 없었다.

2010년 1월 전 회장 아키야가 당시 간사장이었던 오자와와 밀회하고 그것이 언론에 보도되자, 전국의 학회원으로부터 항의가 빗발쳤다는 것은 앞서 소개했다. 이 오자와 - 아키야회담에 동석한 사람이 '포스트 이케다'의 가장 유력한 후보인 사무총장이자 부회장인 다니카와 요시키였다. 그 다니카와는 2010년 참의원선거에서는 정세가 가장 치열하다고 일컬어진 사이타마 선거구의 책임자로서 진두지휘하여 공명당 후보를 당선시켰다. 그에 따라 학회 내에서의 기반을 더욱 강고히 다질 수 있었다. 다니카와는 도쿄대를 졸업하기도 하여 안면이 있는 국회의원도 적지 않았다. 다만 오자와와의 밀회가 비판을 받음으로써 그 뒤 정치가와의 접촉은 거의 단절하고 있었다.

그 다니카와와 나란히 '포스트 이케다' 후보였던 사람이 다니카와보다 두 살 많은 이사장 마사키 마사아키다. 마사키는 창가대학을 졸업하여 곧바로 창가학회본부에 들어가 다니카와의 전임 남자부장, 청년부장을 역임하였다. 하라다가 회장에 취임한 2006년에 이사장에 취임했다.

마사키의 강점은 이케다가 창설한 창가대학의 OB모임에 있다. 현재의 창가대학에는 2세대 회원을 중심으로 창가대학출신의 전임직원이 많고 그들이 마사키의 지지기반이 되어있다. 다만 관서지구의 책임자로서 치렀던 2010년 참의원선거에서는 관서를 기반으로 한 비례후보가 낙선하여 입지가 악화되었다. 마사키는 민주당에서도 인맥을 가지고 있고, 그것을 사용하여 민주당과의 파이프를 만들려 하는 움직임도 보였지만 이는 처음부터 한계가 많았다.

'포스트 이케다'는 주로 창가대학출신의 지지를 모은 마사키와 도쿄대와 와세다대 등 비창가대학 출신 간부를 기반으로 하는 다니카와의 싸움이라고 보여졌는데, 이 시점에서는 어느 쪽도 결정타를 가지지 못했다.

이케다 부재로 발언력을 높인 부인부

　그런 와중에 학회 내 발언력을 높인 것이 부인부였다. 어느 간부는 "학회 의사결정에 부인부의 발언력이 높아졌다. 그러나 부인부는 그때그때 현장 운동원들의 감정에 질질 끌려다니다 보니 어떻게든 동요가 크다."라고 우려했다.

　창가학회에 있어서 조직의 확대와 선거의 집표활동에서 가장 의지하게 되는 것은 부인부의 운동원들이다. 그렇기 때문에 이케다는 본부간부회 등의 큰 회합에서는 부인부를 추켜세우는 발언을 빼놓지 않았다. 그러나 실제로 운전대를 잡을 때는 부인부 의향이 항상 존중되지만은 않았다. 자공연립에 뛰어들기로 할 때도 부인부는 이제까지 적으로서 싸워 온 자민당과 연대에 반발하였다. 간부들은 그럼에도 강행하여 연립 참가를 결정했다.

　부인부의 의견은 그때그때 여론의 분위기에 좌우되었다. 민주당 정권 발족시부터 '반민주'의 분위기가 강했던 부인부이기도 했지만, 여론조사에서 내각 지지율이 급락하자 이에 편승하여 정권 비판에 열을 올렸다. 이때는 '전면 대결도 불사한다.'라는 강경론 일색이었다. 공명당이 2010년의 추가예산안에 반대하게 된 배경에도 높아진 부인부의 발언력이 있었다.

　이러한 부인부의 의향이 통할 수 있었던 것은 '포스트 이케다'를 두고 경쟁했던 마사키와 다니카와가 이 중요한 시기에 부인부의 반발을 의식하지 않을 수 없다고 생각하여 부인부의 생각에 강하게 이의를 제기할 수 없기 때문이라고 일컬어진다. 그렇기 때문에 학회 전체가 부인부의 의견에 끌려다니고 공명당마저 영향을 받게 되는 구도가 만들어진 것이다.

　2010년 가을의 임시국회 종반, 창가학회 안에서는 일단 민주당이 조기해산을 내밀면 받아들여야 하며 중의원 선거가 조기에 일어나는 경우에는 지금까지와 같이 8개의 소선거구에서 후보를 옹립하고 자민당과 전면적으로 협력해서 싸워야 한다는 주전론이 강했다. 2009년 중의원 선거 직후에 다수를 차지하던 '소선거구 완전철수론'은 소수의견이 되어버렸다. 지난번과 같이 전력으로 소선거구의 의석을 획득해 나갈지, 아니면 소선거구의 후보자를 비례구에도 중복 입후보를 시켜서 그에 따라 비례구에서의 의석획득을 우선하는 전술을 취할지를 논의하는 것으로 바꾸었다.

한편으로 임시국회가 열리고 통일지방선거 준비가 본격화되자 "자민당의 정권복귀가 확실하지 않은데도 정권여당을 적으로 돌려도 좋을까."라는 냉정한 의견도 왕성했다.

그러나 그때 민주·자민의 대연립을 위한 기류도 전해졌기 때문에 "공명당만이 제자리 걸음 한다면 곤란하다."며 민주당과의 파이프를 재구축하려는 움직임도 시작되었다.

이렇게 공명당의 방침이 오락가락한 배경에는 이케다의 건강 악화에 따른 '포스트 이케다' 레이스가 본격화되면서 창가학회 간부들이 민주당 정권과의 거리를 좁힌다는 기본방침과 부인부 등의 반대의견과의 사이에 끼어 이러지도 저러지도 못하는 상태에 빠져 판단이 정리되지 못한 것도 있었다.

한편, 정치 축소에 대한 논의는 거의 멈춰있었다. 다만 2010년의 참의원 선거에서도 사실상 목표를 개선의석보다 1석 적은 10석으로 실제 획득의석은 그보다 약간 적은 9석이었다. 그럼에도 '대건투였다.'라고 총괄했다. 이 시기 창가학회는 이미 오랜 기간 계속되어 온 정치 확대노선을 사실상 버린 상태로 "가능한 만큼 최소한의 노력으로 일정 영향력을 확보한다."는 방침으로 전환된 것이라 말할 수 있다.

제6장

무너진 선거제도개혁의 비원

- 창가학회·민주당 교섭의 전말

간 내각 지지율 급락에 세를 불린 '자공파'

이제까지 서술해온 것과 같이 창가학회는 8개의 소선거구에서 전개했던 2009년 총의원 선거 직후에는 소선거구에서 철수하는 방향으로 크게 기울었다. 그렇게 되면 학회원의 부담은 대폭 줄어든다. 동시에 타당과의 전면적인 선거협력은 불필요하게 되어 국회에서는 프리핸드를 쥐는 것이 가능하다.

하토야마 유키오

그런데 하토야마·간 내각의 서투른 정권운영과 지지율 저하를 목도하자 우선 많은 낙선의원이 있는 관서지방에서 "다음 중의원 선거는 리벤지매치다." "다음에도 소선거구에서 민주당과 싸워 의석 탈환을 달성해야 한다."라는 목소리가 높아졌다. 동시에 선거 행동부대인 부인부에서 수상인 간 나오토에 대한 혐오감을 향해 '타도 민주당'의 목소리도 충만했다. 그 결과 민주당과의 거리는 더욱 벌어지게 되었다.

간 내각의 지지율 급락은 공명당 내 역관계에도 영향을 주었다. 대표 야마구치와 간사장 이노우에 등 집행부는, 당초 학회수뇌부의 의향을 받아 어떻게든 민주당과의 거리를 좁히기 위한 기회를 궁리해 왔다. 그런데 그것에 브레이크를 거는 '자공파'의 힘이 증대되었다.

2011년 3월 동일본대지진이 발생했다. 지진대책의 미숙함도 더해져 간 내각의 지지율은 더욱 하락했다. 그러나 이노우에는 지진 대응에 여야당 따질 것 없이 민주당과의 협력을 진행하는 것이 좋은 기회라 여겨 관계 개선을 모색했다. 그러나 내각지지율이 급락하게 되자 공명당 내에서는 전 대표 오타나 전 간사장 기타가와 등 '자공파'의 베테랑들이 세를 키워가 이노우에 등의 발을 묶었다. 오타 등 지난 중의원 선거에서 낙선했던 간부들은 다음 중의원 선거는 소선거구에서 부활하는 것을 목표로 했다. 게다가 자민당과의 전면적인 협력이 필수불가결이기 때문에 '민공접근'에 제동을 걸었다.

게다가 창가학회에 있어서 절대적인 지도자인 이케다가 건강 악화로 명확한 지시를 내지 못하는 상태로 빠졌기에 학회 부인부의 '위임장'을 얻은 '자공파'를 제어할 수 있는 사람도 없어졌다. 차기 중의원 선거방침에 관한 창가학회와 공명당의 논의는 차차 '현상유지'로 기울어져 갔다.

공명당이 이제까지와 같이 중의원 소선거구에서도 의석을 획득하려 한다면, 현실적으로는 자민당과 선거협력 할 수밖에 없다. 앞에서도 다루었지만, 오자와는 정권교체 전 "자민당과 전면적 선거협력을 그만둔다면 공명당이 후보자를 내세운 모든 소선거구에서 민주당 후보를 내릴 수도 있다."고 제안한 바가 있다. 다만 자신의 정치자금 문제로 무대에서 퇴장될 위기에 있었던 오자와는 당시 민주당 집행부였기 때문에 그런 파격적 제안을 할 수 있었다. 이제는 그럴 의원도 없다. 학회표가 간절한 자민당은 처음부터 공명당후보가 입후보하는 선거구는 비워두는 데다가 무엇보다도 10여 년의 선거협력 노하우가 있다.

창가학회는 또한 간 내각이 계속되어 온 2011년 7월 25일부터 4일간 도쿄 시나노마치의 학회관련 시설에서 다시 최고협의회를 개최했다. 이케다가 사람들 앞에 나올 수 없는 상태가 계속 되었기 때문에 매년 여름의 이케다가 가루이자와에 머무를 때 함께 열었던 전국의 학회 간부가 결집하는 연수회는 작년부터 중단되어 도쿄에서 최고협의회가 개최되었던 것이다.

자·공 선거협력 결정의 내막

　　최우선 의제는 당장의 선거방침이었다. 이를 위한 논의 자리에는 공명당 대표 야마구치도 출석했다. "저희의 역부족으로 민주당정권이 탄생하여, 2년 가까이 지나왔지만, 아시는 바와 같이 끔찍한 상황이다." 회의 모두 발언에서 정세의 설명에 들어간 야마구치는 간 내각을 혹평하였다. 이어 "모두의 뜻을 받아 선거제도 개혁을 조기 실현하는 것에 전력을 다하겠지만 다음 중의원까지 실현되는 것은 매우 어렵다."고 차기 중의원 선거가 현행 소선거구 비례대표 병립제에서 치러질 가능성이 높다는 인식을 보여주었다. 게다가 "간 내각은 머지않아 총사퇴하고 중의원은 신 수상 체제에서 내년 중에 있을 가능성이 있다. 이를 위해 선거준비를 부탁드린다."고 학회 측의 이해를 구했다.

　　이어서 회의에서는 ▶ 각 지방의 의향을 따라 차기 중의원 선거에서는 지난번 패배한 관동·관서 8선거구에 새로운 홋카이도 10구도 더한 9개 선거구에서 공명당의 공천후보를 옹립할 것 ▶ 소선거구 의석 확보를 위해서는 자민당과의 선거협력만이 방법이라는 것을 확인하고, 다음 중의원 선거도 자민당과 선거협력을 하여 9개의 소선거구에서 의석 확보를 목표하는 방침 등이 내정되었다.

　　그러나 창가학회에서는 민주당이 선거제도 개혁을 어떻게 생각할지 좀 더 알아보자는 견해도 남아있었다. 그럼에도 불구하고 중의원 임기가 아직 2년이나 남아있는 시기에 종래대로의 선거방침을 결정한 것이다. 그 배경에는 무엇보다도 다음 해 중에는 해산·총선거의 형태로 치르고 싶다는 창가학회의 내부사정이 있었다.

창가학회의 최고 중요 과제인 중의원의 선거제도 개혁을 위한 움직임은 이 시기 아직 시작될 기미가 없었다. 한편으로 민주당은 중의원에서는 300석을 넘었기 때문에 언제 누가 해산해도 다음 의석이 줄어들 것이 확실히 예상되었다. 그렇기 때문에 상징적으로는 2년 후 8월의 임기 만료에 다다를 때까지 해산은 없을 것이라고 전망되었다. 그런데 그 2년 후인 2013년은 3년에 한 번 있는 참의원과 4년에 한 번 있는 도쿄 도의회 선거가 겹친다. 12년에 한 번 돌아오는 '뱀띠 해'였다. 참의원선거와 도쿄 도의회 선서는 함께 동년 7월 전후에 치러지기 때문에 중의원 선거가 임기 만료 가까이에 치러지게 되면 사실상의 '트리플선거'가 되어버린다.

창가학회에게 도의회는 최초의 정계진출을 달성한 '성지'다. 도의회 선거는 국정선거와 동급으로 취급되어 매회 전국에서 학회원을 대거 동원하여 싸워왔다. 한편 소선거구에서 후보자를 옹립한다면 그 주변의 도도부현에서 마찬가지로 대량의 학회원을 동원하여 선거전을 해야 한다. 그렇기 때문에 창가학회는 이 3개의 선거가 겹친다면 학회 전력이 분산되어 선거를 치르기 전부터 공명당의 패배는 확실하다고 생각해 왔다.

그러한 사태는 어떻게든 피하고자 내년 중에 중의원 선거를 마치고 싶다는 것이 창가학회의 강한 희망이었다.

그 때문에 최고협의회에서는 선거실무를 담당하는 부회장 사토가 "내후년 트리플선거는 피하고 싶다. 중의원 선거는 내년에 한다는 것을 전제로 준비를 추진하는 게 좋겠다."고 지시를 내렸다. 중의원 조기해산을 가져오는 것을 전제로 하기 때문에 그 방침도 빠른 결단이 필요했다.

조기해산을 목표로 한 창가학회

간 나오토는 대지진이라는 여야당 협력의 호기를 활용하지 못했다. 결국 어설픈 정권운용으로 '네지레 국회' 타개책을 보여주지 못한 채 퇴진했다.

간 나오토

이에 따라 2011년 9월 2일 발족한 노다 내각은 정권의 손발을 묶는 '네지레 국회'를 극복할 길을 찾는 것이 중요한 과제였다. 결국 자민당의 오부치 내각 발족 때와 같은 상황이었다. 오부치는 그 뒤 자유당과 공명당을 연립에 끌어들여 '네지레 국회'를 극복했다. 대표 선거 와중에도 자민당과의 '대연립'을 언급했던 노다였다. 하지만 자민당이 철저항전의 자세를 바꾸지 않았기에 참의원에서 19석을 차지한 공명당을 끌어들이는 것에 노골적으로 의지하기 시작했다. 이 움직임에 대해서는 뒤에서 자세히 다룰 것이다.

한편, 창가학회와 공명당은 노다 내각 발족에 따라 해산·총선거에 관한 전략에 대하여 논의를 더해 갔다. 매주 1회, 시나노마치의 통칭 '학회촌'의 일각에서 열리게 되는 학회와 공명당의 간부들에 의한 비공식 협의에서도 중의원의 해산문제가 거듭 논의되었다.

"트리플선거는 어떻게 해서든 피해야 한다. 중의원 선거와 도의회 선거가 동시에 열려 중의원 선거에서 참패했던 아소 내각 때의 재탕을 피해야 한다." "참의원 캐스팅보트를 최대한 활용하여 해산 시기를 우리의 바람대로 할 수 있는가."

　창가학회 간부들은 공명당 측에 거듭 조기해산 실현을 요청했다. 구체적으로는 이듬해인 2012년 6월경에 해산을 이끌어 내달라는 논의였다.

　가을 임시국회에서 지진부흥대책 제3차 추가예산안과 그 관련법안에 찬성할 것은 이미 결정된 노선이었다. 만약 자민당이 최후까지 반대하더라도 민주당이 일부 수정에 응한다면 찬성할 방침이었다. 여당인 국민신당이 강하게 희망하는 우정개혁법안도 일부를 수정시킨 상태로 찬성하고 여당에 그 보답을 요구하기로 결정했다. 승부처는 이듬해 통상국회로 결정했다. 야당인 공명당이 해산 시기에 영향력을 발휘할 수 있으려면 그것은 참의원의 캐스팅보트를 쥐고 있는 것을 활용하는 수밖에 없었다. 2012년도 예산안은 야당이 반대해도 중의원 우선으로 성립된다. 다만 적자국채 발행법안 등 예산관련 법안은, 참의원에서도 가결되지 않는다면 성립될 수 없다. 그렇기 때문에 이듬해 통상국회에서는 예산관련법안에 찬성하여 성립시키고 그 보상으로 노다로부터 조기에 해산·총선거 실시 약속을 받아낼 것을 생각했던 것이다. 그해 간 내각이 예산관련법안 통과에 얼마나 고생했는지를 생각하면 이 시나리오가 현실성이 있다고 생각했다. 간 내각은 예산법안과 퇴진을 맞바꾼 것이다. 예산 집행에 필수 불가결한 관련법안이 통과되지 못한다면 정권유지는 불가능한 것이다.

　해산 시기의 목표를 왜 2012년 6월로 설정할 수밖에 없었냐면, 같은 해 9월에는 민주당 대표 선거가 열리기 때문이다. 거기서 노다가 재선될지 아닐지는 정확하게 예측 할 수가 없다. 수상이 교체된다면 약속은 공중으로 날아가버리기에 통상국회 회기 말까지 해산을 성공시켜야 한다. 게다가 자민당 총재선거도 똑같이 2012년 9월에 열린다. 총
재인 다니가키 사다카즈谷垣禎—는 이제 노다 정
권을 해산으로 끌어들이지 못한다면 재선되기
어렵다고 한탄했다. 그렇기에 자민당은 이듬해
통상국회에서 노다 정권을 몰아세울 것이 틀림
없었다. 공명당은 그것에 아슬아슬하게 맞춰 정
부·민주당을 코너에 몰아넣은 뒤, 최종단계에서

다니가키 사다카즈

예산관련법안에 찬성하여 노다에게 활로를 열어
주었다. 그 대가로 해산을 이끌어 낸다는 것이 이 시점에서 생각한 시나리
오였다. 노다 정권을 정말로 궁지에 몰아넣으면 노다가 총리직을 사퇴하
여 총선거가 결국 멀어질 가능성이 있기 때문에 노다와의 거래를 생각한
것이다.

그러나 실제로는 이듬해 통상국회에서 노다 내각이 소비세 증세법안을
제출하여 민주·자민·공명의 '3당 합의'로 성립되었는데도 민주당이 분열해
버리며 예상치 못한 전개로 이어졌다. 게다가 통상국회 중에 선거제도 개혁
을 둘러싼 협의가 발생했기 때문에 이 시나리오는 불발로 끝난다.

자·공 선거협력을 유지한 채로 민주당과의 파이프를 구축

창가학회의 사무총장 사토는 2011년 7월 최고협의회 전부터 공명당 대
표 야마구치와 향후 민주당과의 관계에 대해 의견 교환을 계속해 왔다.

학회 측은 간 나오토 퇴진 이후 안정된 정권이 등장한다면, 민주당 측이

다시 학회 공격을 시작할지도 모른다는 우려가 있었다. 민주당이 여당이 된 2년간 정권이 불안정했기에 공격은 자취를 감추었지만, 학회로서는 과거의 악몽을 잊을 수 없었다. 비원이 담긴 중의원의 선거제도 개혁을 실현하기 위해서라도 민주당과 어느 정도 협력은 불가피했다. 어느 쪽이든 민주당과의 파이프 구축이 필요하다는 생각에 학회와 공명당은 의견을 일치했다.

그런데 7월의 최고협의회에서는 차기 중의원 선거도 자민당과 선거협력을 한다는, 이와 모순된 방침을 결정했다. 그것은 부인부를 중심으로 '다음은 리벤지전'이라는 분위기가 팽배한 이상, 사기를 끌어올려 선거에서 결과를 내기 위해서는 소선거구에서 의석 탈환을 목표로 해야 한다는 판단이었다. 모순이 용인된 상태로 조직의 모티베이션을 유지하기 위한 고육책이었다.

이어서 상반된 두 개의 방침을 앞으로 어떻게 양립시켜 나갈지가 검토되었다. 이에 대해 창가학회 수뇌부 한 사람은 "향후 민주당 태도에 따라 선거구에서는 민주당 후보를 지원하는 것도 충분히 가능하다."고 말했다. 실제 최고협의회에서는 지방간부로부터 "(공명당 후보를 세운) 9선거구 이외에서는 지금까지 대로 자민당을 지원할 것인가."라는 질문이 나오자 사토는 "그것은 앞으로 상황에 따라 후보자에게 맡긴다."며 지역에 따라서는 민주당과의 협력도 있을 수 있다는 생각을 내비쳤다.

게다가 어느 간부는 "일단 중의원 선거 결과 자민당이 제1당이 되더라도 자동적으로 자공연립정권이 만들어져야 하는 것은 아니다. 경우에 따라서 각외에서 시시비비 노선을 취하여 민·자양당에 발을 걸쳐 선거제도 개혁의 실현을 최우선으로 생각해야 한다."는 생각을 보여주기도 했다. 결국 차기 중의원 선거에서 자민당과 선거협력을 하더라도 이 시점에서는 기존의 '자공노선'의 지속을 확정한 것은 아니었다.

자민당은 약체화되어 정권을 잡더라도 예전처럼 반영구적으로 이어진다고 생각할 수 없었다. 그렇다면 민주당과의 전면 대결에는 큰 위험이 동반된다. 눈앞의 선거를 치르기 위해 자민당과의 선거협력 유지는 어디까지나 당면 전술일 수밖에 없다.

실제 9월에 노다 내각이 발족하자 학회 내 분위기가 바뀐다. 특히 공명당이 요구해 온 선거제도개혁에 전면 찬성을 보이는 스루가다이駿河台대학법과대학원교수 나리타 노리히코成田憲彦가 내각관방참여[58]로 기용된 것은 창가학회와 공명당에 대한 강한 메시지였다.

일찍이 호소카와 내각에서 수상비서관을 맡았던 나리타는 선거제도에 해박했다. 이 해 7월

나리타 노리히코

에는 공명당 정치개혁본부 초빙강연에서 공명당이 새로운 중의원 선거에 도입을 목표로 해온 '소선거구비례대표연용제'에 찬동하는 뜻을 보였다. 결국 노다 내각발족 직후 발표되었던 창가학회계의 종합잡지 '우시오潮' 10월호에서는 나리타의 논문이 게재되었다. 그 내용이 마침 공명당이 주장하는 '연동제'로의 이행을 권유하는 것으로, 이것이 내각관방참여 기용 소식과 겹쳐지면서 나가타초에 큰 파장이 일었다.

노다는 나리타 기용을 내정한 뒤, 9월 9일 정식 임명장 교부 전에 공명당 부대표이자 당정치개혁본부장을 맡은 히가시 준지東順治와 은밀히 만나 "나리타 씨의 기용은 공명당에 대한 싸인"이라고 직접 전했다. 노다와 히가시는 고이즈미 정권의 같은 시기에 각각 민주당과 공명당에서 국대위원장을

58　내각관방참여內閣官房参与: 총리의 비상근 자문직

역임하여 일선 시찰여행에도 같이 나섰던 사이였다.

학회가 '연용제'를 목표로 한 이유

공명당과 창가학회가 전년 2010년 여름의 최고협의회에서 중선거구제 부활 대신 실현을 목표로 한 '새로운 선거제도안'은 '소선거구비례대표연용제'였다. 그 배경에는 가능한 득표율에 부합한 의석수를 얻을 수 있는 제도로 하자는 열망과 동시에 이전과 같이 조직확대가 되지 않는 시대 속에서, 부담이 큰 소선거구 선거운동으로부터 학회원을 해방시키자는 생각이 있었다.

연용제는 비례구 득표수를 '소선거구의 획득의석 +1'로 할당하여 의석을 결정한다. 한마디로 소선거구에서 당선자가 적다면 비례구에서는 당선자가 많아지는 구조다. 역으로 소선거구의 획득 의석이 많다면 많은 만큼 비례구의 의석은 줄어든다. 일찍이 정치개혁논의가 활발했던 1990년대 초반, 자민당이 주장하는 단순 소선거구제와 사회당과 공명당이 주장한 소선거구 비례대표병용제의 절충안으로 재계인들이 만든 '민간정치임조民間政治臨調'가 이 제도를 제안하기도 했었다. 대량의 사표가 나오는 소선거구제의 '민의 집약기능'을 비례로 대폭 제정하여 각 당의 득표율에 따르는 의석배분에 보다 가깝게 하려는 것이었지만 '어렵다'는 비판 때문에 사라진 안이기도 했다.

창가학회로서는 비례대표에서의 득표율이 그대로 전체의 의석에 반영되는 독일형 '소선거구비례대표병용제'가 가장 바람직하다고 생각해왔다. 그러나 소선거구에 의해 처음 선거로부터 15년이나 지나 지금 제도로 당선된

의원들 다수는 발본개혁에 지극히 소극적이었다. 호소카와 정권에서 지금 제도가 도입되었을 때는 "국민 전체가 개혁이라는 열병에 걸려있었다."(전 수상의 한 사람)고 평해지는 등 선거제도 개혁의 기운이 대단히 높았지만, 그 당시에도 법안 성립은 지극히 난항이었다. 개별 국회의원이 살아남을지 가부가 직결되는 선거제도의 발본개혁은 그 정도로 어려운 것이었다. 소선거구라는 현직의원의 '기득권익'을 지키면서 각 당의 득표율에 조응하는 의석배분에 보다 가까운 '연용제'로 한다면 민주·자민 양당의 이해도 얻을 수 있다고 생각한 것이다.

민주당 측은 전년도의 참의원선거 매니페스토에서 지금의 중의원 선거제(소선거구비례대표병립제)를 유지한 채로 비례구의 정수를 180석에서 80석으로 감소하는 방침을 내세웠지만, 그것이 실현되면 공명당은 대타격을 받는다. 공명당으로서는 피해를 막기 위해서라도 처음부터 어느 정도 민주당에 타협할 필요가 있었다. 그렇게 해서 나온 안이 '연용제'였던 것이다.

공명당과 창가학회에서 이 안이 가지는 메리트는 단순히 득표율에 부합하는 의석을 획득하는 것에 머무르지 않는다. 연용제나 병용제로 한다면 소선거구에서의 의석획득을 위해 양대 정당 어느 쪽이든 전면적인 선거협력을 할 필요성은 없어진다. 비례만으로도 충분한 의석을 확보할 수 있기 때문이다. 정권교체가 가능해진 시대가 되면 양대 정당 어느 쪽과 손잡고 선거를 싸워도 야당이 될 가능성은 상당하다. 그렇다면 여당으로 된 적 정당이 눈앞의 적이 되어 종교법인과세나 창가학회 간부 국회출석 등의 사태가 벌어질 가능성이 높다. 그렇다 하면 제3당으로서 독자로 선거전을 치르고 일정의 의석을 확보한 후, 국회에서는 시시비비의 태도로 정권에 대응하여 정책실현을 꾀하는 것이 더 좋다는 생각인 것이다.

공명당은 11년 10월, 당정치개혁본부의 회합에서 중의원 현행 선거제도를 대체하는 안으로써 '연용제', '병용제', '중선거구제'의 3안을 병기한 중간 보고서를 정리했다. 집행부가 실제로 실현을 목표한 것은 '연용제'였지만 간사장 이노우에가 "처음부터 연용제로 못박고 논의를 시작하면 '공명당의 당리당략'이라고 비판받을 뿐이다. 자민당에 찬동자가 많은 중선거구제 등도 열거해두는 쪽이 좋다."라고 주장하여 3안 병기가 되었다. 실제, 민주·자민양당 내에는 "연용제는 공명당이 중의원에서 상시적으로 캐스팅보트를 쥐게 되는 제도다. 공명당은 이미 참의원에서 캐스팅보트를 쥐고 있어 이렇게 되면 "사실상 공명당 정권"이 영원히 계속될 수밖에 없다.'라며 저항이 강했다.

다만 노다가 신정권발족과 함께 나리타를 기용함으로써 창가학회와 공명당은 노다가 선거제도의 발본개혁으로 발을 내딛는다는 기대를 품었다. 실제, 10월부터 시작된 중의원 선거제도에 관한 각 당 협의회의 좌장이 된 민주당 간사장 대행 다루토코 신지樽床伸二는 비공식적인 자리에서 만난 공명당 간부에게 "우선 지금 제도에서 표의 격차 시정을 우선하고 싶지만 다다음 선거부터는 공명당의 의향에 따르는 방향으로 발본개혁할 것이기 때문에"라고 속삭였다.

노다와 극비리에 회담한 창가학회 간부

선거제도에 해박하고, 공명당에도 인맥을 가진 나리타의 기용을 노다에게 건의한 것은 노다의 스승 호소카와 모리히로였다. 하지만 그 전에 노다에 대해 공명당 대책의 핵심은 선거제도개혁에 있는 것을 전했던 인물이 있다. 다름 아닌 창가학회 부회장(광선국장) 사토 히로시였다. 후에 사토는 제2차 아베 내각에서 관방장관의 스가 요시히데菅義偉와의 두터운 파이프를 자랑했지만 이때는 민주당 정권 중추와의 관계를 만드는 것에 전력을 걸었다. 사토는 간 나오토 퇴진이 초읽기에 들어간 7월경부터, 여야를 가리지 않고 나가타초의 정계관계자들과 직접 접촉을 거듭해 나갔다.

사토는 학회본부에서 남자부장, 청년부장 등을 역임한 이후, 부회장의 한 사람으로서 선거를 담당하였다. 자공연립시기에는 전 회장 아키야 밑에서 자민당과의 선거협력 실무를 정리해 왔다. 2007년 참의원선거에서 공명당이 패배하자 그 책임을 지고 일시적으로 선거대책에서 제외되었지만 사토가 관여하지 않았던 2009년의 중의원 선거에서 공명당이 참패하자 "역시 선거는 사토다."라는 여론에 힘입어 부활하여 2010년 참의원선거대책을 맡게 되었다.

사토는 그동안 공명당 이외의 국회의원과 접촉에 그렇게 적극적이지는 않았다. 그러나 창가학회가 가장 중시하는 선거제도개혁의 협의가 좀처럼 불붙지 않는 것에 애태우다가 직접 여야당의 유력의원에게 접촉을 시작한 것이다.

2011년 8월 사토는 차기민주당 대표 유력후보로 주목받았던 노다에게 접촉하여 "학회로서는 선거제도 발본개혁을 최우선과제라고 생각한다."고 강조하며 민주당이 이 문제에 진심으로 협력해준다면, 공명당이 민주당의 정권운영에 전면협력하는 것도 가능하다는 생각을 전달했다. 그리고 공명당이 바라는 구체안인 '연용제'에 대해서도 상세하게 설명하였다. 이에 노다도 일정한 이해를 비추었다고 한다.

이 앞뒤로 사토는 자민당 간사장 이시하라 노부테루石原伸晃와 정치제도 개혁실행본부장 호소다 히로유키細田博之들도 만나 같은 생각을 전했다. 다만 이시하라 등 자민당 측은 비례구 정수를 줄이는 대신 비례 일부에 소수정당을 우대하는 독자의 자민당 안에 대하여 설명하고 "여기에는 공명당이 주장하는 연용제도 들어있다."고 주장하여 논의는 평행선을 달렸다.

사토가 이때 정계대책에 뛰어든 것은 또 하나의 큰 이유가 있었다. 그것은 해산 시기에 영향력을 행사하기 위함이었다.

앞서 소개한 조기해산 시나리오를 실현시키기 위한 최대 문제는 민주당 측에서 누가 그것을 담보해 줄 수 있냐는 것이었다. 공명당이 예산관련법안에 찬성하여도 조기해산의 약속을 깨버리면 본전도 못 찾게 된다. 공명당과 창가학회의 고민은, 신의를 지켜 약속대로 정부·당을 결집시켜 실행을 구현할 수 있는 신뢰 가능한 교섭상대가 민주당에 보이지 않는다는 것이었다. 그럼에도 중의원의 해산권이라는 수상에게 부여된 최대 권한을 사실상 제약하는 약속을 얻어내야 하는 것이었다. 어중간한 것으로는 실현이 어렵다.

원래대로면 이러한 뒷교섭은 간사장의 일이지만 민주당 간사장 고시이시 아즈마輿石東는 학회와 거의 접점이 없었다. 선거제도 개혁의 책임자인 간사장 대행 다루토코하고 신뢰관계를 만들고 있는 간부도 없었다. 관방장관 당시, 학회와의 파이프 역할을 할 것 같았던 정조회장 대행 센고쿠 요시토에 대해서는 당연하게도 학회 측의 반발이 강했다. 결국 학회와의 파이프 역할은 민주당에서는 간사장 대리(후에 국대위원장)의 조지마 고리키城島光力, 정부에는 내각관방참여의 나리타 정도만이 눈에 뜨일 뿐이었다.

조지마는 아지노모토味の素 노조 출신으로 신진당 시절 입후보하여 창가학회와 구 민사당계 노조와의 협력으로 첫 당선했던 경력이 있었다. 일찍이

입후보했던 도쿄13구는 전 공명당 대표 오타 아키히로의 선거구와 붙어있어 자공연합 정권 발족 이후에도 오타의 선거구와의 바터 협력에 의해 물밑에서 창가학회의 지원을 받아왔다. 학회에서는 속마음을 터놓을 수 있는 몇 안 되는 민주당의원이었다. 그것만으로도 조지마를 아는 학회 간부는 많았고 사토도 그 파이프를 활용하여 조지마와는 연락을 취해왔다. 그러나 조지마가 당내에서 얼마나 힘을 발휘할지는 미지수였다.

조지마 고리키

사토는 이러한 상황을 염려하며 자신들의 파이프만들기에 노력하면서도 나가타초 관계자들의 '평판'을 모아갔던 것이다.

표류하는 선거제도개혁 대응

제5장에서 설명한 바와 같이 창가학회는 2010년의 7월의 최고협의회에서 선거제도의 발본개혁을 최우선의 정치과제로 삼아왔다. 그리고 비례부분에서 군소정당을 배려하는 '연용제' 도입을 목표로 결정했다.

이것을 안 노다는 수상 취임 직후부터 연용제 도입을 진심으로 검토한다는 메시지를 공명당에 보냈다. 다만 간사장 고시이시 아즈마 등 민주당 집행부는 의석감소가 확실히 예상되는 차

노다 요시히코

기 중의원 선거를 가능한 뒤로 미루려는 의도도 있기에, 노다로부터 공명당과의 협의를 서두르라는 지시를 받아도 뭔가 해보려기보다는 미적거리는 태도를 보였다. 다음 해 12년 2월에 들어서 간신히 간사장 대행인 다루토코 신지가 중의원 각 당 협희회의 공식 자리에서 '좌장의 사안私案'을 보였는데, 비례정수 80석 감소를 명시하는 한편, 제도의 발본개혁에 대해서는 "비례의 일부를 연용제로 하는 등의 의견도 있다."라고 한마디 덧붙였을 뿐이었다. 공명당은 "이런 안은 결단코 인정할 수 없다."고 강력하게 반발하여 협의회 자리를 박차고 나왔다.

그 뒤 각 당 협의회는 교착상태가 계속되었다. 그러나 물밑에서는 창가학회의 의향을 전해 받은 공명당간부가 민주당과 절충을 하고 있었다.

그 교섭을 주로 맡은 것이 간사장 대행 사이토 데쓰오였다. 사이토는 민주당의 다루토코와 은밀히 접촉을 계속했다. 겉으로는 강하게 비판했던 '비례정수 80 축소'에 대해서도 "연용제를 전면적으로 도입한다면 수용하는 것도 가능"이라는 입장을 다루토코에게 전했다.

당시 민주당 내에서는 소비세증세법안을 성립시키기 위해서는 '국회의원이 자기 몸을 자를 각오'를 국민에게 보여주어야 하기에 비례정수 대폭축소의 깃발은 내릴 수 없다는 의견이 대세였다. 사이토의 제안은 그것을 답습한 타협안이었다.

'일부연용제안'의 부상

같은 시기 창가학회 최고간부들도 직접, 민주당 측과 접촉을 시작했다.

이사장 마사키 마사아키가 국대위원장으로 옮긴 조지마 고리키와 노다에게 가까운 외무성 부대신 야마구치 쓰요시山口壯 등과, 또한 이전부터 폭넓은 정계인맥을 가진 부회장 야히로 요리오가 간사장인 고시이시 아즈마 등과 각각 접촉하였다. 연용제의 도입이 결정되면 조기해산을 목표하는 방침을 철회할 것도 검토한다고 전했다. 사토 히로시도 관방장관 후지무라 오사무藤村修 등과 회담하는 등 지속적으로 활발하게 움직였다.

고시이시나 다루토코 등 민주당 집행부는 공명당의 제안에 대해서 은밀하게 상세한 검토를 더했다. 그러나 연용제를 전면적으로 도입한다면 비례구의 의석수는 소수정당에게 압도적으로 유리하게 된다. 민주당이 압승했던 지난번 중의원 선거의 결과를 토대로 계산해보아도, 비례구의 당선자는 공명당과 공산당을 더해 보아도 민주당보다 많게 될 것이다. "이것으로는 당내에서 받아들일 수 없다."는 것이 결론이었다. 이 때문에 다루토코는 단순하게 득표수에 따라 의석을 결정하는 종래의 비례구 각 당 의석수 순서와 역전하지 않는 범위 내에서 연용제 일부 도입안을 작성했다. '일부연용제안'이었다.

2012년 6월 14일에 열린 여야당의 간사장·서기국장 회담에서 민주당은 '현행 11블록제의 비례구를 전국 단일의 비례구로 변경하여 현행 180석의 비례정수에서 40석을 축소한 140석의 비례정수 중 35석만을 대상으로 연용제를 도입'한다는 복잡한 안을 제출했다.

회담에서 공명당 간사장 이노우에는 '검토할 가치가 있다.'며 어느 정도 평가를 하였지만 민주당 집행부는 이 회담에 앞서 공명당에 이 안을 제시할 때 내심 이해해주길 바랐다. 동시에 국대위원장 조지마와 관방부장관 사이토 쓰요시 등이 마사키 등 창가학회의 간부에게도 직접 사전에 설명했다.

이 제안에 대해 공명당에서 선거제도개혁의 책임자를 맡은 부대표 히가시 준지東順治와 사이토 데쓰오 등은 '선거제도 개혁이라는 난제를 실현하기 위해서는 불만이 있어도 이 안으로 올라탈 수밖에 없다.'라고 판단해서 야마구치 대표에게 "지금 실현시키지 않는다면 선거제도는 영원히 바뀔 수 없다."라고 호소하여 찬성하는 방침으로 당내 조정을 진행하기로 했다. 그런데 최종방침을 결정하는 창가학회와 공명당 쌍방의 최고간부에 의한 소수협의에서는 찬반 양론이 교착한다. 당초는 민주당안을 수용하는 이해를 보였던 회장 하라다마저도 "도대체 민주당은 진심으로 이 법안을 성립시킬 결의가 있는 것인가."라고 의문을 내비칠 정도였기 때문에 당분간 각 당의 움직임을 정찰하기로 했다.

이 '일부연용제안'에는 자민당이 '위헌소지가 있다.'라고 강하게 반대했다. 민주당 내에서도 단순 소선거구제론자를 중심으로 하는 반대 여론이 불씨를 지폈다. 그렇기 때문에 공명당이 법안 성립을 위해 적극적으로 움직이지 않는다면 사태는 진정되지 않는 상황으로 되었다. 그러나 창가학회와 공명당의 간부들은 자신들이 겉에서 움직이면 '공명당의 당리당략이다.'라는 비판이 강해질까 우려했다. 이러한 비판을 막기 위해 법안이 민주당과 공명당만이 법안을 제안하는 모양새를 피할 필요가 있었다. 그럼에도 자민당의 찬동을 얻어내기가 곤란하기에, 사민당 등 그 외의 정당을 민주당 안에 설득시킴으로써 대부분의 정당들이 찬성하는 형태로 법안이 가결되는 환경이 조성되기를 기대했다.

사라진 선거제도개혁의 비원悲願

그러나 그로부터 머지않은 6월 26일, 중의원 본회의에서 소비세증세법안의 체결이 진행되자 민주당에서 조반자造反者가 속출하여 오자와 등 50여 명의 의원이 탈당했다. 결국 참의원에서는 민주당과 공명당만으로는 법안을 가결시킬 수 없는 상황으로 빠졌다. 그럼에도 사민당과 '다함께당みんなの党[59] 등은 군소정당에 유리한 '일부연용제안'에 불만은 있어도 찬성하는 의향을 가져왔다. 민주·공명양당이 진심으로 한다면 실현 가능성은 남아있었다.

그런데 막상 이때가 되자 핵심인 창가학회와 공명당이 선거제도 개혁조기발의에 소극적으로 바뀌었다. 앞서 서술한대로 창가학회에서 회장 다음 지위에 있는 이사장 마사키는 구면인 민주당의원들과 직접 접촉하여 법안의 성립을 위해 물밑에서 움직였다. 마사키는 다니카와와 나란히 '포스트 이케다'의 유력후보로서 이때 이미 다니카와에게 리드를 허용하고 있다고도 평가되었다. 마사키가 적극적으로 움직인 이유는 여기서 '공로'를 세워 열세를 뒤집겠다는 의도도 있다고 추측되었다. 이에 대해 다니카와에 가까운 부회장 사토 히로시 등은 국회 종반에 접어들자 "이미 해산이 될지도 알 수 없는 이 시기에 민주당과 공명당의 주장으로 이 법안을 성립시켜 선거협력의 상대인 자민당을 화나게 하면 어떻게 될지"라며 신중론을 펼치지 시작했다. 선거제도개혁이 이 시점에서 실현되어도 조기에 중의원 선거가 열리게 된다면 기존의 제도로 실시된다. 더구나 공명당은 중의원 조기 선거를 희망해 왔다. 실제 8월 8일에는 수상 노다가 민주·자민·공명 3당수회담의 석상에서 "가까운 시일 내에 국민의 의견을 묻겠다."라고 발언했다.

---

59   다함께당みんなの党: 2009년 창당되어 2014년 해산된 일본의 보수정당.

한편으로 당시 민주당은 수상과 집행부의 컨트롤이 효력을 발휘하지 못하는 혼란 상태에 빠져, 민주당 집행부의 말을 신용할 수 없다는 문제도 있었다. 그렇기 때문에 하라다도 야마구치도 상황을 관망하기로 결정했다. 민주당의 혼란은 선거제도개혁에 관한 민주당과 각 당과의 협의에도 영향을 미쳐 결국 제대로 진행되지 못했다. 결국 민주당이 단독으로 국회에 제출했던 '일부연용제'를 포함한 선거제도 개혁법안은 9월에 자동폐기되었다.

안건폐기의 가장 큰 원인은 소비세 증세법안을 둘러싼 갈등으로 민주당이 선거제도 개혁에 소극적이었기 때문이다. 하지만 최종 국면에서 창가학회 및 공명당 내부의 의견이 나뉜 것 역시 영향을 주었다. 공명당이 중요 변수가 되었던 배경에는 '포스트 이케다'를 노리는 창가학회 내의 공로 경쟁도 연결되어있다. 이케다의 '부재'가 이러한 창가학회의 방황을 불러일으켰다고 할 수 있다.

수상관저에서 이 경위를 본 노다의 측근의 한 사람은 통상국회 개회 후 "결국 공명당은 자민당과 헤어질 수 없다는 것을 알게 되었다."라고 술회했다. 그러나 그것은 표면적인 해석이다. 만약 민주당 집행부가 몇 달 더 빨리 법안을 제출하여 각 당과 적극적으로 사전 교섭을 했거나 소비세 증세법안을 둘러싼 혼란이 없었다면 법안은 성립되었을 가능성이 있다.

이렇게 선거제도 개혁의 찬스는 사라졌다. 창가학회의 간부는 "비원달성의 큰 찬스를 놓치게 되었다."고 한탄했다.

소비세정국과 공명당의 혼란

제5장 마지막에서 이 시기 창가학회와 공명당이 부인부 의향에 휘둘려 정치방침을 둘러싸고 헤매는 모습을 그렸는데 이는 2012년 소비세 증세법안을 둘러싼 대응에서도 비슷하게 재현되었다.

재정재건파 노다는 2012년 3월 소비세율을 5%에서 10%까지 단계적으로 끌어올리는 소비세 증세법안을 포함한 사회보장·세금일체개혁관련법안을 국회에 제출했다. 공명당은 당초 자민당과 함께 법안을 부결시켜 노다 정권을 조기해산으로 밀어낼 방침으로, 창가학회도 이를 받아들이고 있었다.

공명당 내에서는 어느 쪽이든 소비세율 인상은 피할 수 없고, 여당시대에는 소비세 증세 필요성을 인정했기 때문에 오히려 공명당이 주도하여 법안 수정협의를 진행시켜 식료품의 경감세율 도입이라는 공명당의 주장을 수용시켜 찬성해야 한다는 의견도 있었다. 그러나 학회 부인부는 소비세 증세 알레르기가 강했기 때문에 그러한 의견은 사라졌다.

6월 초, 창가학회는 차기 중의원 선거를 조속히 치르기 위해 비학회원 공명당 지지를 넓히는 최고 레벨의 선거활동 'F(=프렌드)작전'을 개시했다. 소비세 증세법안을 부결한다면 통상국회 회기 말까지 해산을 끌어낼 수 있다는 판단이었다.

그런데 그 직후 자민당은 돌연 민주당과 법안 수정협의에 들어가기로 결정하였다. 양당이 서로 조율하는 움직임을 보이자 공명당도 "우리만 남으면 의견을 반영시키지 못할 수 있다."며 다급히 협의에 참가했다. 결국 공명당이 강하게 바랐던 경감세율 도입에[60] 대한 애매한 기술처럼 자민당에 질질

---

60 경감세율reduced tax rate: 통상 적용되는 세율을 일정한 경우에 낮추어서 적용하는 세율.

끌려가는 형태로 3당 합의문서에 서명했다. 공명당 집행부는 직전에 그 내용을 창가학회수뇌부에게 설명하여 학회도 그것을 받아들였다.

마쓰 아키라

다만 집행부에 일임을 맡겼기 때문에 6월 14일에 열린 공명당 중앙간사회에서는 참의원 마쓰아키라松あきら가 학회부인부의 반대의견을 이유로 "이런 시기에 증세 찬성은 용납할 수 없다."며 강경하게 반대를 주장하였다. 게다가 부대표 오타마저도 "(자신의 선거구의) 대립후보가 소리 높여 반대를 부르짖기에 증세 찬성은 함께하기 어렵다."고 반대 논지를 펼쳐, 집행부 논의 끝에 간사장 이노우에에게 일임했지만 당내 갈등은 숨길 수 없게 되었다.

중의원 본회의에서 소비세 증세법안이 민주·자민·공명 등의 찬성으로 가결된 다음날 아침, 창가학회와 공명당은 쌍방의 간부가 출석하여 긴급회의를 열었다. 이 자리에서 야마구치 등은 "민주·자민 양당이 긴급히 수정협의에 들어간 것은 예상하지 못한 상황이었다."라고 설명하였다. 양당의 움직임을 완전히 판단 미스한 것을 사과하며 "이렇게 된 이상 국회 해산 가능성은 거의 없다."고 보고했다. 그리고 불만을 가지고 있는 부인부를 설득하기 위해 '왜 소비세 증세법안에 찬성할 수밖에 없었는지'를 설명하는 DVD를 긴급히 제작하여 전국에 배포하기로 결정했다.

이에 따라 창가학회는 상임중앙회의를 열어 개시한지 얼마 안 된 최고 레벨의 선거활동을 일단 정지한다. 가을 이후의 총선거를 상정하여 태세를 정비할 것을 결정했다. 여름 휴가 복귀 후인 8월 하순에는 방면장 회의를 개최하여 가을 임시국회에서 노다 정권을 해산으로 압박하는 방침을 결정,

'11월 해산·12월투표'를 상정하여 9월 중순부터 다시 최고 레벨의 선거활동에 돌입했다.

소비세 증세문제를 둘러싼 공명당 내의 대립은, 그 동안 일괴암으로 보여졌던 당도 이젠 결속을 지키는 것이 쉽지 않다는 것을 드러내 보이는 것이었다.

자민당과 어디까지 협력해야 하는가 학회 간부들의 방황

앞서 보았듯이 창가학회에서는 이전부터 중의원 소선거구 철수 등 정치활동을 축소하려는 방향으로 논의가 진행되어 왔다. 전후 경이적인 급성장을 달려온 창가학회도 금세기에 들어서자 이제는 한계에 봉착한 것을 숨길 수 없었다. 선거활동을 조직확대로 연결시키는 방식도 한계에 이르렀다.

창가학회는 선거를 통해 조직을 모으고 확대시켜왔다. 그러나 이때는 선거활동이 회원에게 가장 과중한 부담이 되어, 오히려 조직을 피로하게한다는 인식을 많은 간부들이 함께 가지고 있었다. 그것은 소선거구를 기본으로 하는 제도로 해산 시기도 내다볼 수 없는 중의원 선거에 특히 도드라졌다. 우여곡절을 거쳐 점차 자민당과 협력하여 소선거구에서도 의석획득을 목표하는 방침을 결정했던 학회였지만, 자공의 선거협력을 앞으로도 계속할 것인지마저 결정한 것은 아니었다.

2012년 7월에 열린 창가학회 '최고협의회'에서 부회장 사토는 차기 중의원 선거에서는 9개의 선거구에서 후보자를 옹립, 자민당과 선거협력을 기본으로 승리를 노린다는 방침을 전년도에 이어 다시 설명했다. 한편 "지금 자민당과의 연립을 구성한다는 것은 아니다."라며 자민당 후보의 9할 이상을 추천한[61] 지난번과는 달리, 추천 후보를 좁힐 방침도 보였다.

자공양당의 선거협력은 연립정권 10년 동안 심화되어 '고이즈미 우정해산'인 2005년 중의원 선거 이후 학회는 자민당 후보 대부분을 지원해왔다. 그러나 앞서 서술했듯이 그 이전엔 자공정권에서도 창가학회와 가까운 동시에 공명당의 비례표 획득에 협력하는 후보라면 민주당 후보라고 해도 은밀히 선거협력을 해왔다. 전 중의원 부의장 나카노 간세이中野寛成나 앞서 이야기한 조지마 등 구 민사당계(민사협회)[62]의 의원이 주로 그 대상이 되어왔다. 사토는 차기 중의원 선거에서 그러했던 물밑 협력을 본격적으로 부활시킬 여지를 남겨놓았다. 학회는 이때 이미 상당수의 선거구에서 자민당후보를 지원하지 않을 기미를 보이고 있었다. 관서에서는 하시모토 도루橋下徹 등 '일본유신회日本維新の会'와도 일정 협력을 해왔다. 이것은 선거 후의 정권 구성조차 확신이 없는 와중에 날개를 넓혀두는 쪽이 상책이라는 판단이었다.

사토가 제시한 방침에 대해 지방 출석자들로부터는 "자민 추천은 어느 정도 줄어들게 되는가", "'유신회'와 비례에서 경합할 텐데 저들을 비판하면 안 되는가"하는 질문들이 있었지만 기본방침 자체에는 반론이 나오지 않았다고 한다. 오히려 '유신회' 등에 세간의 주목이 집중되어 선거전에서 자민당과의 차이를 어느 정도 드러낼 지에 의견이 집중되었다. 소비세인상에 식료품 등을 대상으로 하는 경감세율을 세율 8%단계부터 실시하기 위하여 정부로부터 담보를 취해야 한다는 의견 외에 "원전 제로 방침을 더욱 선명히

---

61 후보의 추천: 자당의 공천후보가 아니더라도 선거기간에 특정 후보의 추천을 공표하고 선거운동을 하는 것.

62 민사협회民社協会: 구 민사당계의 국회의원, 지방의원을 중심으로 구성된 정치단체, 현재는 국민민주당의 한 분파 역할을 하고 있다.

할 수 없는가."라는 의견이 연이어 나왔다고 한다.

"자동으로 연립을 구성하는 건 아니다"

이 시기, 창가학회에서는 "일시적으로 중의원 선거에서 자공양당에서 과반수를 획득했다 하더라도 자동으로 연립을 구성한다는 건 아니다."라고 강조하는 간부도 있었다. 더 이상 자민당이 계속 정권여당이 되는 시대가 아닌 이상, 자민당과 한 몸으로 보여지는 것은 리스크가 크다고 생각했기 때문이다. 다만 선거 결과 유신회가 의석을 늘려 자민당에 가까이 다가설 것도 예상되었기에 정책결정에서 완전히 제외되지 않도록 역시 정권에 참가해야 한다는 의견이 뿌리 깊었다.

이 시기에 이르러서도 간부의 한 사람은 "소선거구에서 의석획득을 목표하는 것은 가능하다면 이번이 마지막이었으면 한다."라 말했다. 이 간부는 선거제도개혁은 계속 요구하더라도 그 실현은 매우 곤란하기에 지금 제도가 계속된다면 소선거구에서의 철수를 재검토하고 싶다는 생각이었다.

기존의 공명당은 선거에서 배수진을 치고 임했기 때문에 소선거구후보가 비례구에 중복입후보 하는 것을 일절 허용하지 않았다. 그러나 이때 창가학회와 공명당은 차기 중의원 선거에서는 관서지구의 소선거구 후보자에게 비례구와의 중복 입후보시키는 것을 검토했다. 이것이 실현되면 소선거구에서의 철수를 위한 '실험'의 의미도 가지게 된다. 하지만 결국 관서방면이 예전과 같이 맞서자고 주장하여 미뤄지게 되었다.

제7장

'포스트 이케다' 레이스와
제2차 아베 정권하의 자공연립

우울한 '승리'

'공명당 대약진! 31석 획득'

　2012년 12월의 중의원 선거 다음날 세이쿄신문에서는 공명당의 승리를 선전하는 헤드라인을 띄웠다. 그 옆에는 3년 전의 중의원 선거에서 전멸했던 소선거구에서 '리벤지'를 달성한 전 공명당 대표 오타와 전 간사장 기타가와 등이 웃음 띈 얼굴로 만세를 하는 사진이 실렸다.

　그러나 표면의 승리 선언과 달리 창가학회와 공명당 간부들의 표정은 밝지 않았다. 의석 자체는 10석이 늘어났다. 하지만 학회의 실력을 보여주는 바로미터인 비례구 득표총수(전국 11블록 합계)는 711만여 표로 참패한 지난번 2009년 중의원 선거 때보다도 큰 폭으로 줄어들었기 때문이다.

　이 숫자는 공명당에게 매우 심각한 것이었다. 오부치 정권에서 99년 자민당과 연립을 구성한 이후 공명당은 자민당과의 선거협력을 활용하여 비례 득표수를 늘려왔다. 공명당 후보가 입후보하는 8~9개의 정도 선거구를 제외한 대부분의 소선거구에서 자민당 후보를 지원하는 대가로 '소선거구는 자민, 비례는 공명'으로 자민당 지지자에게 침투시켜왔다. 비례의 득표총수는 2005년의 이른바 '고이즈미 우정해산선거'에서는 역대 최고인 898만 표에 다다랐다. 그런데 2009년의 중의원에서는 그보다 93만 표가 줄어든 805만 표이며 2012년 중의원 선거는 거기서 더 94만 표가 줄어들었다. 711만 표라는 숫자는 자민당과 연립을 구성하기 전인 98년 참의원 비례표인 774만여 표보다도 훨씬 줄어든 것이다.

　이듬해 2013년 1월 7일 중의원 선거 이후 최초가 되는 창가학회의 본부

간부회가 도쿄 스가모單鴨의 도다戶田 기념강당에서 열렸다. 최고지도자 이케다 다이사쿠는 역시 격려의 메시지를 띄웠는데, 10석 증가를 달성한 중의원 선거결과를 이어받아 그 승리를 드높일 것을 선언하는 장이 되었다. 회장 하라다는 약 1000명의 출석자들 앞에서 '중의원 선거에서 여러분의 헌신적인 지원으로 공명당은 지난 패배를 설복하고 10석 증가라는 찬란한 승리를 이루었다.'며 득의양양했다. 한편 자민당이 단순과반수를 크게 넘어 294석이나 획득한 것을 의식하여 "공명당은 평화와 복지의 당으로서 서민을 위한 정치 실현에 만전을 기하고자 한다."며 존재감을 발휘하자고 당 측에 일침을 날렸다.

그러나 본부간부회 전날 열린, 전국 13방면장과 유력 현장県県 조직의 장들이 도쿄의 중추간부들과 의견을 교환하는 '방면장회의'에서 축하는 없었다. 득표수 대폭감소라는 냉엄한 숫자 앞에서 지방조직의 간부들도 위기감을 드러나는 발언이 잇달았다.

"이번 선거는 소선거구 '리벤지'에 집중하다 보니 비례표 득표에 소홀했다." "'유신회' 등에 이목이 집중되어 공명당의 존재감이 옅어져 지지확대가 어려웠다."라는 분석에 더해 "운동원 고령화가 더욱 진행되어 조직 이외의 표 획득활동이 불충분했다." "이대로는 여름의 참의원선거도 대단히 어려울 것이다."는 솔직한 의견도 나왔다.

어느 간부는 "낮은 투표율을 감안해도 711만 표는 대단히 냉정한 것이다. 회원 고령화로 조직의 약체화가 진행되고 있는 것이 드러난 것이다."라고 분석하였다. 뒤이어 "이번에 자민당과의 선거협력이 비교적 원활하게 진행되었는데도 표가 대폭 감소한 것은 우리들이 자력으로 획득한 표는 훨씬 더 감소했다는 것이다."라며 심각한 표정을 지었다. 그리고 새로운 회원을 조금이라도 획득하는 것으로 조직을 활성화하는 것만이 타개책은 아니라 말했다.

민주당과도 일부 협력한 창가학회

실은 이 중의원 선거에서 창가학회는 그동안 해온 자민당과의 전면적인 선거협력을 일부 수정했다. 제6장에서 소개한 바와 같이 자민당 추천 후보를 줄이고 얼마 되지는 않지만 은밀히 민주당의 후보도 지원한 것이다. 그것은 아주 작은 수정으로 선거결과에까지 영향을 줄 정도는 아니었기 때문에 표면화되지는 않았다. 다만 창가학회는 2009년 정권교체의 경험으로 더이상 자민당 정권이 반영구적으로 계속되지 않는다고 판단하여 내민 방침 수정이었다.

그 내용은 우선 추천하는 자민당후보를 80명 정도 줄인 200여 명으로 정한 것이다. 원래는 더욱 줄일 예정이었지만, 자민당 측에서 간절히 애원하여 결국에는 200명을 넘어섰다. 추천 후보를 대폭으로 줄인 것은 연립정권 구성 이후 처음이었다.

게다가 그 전에는 폭넓게 해왔던 민주당 후보와의 물밑 바터 협력을 일부 부활시켰다. 아이치현 등 일부 선거구에서 창가학회와 가깝고 비례에서 공명당 표를 모아줄 수 있는 기대 가능한 민주당후보를 지원한 것이다. 그외에도 학회와 심리적 거리가 가까운 민주당 후보가 있는 선거구에서 자민당 후보를 추천하지 않거나, 추천하더라도 적극적 선거지원을 하지 않아 결과적으로 민주당에 협력한 선거구도 있었다. 민주당과의 물밑 협력은 고이즈미 정권 이후 자민당과 선거협력이 심화되는 과정에서 사라졌지만, 그것이 일부 부활했던 2009년의 중의원 선거에 이어 다시 부활한 것이다. 그 수는 2009년 중의원 선거 때보다 늘어났다고 한다.

다만 결과는 자민당의 압승으로 끝났다. 선거에서 민주당에 대한 배려는 단기적으로 볼 때 효험이 없는 것으로 보였다. 그러나 자민당 일변도였던 선거협력의 수정은 학회의 조직방어를 위해 민주당에도 보험을 들어놓는다는 의미와 동시에 공명당과 창가학회의 존재감을 높이기 위한 것이기도 했다. 자민당이 하라는 대로 모든 선거구에 협력해도 보폭을 넓혀두면 앞으로 정책실현에도 플러스가 되리라는 생각이었다.

민주당 정권, 그중에서도 간 내각 이후 '네지레 국회'에서 공명당은 정권에 대하여 비판적 자세에 임하는 한편 정권 측이 공명당의 요구를 수용하면 협력한다는 모습도 보였다. 그 결과 창가학회 부인부가 강하게 요구해온 여성암대책 등 공명당의 정책들이 차차 실현되었다. 의원들은 '자공정권 시절보다도 우리 정책이 실현된다.'며 속삭이기도 했다. 정책적으로는 민주당과 가깝기도 해서 공명당에게 3년여의 야당시대는 의외로 편한 꽃놀이해였다.

아베=야마구치의 당수회담으로 다시 연립여당이 된 공명당이었지만 이번엔 반대로 존재감을 발휘하기가 어려워질 것이라고 예상되었다. 중의원 선거에서 자민당이 압승하고 공명당과의 힘 차이가 더욱 벌어진 상황에서 참의원에서는 자민당 의석과 합해도 과반수에 미치지 못하여 캐스팅보트를 잃어버리게 되었다. 영향력을 발휘할 수 있는 유일한 길은 아베 수상이 2013년 여름의 참의원선거 승리를 위해 학회의 선거지원에 매달릴 가능성이었다.

양당의 신경전은 중의원 선거 한복판에서 시작되었다. 자민당이 총재 아베의 의향에 따라 정권공약에 집단적 자위권 행사를 가능케 하는 헌법해석 수정과 헌법의 '국방군'의 명기 등을 내건 것에 대해 공명당 대표 야마구치가 라디오방송에서 "헌법의 근간을 지키는 것이 중요하다. 그것을 벗어나려 하는 것은 한계가 있다."며 자민당을 비판하였다. 야마구치는 선거전에서 집단

아베 신조

적 자위권 행사에 반대하는 발언을 일관되게 계속했다. '평화의 당'인 공명당은 중의원의 공약에서 핵군축과 평화외교의 추진을 내걸었다. 야마구치는 아베 자민당에 대한 지지자의 불안을 덜어낼 필요가 있었던 것이다.

그러나 실제로 정권운영이 시작되면 자민당에 브레이크를 거는 것은 쉽지가 않다. 고이즈미 정권시기에는 여론조사에서 반대의견이 압도적으로 높았던 자위대 이라크 파견마저도 공명당은 자민당을 따라 찬성으로 돌아섰다.

조금이라도 독자색을 내고 싶은 야마구치는 해가 밝자 즉시 '평화외교 추진' 공약에 따라 중국을 방문한다. 공산당 총서기 시진핑習近平과 회담하여 아베의 친서를 건넸다. 그리고 대화를 통한 관계 개선을 호소하였다. 대국적 견지에서 양국이 전략적 호혜관계를 다지는 것에 양국의 의견이 일치하여 연립여당으로서 존재감을 드러내는 것에 성공했다. 창가학회도 이것을 포함, 명예회장 이케다의 이름으로 '일중수뇌회담 정기개최 제도화' 등을 골자로 하는 '일중평화제언'을 발표하여, 중국에 강한 공명당·창가학회를 어필했다.

그러나 방중 직전, 홍콩의 텔레비전 방송의 인터뷰에서 야마구치가 센카쿠 열도의 영유권에 대해 '신중론'을 말하여 자민당으로부터 비난받는 일이 발생하는 등 여기서도 아베 자민당과의 온도차가 벌어지게 되었다.

강해진 아베 정권에 대한 경계심

아베 정권에서 자민당의 브레이크 역할을 하는 것은 쉽지 않았다. 그러한 공명당과 창가학회의 우려가 바로 드러난 것이 헤이세이平成 25년(2013년도)세제개정을 둘러싼 협의였다.

공명당은 중의원 공약으로 2014년 4월에 소비세율을 8%로 인상하는 단계에서 사회적 약자 대책으로 식료품 등에 경감세율을 도입할 것을 내걸었다. 공명당과 창가학회는 노다 정권에서 민주·자민·공명의 3당 합의 참가를 결정할 때 소비세 증세에 저항이 강했던 학회 부인부를 설득하기 위해 8% 단계부터 경감세율 도입 요구를 방침으로 했다. 3당 합의에서 경감세율에 관한 기술은 애매한 표현으로 작성되었기에 공명당은 창가학회로부터 확실하게 실시하라는 압박을 받고 있었다.

2013년이 되자마자 시작된 자민당과의 세제개정협의에서 공명당은 여당 세제개정대강에 경감세율 실시를 명확하게 명문화할 것을 학회로부터 강하게 요구받았다. 그러나 협의는 난항으로 치달았다. 자민당이 재무성과 함께 8%단계부터의 경감세율 도입은 징세사무가 복잡하게 되기 때문에 준비할 여유가 없다고 거세게 반대했기 때문이다.

2주간에 걸쳐 거의 매일 열린 양당 협의에서 공명당 측은 창가학회 부인부가 단기간에 모은 600만 명이 넘는 서명을 전달하여 '8%단계부터 도입하지 않으면 조직은 유지될 수 없다.'며 경감세율의 도입을 끈질기게 요구했다. 그러나 자민당 세제조사회장 노다 다케시野田毅 등 자민당 측은 조금도 양보할 기미를 보이지 않았다. 그 사이 공명당 집행부는 학회 측에게 여러 번 "상황이 심각하다."고 설명했지만 학회 측은 "8%단계의 도입은 핵심 선거공약이다."라며 강하게 압박했다.

결국 공명당은 1월 8일 간사장 이노우에와 세조회장 사이토 등 간부들이 모여 회의한 끝에 세율 10%단계에서 도입을 명확하게 하는 것을 조건으로 내걸고 8%단계에서는 단념할 것을 결정하고 학회와 연락회의를 열어 이해를 구했다. 부인부 대표 등의 강한 불만이 제기되었지만 학회 측도 결국 받아들였다.

그 후 협의에서 공명당은 세제개정안 속에서 '10%인상시 도입'이라고 명시할 것을 요구했지만 자민당 측은 여전히 '현시점에서는 준비가 되어있지 않다.'며 난색을 보였다. 협의 최종단계에서 공명당의 사이토가 "도입 시기를 명확하게 하지 않으면 여당으로서 대강을 작성할 수 없다."고 발언하자, 자민당 세조간부 미야자와 요이치宮沢洋一가 "그럴거면 자공이 따로 작성하는게 낫다."며 싸움조로 대응하는 등 격론이 오갔다. 결국 최후에는 공명당이 타협하여 '10% 인상시에 도입을 목표로 한다.'는 애매한 표현으로 결착지었다.[63]

---

63 소비세와 창가학회: 소비세에 대한 창가학회의 거센 저항은 서민·영세 자영업자라는 조직적 기반 이외에도 창가학회의 주된 재정기반이 세이쿄신문 등 기관지 사업이라는 점도 있다. 세이쿄신문의 발행부수는 50만 부.(학회 측 주장)

공명당은 창가학회와 연락회의를 열어 이를 보고하자 학회 측도 섭섭하게 받아들였다. 한 학회 간부는 "대단히 유감스러운 결착이다. 연립정권의 앞날이 걱정된다."고 말했다. 동시에 공명당 집행부 사이에서는 아베가 끝까지 공명당을 위해 움직이지 않을 것이라며 불만을 표했다.

이 시기 공명당은 여름의 참의원선거에서 자민당이 대승하면 참의원에서도 중의원처럼 '일본유신회'와 '다함께당'과 합하여 공명당을 빼고도 헌법개정이 발의 가능한 3분의 2 의석을 초과, 아베가 개헌 드라이브를 단숨에 강화하게 될 것이라고 경계했다.

유신 공동대표였던 이시하라 신타로는 이미 중의원 선거 직전에 "헌법 수정에 동의하지 않는 공명당과의 연립은 한계에 도달하여 자민당에는 기대할 것이 없다."라고 발언하여 자공양당을 뒤흔들었다. 아베가 2013년 1월 초순 일부러 오사카로 내려가 또 한 사람의 유신 공동대표인 하시모토 도루와 회담한 것도, 창가학회와 공명당은 '참의원선거 이후를 노린 움직임 아닌가.'라며

이시하라 신타로

경계했다. 아베와 하시모토가 헌법개정과 교육위원회제도의 개정 등에서 주장이 일치한다는 것만으로도 공명당은 양자의 접근을 경계했다.

아베 정권의 보수적 행보에 제동을 걸고자 해도 참의원선거에서 공명당이 의석을 늘려 유신의 신장을 억제하는 것 말고 공명당과 학회에서 할 수 있는 일은 없다. 처음부터 자신이 보수 사상의 소유자라고 어필해온 아베는 일찍부터 '공명혐오'를 공언해왔다.

만약에 참의원선거에서 자민당과 유신 등이 3분의 2를 넘는 의석을 획득하게 되면 공명당이 반대해도 헌법개정 움직임이 단숨에 진행될 가능성이 있다. 이에 반발하여 연립을 해산하고 야당이 된다면 캐스팅보트를 가지지 못한 공명당은 정권에 영향력을 가지지 못하게 될 것이다. 그럴 바에는 여당에 다가가서 조금이라도 브레이크 역할을 하는 게 나을 것이다.

공명당과 창가학회의 수뇌들은 '연립이탈카드'를 사용하여 견제하는 것마저 어려운 정치환경에서 아베의 독주를 어떻게 하면 막을 수 있을지, 머리를 싸맸다. 결국 이는 현실로 다가왔다.

개헌논의를 피하고 싶은 창가학회 공명당의 우울

2012년 말의 중의원 선거에서 아베 신조가 지휘하는 자민당이 압도적인 승리를 거두었다. 그리하여 명확한 '개헌정당'인 '일본유신회', '다함께당'과 합친 의석은 이미 중의원의 3분의 2를 넘어섰다. 이에 아베는 제2차 정권 발족을 앞두고 참의원에서도 자민, 유신, 다함께 그리고 신당개혁의 개헌정당 4당으로 '3분의 2'를 확보할 수 있을지 진지하게 생각했다.

정수 242석인 참의원의 3분의 2는 162석이다. '개헌정당' 4당의 비개선 의석은 62석으로 참의원에서 명확한 '개헌세력'이 3분의 2를 확보하기 위해서는 선거에서 4당 합계 100석을 확보할 필요가 있었다. 대단히 높은 허들이었기에 현실에서는 거기까지는 무리지만, 개헌세력이 대폭으로 신장하면 민주당 일부도 끌어들일 수 있고, 개헌에 신중한 공명당의 발언력을 떨어뜨릴 수 있다. 결국 자민당이 정국을 유리하게 이끌 수 있다. 2013년 여름 참의원 선거를 앞두고 아베는 이러한 시나리오를 그리고 있었다.

2013년은 창가학회의 정치 진출 시발점이자 학회가 국정선거와 더불어 최우선하는 도쿄도의회선거가 12년 만에 한 번, 참의원선거와 겹치는 '뱀띠 해'였다. 6월에 도의회선거, 7월에 참의원선거가 연달아 열리기에 그렇지 않아도 어려운 상황에 놓인 해다. 게다가 학회는 연초부터 골치 아픈 문제를 안게 되었다. 아베가 앞서 기술한 시나리오대로 참의원선거에서 헌법개정을 쟁점화할 것을 표명한 것이다.

창가학회에서는 헌법개정 반대의견이 상당히 뿌리 깊다. 그렇기 때문에 이 문제가 참의원선거에서 쟁점이 되면 최전선에서 집표활동을 맡아 온 부인부 운동원들의 발이 묶일 우려가 있다. 학회수뇌부는 그 상황을 무엇보다도 절실하게 피하고 싶었다.

헌법개정이 쟁점이 되면 자민당과의 협조도 혼란에 빠지기에 개헌문제를 유권자들에게 일일이 설명하며 돌아다녀야 한다. 헌법개정에 가장 알레르기가 강한 부인부 운동원들에게 어떤 점에서 자민당과 의견이 다른지, 어떤 점에서 일치하는지 등등을 설명하려고 한다면 그 운동원의 열의는 크게 떨어져 집표에 큰 마이너스가 된다고 생각했다.

그렇기 때문에 공명당과 창가학회의 간부들은 재빨리 아베 정권의 키맨들에게 빈번하게 접촉하여 헌법개정을 쟁점화하지 말 것을 거듭 촉구했다.

공명당 대표 야마구치는 4월 아베와의 당수회담에서 "야당은 국회에서 헌법개정에 대하여 계속하여 들어야 할 것 같다."며 수상의 개헌 분위기를 견제하였다. "참의원선거의 쟁점은 어디까지나 경제다."라며 헌법개정을 전면에 내세우지 말 것을 요구했다. 또한 간사장 이노우에 요시히사는 관방장관 스가 요시히데菅義偉와 자민당 간사장 이시바 시게루石破茂에게 헌법을 참의원선거 쟁점에서 제외할 것을 계속 설득했다. 국대위원장 우루시바라 요시오와 간사장 사이토 데쓰오 등도 각각 친분이 있는 자민당 간부와 접촉하여 같은 의견을 전했다.

자민당과 공명당의 주판알 굴리기

정권 발족 초반부터 자공양당 관계는 대단히 삐걱거렸다. 양당의 당수가 헌법문제로 거듭하여 주판알 두드리기를 연출한 것이 가장 큰 원인이었다. 아베가 헌법개정 발의조건을 완화하는 헌법96조[64] 개정에 의욕을 보이자 야마구치는 기자회견에서 "96조 개정이 9조 개정으로 직행하는 것 아니냐고 우려하는 목소리도 있다. 입법부에서 제대로 논의하는 것이 당면 과제다."라고 정면에서 반론하였다. 뒤이어 아베가, 침략행위에 유엔이 일치하여 반대하는 '집단안전보장'에도 참가할 수 있도록 헌법9조의 개정이 필요하다는 생각을 내비치자, 야마구치는 기자단에게 "정부에게는 헌법을 따를 의무가 있다. 국회의원으로서 논점을 제시하고자 한다."라고 말하여 두 당의 상태는 차갑게 굳어 버렸다.

두 사람은 직접 만나서도 말을 별로 하지 않았다고 하는데, 아베는 측근

---

64 일본국 헌법96조:
① 헌법의 개정은 각 원(院)의 재적의원 3분의 2 이상의 찬성으로 국회가 발의하고, 국민에 게 제안하여 그 승인을 얻어야 한다. 이 승인에는 특별 국민투표 또는 국회가 정하는 선거 시에 행하는 투표에서 과반수의 찬성을 얻어야 한다.
② 천황은 헌법개정에 대하여 제1항의 승인을 얻은 때에는 국민 이름으로 이 헌법과 일체를 이루는 것으로써 즉시 공포한다.

의 한 사람에게 "야마구치 씨는 고생이 많아. 만나서도 형식적인 이야기만 할 수밖에 없어서 속마음도 말 못하고"라며 불만을 전하고, 야마구치는 주변에 "어떻게 할 수 없는 총리다."라며 아베를 비하했다.

스가 요시히데

이러한 두 당수의 관계를 걱정한 공명당 중견 간부는 2월 말 중의원 제2의원회관에 있는 관방장관·스가 요시히데의 사무소를 비밀리에 방문했다. 그리고 "우리 간부들도 지금의 수상관저와의 파이프가 얇은 것에 신경을 쓰고 있다. 평소부터 양당이 줄곧 의사소통을 고민하지 못한 채 연립정권이 되었다."고 말을 꺼내며 수상이 헌법개정 발언을 할 때는 사전에 발언의 진의와 배경을 공명당 측에 전해줄 것을 스가에게 요청했다. 스가 역시 이를 수용하고 아베와 야마구치의 접촉을 늘릴 것을 약속했다. 실제로 그 뒤 양 당수는 매월 1회 점심을 함께 먹으며 의견 교환을 하게 된다. 이 중견간부는 계속해서 "헌법(개정문제)을 참의원의 쟁점으로 두어서는 안 된다. 장기안정정권을 만드는 것이 무엇보다 중요하며 헌법개정은 참의원선거 후 시기를 봐서 논의해야 할 것이다."라고 전했고 스가는 "나도 그렇게 생각한다."고 응답했다.

움직이기 시작한 학회최고간부들

개헌이 쟁점화되자 창가학회의 최고간부들도 은밀히 움직였다. '포스트 이케다'의 최유력후보인 사무총장(부회장) 다니카와는 그 해 여름 참의원선거에서 가나가와 선거구의 담당자이기도 하여 자민당 가나가와 현련회장[65]을 맡아 온 스가 요시히데와 도내에서 직접 회담했다. 또 한 사람의 '포스트 이케다' 유력후보인 이사장 마사키도 간사장 이시바 시게루石破茂 등과 접촉한 것 외에, 선거 실무를 담당하는 부회장 사토는 공명당 선거대책위원장 다카기 요스케高木陽介도 함께 자민당 선거대책위원장 가와무라 다케오河村建夫와 회담했다. 학회 간부라면 너 나 할 것 없이 헌법문제가 참의원선거의 쟁점이 되어선 안 된다고 요청한 것이다.

자민당의 잇따른 움직임에 대응해 학회 측이 전개한 논리는 다음과 같았다. 아베가 헌법개정을 자신의 힘으로 실현하려는 것은 이해한다. 그러나 국민의 관심사는 경제와 생활의 향상이다. 참의원선거에서 헌법문제를 들고 나와서는 자공양당에서 과반수 확보라는 목표 달성에 어떤 도움도 되지 않는다. 오히려 양당의 입장 차이가 부각됨으로써 헌법개정에 신중한 학회 운동원의 발이 묶일 뿐더러 지역구 선거에서 자민당과 협력하는 것에도 마이너스가 될 뿐이다.

그러나 이런 노력들은 처음부터 무시되었다. 아베는 발언을 계속 단계적으로 확대했다. 일본은행 총재 구로다 하루히코黒田東彦가 낸 '이차원異次元 양적완화'의 효과도 있어서 이 해의 4월에는 엔저와 주가상승이 대폭으로 진행되었다. 내각 지지율은 정권발족 3개월이 지나도 70%대의 높은 수준을 유지했다. 자신감을 가진 아베는 참의원선거까지는 가능한 한 봉인할 예정이었던 헌법개정의 지론을 숨기지 않았다.

4월 하순 참의원 예산위원회에서는 "꼭 96조 개정을 챌린지 해보고 싶다. (중략) 참의원선거에서도 당당하게 96조 개정을 내걸고 싸워야 한다고 생각

---

65 현련県支部連合会: 자민당의 현県 조직. 한국의 광역시도당에 해당.

하고 있다."며 헌법개정, 특히 96조의 개정을 참의원선거의 쟁점으로 할 것을 강조했다. 이 발언에 대해 공명당 야마구치는 같은 날 기자회견에서 "나는 (참의원선거의) 쟁점이 되어야 한다는 인식을 갖고 있지 않다. 논의가 96조까지 닿고 있지 않는 상황에서 국민에게 대체 무엇을 판단하라고 하는 것인가."라고 강하게 비판했다.

아베는 이대로 폭주하는 게 아닐까. 공명당·창가학회의 간부들은 초조해져 갔다.

아베의 궤도수정

그러나 5월에 들어서자 아베는 발언을 서서히 궤도수정한다. 우선 골든위크 초반, 해외순방 일정 마지막에 방문한 터키의 수도 앙카라에서 열린 기자회견에서 발언을 미묘하게 바꿨다. 기존대로 헌법개정을 참의원선거 공약으로 내거는 것과 이 문제에서는 유신회나 다함께당과도 협력한다는 생각을 보이면서도 "96조 개정은 국민적 이해를 얻고 있는 단계가 아니다. 공명당 입장은 잘 이해하고 있으며 시의를 기다려 논의를 진행하고자 한다."며 신중론에 귀를 기울이는 자세를 보였다.

공명당을 어느 정도 배려를 한 발언이었지만 공명당 간부들은 아베 주변에서 발언 수위를 한 단계 올려 궤도수정을 압박했다.

마치 이에 응하기라도 한 듯 아베는 발언을 바꿔나갔다. 5월 5일 도쿄돔에서 열린 전 프로야구선수 나가시마 시게오長嶋茂雄와 마쓰이 히데키松井秀喜 등의 국민영예상수여식에서 아베는 등번호 '96'의 자이언츠의 유니폼을 착용하고 있었다. 식 종료 후, 기자단으로부터 "등번호는 헌법 96조 개정 의지를 보인 것인가."라는 질문에 아베는 "아직 충분히 국민적 논의가 깊어졌다고 말할 수 없다. 물론 헌법개정이기 때문에 '숙의'가 필요하다. 우당인 공명당 여러분과 주의 깊게 논의하고자 한다."며 저자세를 연출하였다. 그 뒤 후지TV계의 뉴스방송에 출연할 때는 "무리하게 강행하면 본전도 찾을 수 없다. 국민적 논의가 남을지를 말해보자면, 그 정도는 아니다."라며 신중한 자세를 더욱 강화했다.

'강경한 내셔널리스트' 미국정부가 보는 아베 신조

아베가 헌법개정에 관한 자세를 바꾼 것은 미국의 오바마 정권과 의회 관계자 사이에 북조선 정세가 긴박한 와중에 한국과 중국이 경계를 보이고 있는 헌법 개정에 아베 정권이 적극적으로 나선다면 일본이 중한 양국과의 관계가 한층 악화될 수밖에 없다는 우려가 관저에 전해졌기 때문이라는 관측이 퍼졌다. 그때 미국 국방부 고위 관계자가 "집단적 자위권 행사 용인도 헌법개정도 미뤘으면 한다. 북조선 관계를 생각하면 한국과의 관계 개선이 우선되어야 한다."라고 발언한 것이 일본에 전해졌기 때문이다.

아베 자신은 국회 답변에서 이러한 해석을 부정했지만 5월에는 미의회조사국이 작성한 일미관계에 관한 보고서에는 아베에 대해 '강경한 내셔널리스트', '침략의 역사를 부정하는 역사수정주의를 신봉함을 내비치고 있다.', '지역의 관계를 무너뜨리고 미국의 이익을 손상시킬 우려가 있다.'는 싸늘한 시각을 보인 것이 보도되었다.

이러한 시각은 오바마 정권 안에서도 상당히 공유되었다. 미국 입장에서는, 역사수정주의적인 발언을 계속하여 중한 양국 관계를 악화시키는 아베와 그 맹우들의 언동은 당혹스러운 것이었다. 미정부 내에서는 헌법 개정도 신중해야 한다는 분위기가 확산되었다.

여담이지만, 아베의 외교 브레인이자 내각관방참여로 외무사무차관 출신 야치 쇼타로谷内正太郎는 참의원선거가 한참인 7월 중순, 국제회의에 출석하기 위하여 미국을 방문하였다. 은밀히 국가안보보좌관 수전 라이스Susan Rice와 회담했지만, 라이스로부터 "미국은 그동안 일본정부가 집단적 자위권을 행사할 수 있도록 하는 것이 좋다고 거듭 요구했지만 지금 타이밍에 추진하는 것은 우려하고 있다. 우선은 중한 양국과의 관계 개선을 추진하는 것이 좋다."고 직접 일침을 가했다.

전후 일본에서 미국과의 관계를 악화시켜 장기정권으로 간 사례는 없다. 고이즈미 준이치로가 5년 반에 걸쳐 정권을 유지 할 수 있던 것도 부시정권과의 우호적인 관계를 구축한 것이 큰 요인이었다. 이것을 아베 자신도 의식하지 않을 수 없었다. 공명당의 요청만으로 발언을 수정한 것은 아니었다.

헌법개정의 열쇠는 결국 공명당 창가학회

그러나 측근에 따르면 아베가 자세를 바꾼 가장 큰 이유는 "이번 참의원선거는 복수전이다. 참의원선거에서 승리하면 처음으로 진정한 정권교체가 된다."라고 스스로 역설해온 정치 결전을 앞두고, 스가 등 많은 측근들이 지금 공명당 관계를 악화시키면 안된다며 설득한 것이다.

또한 헌법96조 개정에 대해 찬성보다 반대가 많다는 여론조사결과가 연이어 나왔다는 것도 컸다. 5월 3일 헌법기념일에 맞춰 각 사가 연이어 시행한 여론조사에서는 '반대'가 '찬성'을 웃도는 결과가 나왔다. 아사히신문과 마이니치신문은 말할 것도 없이 96조를 개정해야 한다는 논지를 펼쳐온 산케이신문과 후지테레비등이 합동으로 실시한 여론조사에서조차 '반대'가 '찬성'을 2.6% 웃돌았다.

아베는 5월 중순 참의원 예산위원회에서 헌법9조 개정에 대하여 "반대의견 쪽이 많은 게 사실이다. 지금 국민투표에 부친다 해도 부결될 것이다."라며 국민의 지지가 확산되지 못한 현상을 솔직하게 인정했다. 그에 따라 아베는 96조를 선행개정하기보다는 각 당 합의가 상대적으로 쉬운 조항을 묶어서 발의하는 방안도 고민해 보겠다며 유연한 자세를 보였다.

더욱이 아베는 6월 초에 발매되었던 월간지 『Voice』의 인터뷰에서 96조 개정에서 전력 보유를 결정한 9조와 기본적 인권에 관한 조항 등 헌법의 기본원칙이 담긴 조문은 발의조건 완화대상에서 제외하는 것도 선택지가 될 수 있다는 생각을 처음으로 내비쳤다.

6월 20일 아베가 손을 댄 자민당의 참의원선거 공약이 발표되었다. 헌법개정에 대한 기술은 눈을 씻고 찾아봐도 마지막까지 96조 '선행개정'은 없었다. 더욱이 '개정 주요내용'에 '환경보전 의무' 등을 새롭게 추가했는데, 환경권 등 '가헌'을 주장하는 공명당을 배려한 것이다. 아베가 5월부터 헌법개정과 관련해 발언했던 내용들 즉 '숙의가 필요', '96조 선행은 아니고 다른 조항을 합쳐서 발의', '9조 등은 발의조건의 완화대상으로부터 제외' 등은 모두 창가학회와 공명당의 생각에 따른 것이었다.

아베는 이때 존경해온 외조부 기시 노부스케岸信介도 달성해내지 못했던 헌법개정을 실현하여 역사에 이름을 남기려면 결국 공명당을 끌어들이지 않으면 안 된다는 현실에 생각을 맞추게 된 것은 아닐까.

헌법개정은 실현될지, 그 경우 개정 내용은 어떻게 될지, 결국 열쇠를 쥔 것은 공명당과 그 배후에 있는 창가학회였다.

창가학회가 은밀히 진행한 개헌문제 집중토의

이제까지 서술한 것처럼, 2013년 3월부터 4월에 걸쳐 창가학회와 공명당은 거듭하여 헌법문제 '보류'를 수상 측에 압박했지만 당분간 아베의 자세 변화는 없었다. 이에 위기감을 느낀 창가학회는 수상 측에 쟁점회피를 압박하는 것만으로는 한계가 있다고 판단하였다. 참의원선거에 맞춰 헌법개정 문제에서 스스로가 선 위치를 보다 명확히 해야 수상 측과의 논쟁에 대비할 수 있기에 급히 내부 논의를 시작했다.

이때까지 창가학회는 내부에서 의견이 크게 갈리는 헌법개정문제를 될 수 있는 한 피해왔던지라 때문에 의외로 이 문제에 관한 본격적인 논의는 해 본 적이 없었다.

그것은 4월 하순에 시작했다. 헌법기념일인 5월 3일에 맞춰 공명당 간부에게 텔레비전 출연과 인터뷰 요청이 잇따랐다. 자민당과 스탠스 차이에 질문이 집중될 것이 눈에 훤했다. 그렇기 때문에 학회와 공명당은 헌법개정, 특히 아베가 '선행개정' 방침을 내세운 96조 개정에 대해 양측 간부 사이에서 컨센서스를 만들어 둘 필요도 있었다.

그 논의의 장이 된 것은 4월 26일에 열린 공명당의 헌법조사회였다. 다만 그 이틀 전 창가학회는 은밀히 최고간부회와 부인부의 간부들만이 모여 이 문제에 대하여 집중 논의를 진행했다.

참가자는 회장 하라다, 이사장 마사키, 사무총장 다니카와라고 한다. 창가학회를 사실상 움직이는 리더 3인과 부회장이자 선거사무를 담당한 사토 히로시, 그리고 부인부총합장과 부인부장 등 부인부 간부들도 포함하여 10명 정도였다.

회의는 휴게시간을 사이에 두고 몇 시간이나 이어졌다. '호헌' 의식이 강한 부인부를 설득하여 아베 정권과 아슬아슬하게 타협을 맺을 수 있는 방향으로 논의를 모을 시간이 필요했던 것이다.

회의에서 부인부 대표들은 96조 개정을 포함한 헌법개정 자체에 신중한 의견이 잇달았다. 그들은 '일단 헌법개정을 용인해버린다면, 전쟁의 길로 빠져들지 않을지 우려의 목소리가 조직 내에 확산되고 있다.' '(이케다) 선생은 이제까지 9조 개정은 안 된다고 거듭 말씀하셨다.'라고 주장했다. '96조의 선행개정'에 대해서도 '개정 발의조건을 완화하는 것은 9조 개정에 스트레이트로 이어질 것'이라며 강한 우려를 내보였다.

이에 대해 사토와 간부들은 ▶ 이케다는 2001년 1월에 발표한 '평화제언'에서 헌법에 적당한 검토를 추가하는 것은 당연하다고 했기에 개정을 부정한 것만은 아니다. ▶공명당은 2002년 11월의 당대회에서 국민주권주의, 항구평화주의, 기본적인권 보장의 '헌법3원칙'은 이미 가지고 있고, 환경권과 프라이버시권 등 새로운 인권을 더한 '가헌'의 입장을 검토하려는 것이라고 설명한다. 그리고 '개정논의 자체를 용인하는 것은 그전부터 확인된 사항이다'라며 96조를 포함한 개헌 논의 자체는 인정하자고 설득했다.

그럼에도 부인부의 대표들은 아케다가 '9조의 이념과 정신은 바뀌어서는 안 된다.' '9조를 다루는 것은 신중하게' 라고 거듭 말함으로써 개정의 논의가 9조 개정으로 이어져서는 안 된다고 일침했다. 이에 대해 간부들은 2004년에 공명당이 공표했던 헌법 조문들의 '논점정리'의 일환으로 9조 1항의 전쟁포기, 2항의 전력 보유금지는 유지한 채, 자위대의 존재를 인정하는 기술을 두거나 국제공헌을 하는 조문을 넣을지가 검토대상이라고 지적하였다. 이를 전제로 '9조에 대해서는 1, 2항을 지킨다.'는 입장을 견지해 겨우 부인부를 납득시켰다.

그러나 당면 과제인 96조의 수속 규정 개정에 대해서 만큼은 구체적으로 어떻게 목표 삼을지를 밝히지 않은 채, 쉽게 개정하는 것에 신중한 입장을 확인한 채 그 이상 논의는 진전되지 않았다.

은밀하게 진행된 학회와 공명당의 의견 통일

이노우에 요시히사

다음날 창가학회는 전날의 멤버인 공명당 대표 야마구치, 간사장 이노우에, 헌법조사회장 기타가와 가즈오, 간사장 대행 사이토 데쓰오의 당간부 4인도 더하여 96조의 개정문제에 어떻게 임할지 논의했다.

이 자리에서도 부인부 대표가 이케다가 헌법9조의 개정에 대단히 신중한 입장을 가진 것을 소개하며 '우리들은 96조 개정을 허용한다면 9조 개정으로 이어질 우려가 강해 걱정이 된다.'며 다시금 우려를 보였다. 이에 야마구치가 '9조의 평화주의 등 헌법의 3원칙은 가벼이 바꾸어서는 안 되는 게 당연하다. 경성헌법硬性憲法[66]의 기본은 유지해야 한다.'라며 부인부의 주장에 이해를 보였다.

그 뒤 논의에서는 당·학회의 쌍방에서 '3원칙이외의 통치구조를 결정한 부분 등은 유연하게 대응해도 좋지 않을까.' '96조 개정에 대해서는 여론조사에서 반대의견이 높지만, 한편으로 아베 내각은 국민의 높은 지지율을 가지고 있다. 개정 절대 반대로는 야당과 같아 보여 참의원선거를 치르기에도 마이너스다.' 라고 한 의견도 나왔다고 한다.

결국 창가학회와 공명당으로서 기본 스탠스는 이하와 같이 정리되었다. 그것은 ▶ 이번 참의원선거에서는 헌법개정을 쟁점으로 삼지 않는다. 선거 후에 시기를 봐서 논의하고 자민당에는 계속해서 자중할 것을 요구한다. ▶ 헌법개정문제 그 자체로의 스탠스로서는 2002년 제출한 '가헌' 방침을 확인하고 공산당이나 사민당의 '호헌'과는 다른 스탠스임을 명확하게 한다. ▶ 96조 개정에 대해서는 신중한 논의가 필요하다는 입장을 취하지만, 이른바 일본국헌법의 3원칙 이외의 통치구조 등의 조항에 대해서는 발의조건의 완화도 검토의 여지를 남겨둔다. ▶ 9조에 대해서는 1항, 2항도 지켜야 하지만, '가헌'의 대상이 되는 것은 부정하지 않는다라고 하는 것이었다.

이중에서 96조 개정에 대해서는 이른바 3원칙 이외의 조항에 관한 개정 발의조건을 현재의 '3분의 2'에서 '5분의 3' 또는 '2분의 1'로 완화해도 좋을지 아닐지로 의견이 분분했지만 결론은 애매한 채로 끝났다.

---

66 경성헌법硬性憲法: 헌법의 개정절차에 있어서 일반 법률의 개정보다 특별히 엄격한 절차를 필요로 하는 헌법.

부인부가 애지중지한 이케다 평화제언

그런데 부인부가 회의에서 거듭 언급했던 '이케다 다이사쿠의 헌법에 관한 과거 발언'이란 어떤 것이었을까.

창가학회의 절대적 지도자 이케다는 2001년 1월 26, 27일에 걸쳐 세이쿄신문에 「생명의 세기로 나아가는 위대한 조류」라는 제목의 글을 게재했다. 그중에 헌법개정문제에 대하여 다룬 것을 '평화제언'이라고 불리며 창가학회의 헌법지침이 되어왔다.

그 대강은 다음과 같다. ▶ 전후 신헌법으로 출발한 독일이 몇 번이나 헌법을 바꾼 것과 같이 시대의 변화에 동반하기 위해 헌법에 적절한 검토를 더하는 것이 중요하다. ▶ 그러나 국민적 합의를 충족하지 않은 채 개헌을 서두르는 것은 경계해야 한다. ▶ 평화주의는 일본국헌법에 의해 근간적 의미를 가지며 손을 대서는 안 될 것임에 틀림없다. ▶ 9조는 국가주의를 일부러 제한하는 것이지만 그 '반주권성'은 그것은 유엔에 위임한 약속상에서 성립한 것으로 유엔에 의한 보편적 안전보장과 분쟁예방 조치의 환경정비에 일본은 주도적인 역할을 맡아야 한다.

이케다의 제언은 당시 신문 각지에서도 다뤄졌다. 평가는 각각 '헌법9조는 손을 대서는 안 된다.'라는 구절을 주목한 신문이 있는 한편, '헌법 수정은 중요', '헌법 재검토는 당연'이라는 구절에 주목한 신문도 있었다.

이 직후 이케다는 신문과 잡지의 개별인터뷰도 응하여 "헌법개정에 대하여 논의하는 것은 괜찮지만, 국민이 배제된 논의가 되어서는 안 된다." "9조를 어떻게 다룰지는 신중해야 하며 전쟁으로 길을 열 가능성이 있는 개정에는 반대다." "9조의 이념과 정신은 변해서는 안 된다." 등으로 풀어냈다. 이것이 부인부를 중심으로한 창가학회의 대세가 "헌법9조는 지켜야 한다."로 받아들여진 이유다.

그러나 그 이케다도 1970년대에는 "평화헌법이야말로 최고로 자랑할 수 있는 영관米冠", "현행 일본국헌법을 지금 개정할 필요에 대해서 나는 부정적으로 생각한다." "우리 국민은 어디까지나 헌법수호 자세를 일관하여 사악한 세력의 횡포를 용서하지 않을 것이다."라며 '호헌' 입장을 명확히 했었다. 그렇게 본다면 2001년의 제언은 그 2년 전에 개헌을 내세운 자민당과 연립 정권을 구성한 것에 발맞추어 기존의 자세를 궤도수정한 것으로 보는 게 자연스럽다.

창가학회와 공명당의 결론도 그 평화제언을 기본적으로는 답습하면서, 아베 수상에 의해 새로운 과제가 된 96조 개정에 대하여 입장을 정리했다는 것 정도다.

헌법개정에 가장 신중한 야마구치

공명당은 2002년 당대회에서 '가헌'방침을 내세우고 2004년에는 헌법 조문을 '논점정리'했다. 이를 보면 96조의 발의 조건에 대해서는 '타당하다는 의견이 대세'라고 기술했다. 이번에 정리된 기본 스탠스는 눈앞에 닥친 참의원선거에 대응하고 그 뒤에도 자민당과의 연립을 유지하기 위해 소폭의 궤도수정을 하여 아베와 타협의 여지를 만드는 것이다.

창가학회와 공명당의 간부들이 의견 교환을 하고 하룻밤이 지난 4월 26일, 공명당은 헌법조사회를 열어 96조 개정에 대하여 처음으로 공개석상에서 논의했다.

이 자리에서 "헌법은 국가권력으로부터 국민의 인권을 지킨다는 입헌주의에 기반하고 있다. 개정요건이 엄격한 '경성헌법Rigid Constitution'으로 되어있는 것은 타당하다." "절차의 개정만을 우선 진행시켜 개정내용을 논의하지 않는다면 무엇을 위한 개정인지 국민으로서는 알 수가 없다."라는 한 신중론이 대세를 차지했다. 한편 "완화라는 것이 절대 안 된다는 입장은 괜찮은 것인가." "개정대상에 따라 절차 요건을 따로 생각해보는 것이 좋겠다."라는 의견도 나왔다.

이 때문에 각 당이 96조 개정에 대하여 공식으로 의견표명을 하는 자리가 되었던 5월 9일 중의원 헌법조사회에서 당을 대표하여 출석한 간사장대행 사이토는 "96조의 선행개정에 대해서는 신중해야 한다.", "현 헌법의 경성헌법 성격은 유지해야 한다."라고 하면서도 "국회발의 요건의 완화는 논의해 볼 여지가 있다. 말하자면 3원칙에 관한 조항 이외에는 3분의 2 요건을 완화하는 경성을 지키면서 3분의 2를 완화하는 내용 등이다."라고 말하여 애매함을 남긴 의견표명이 되었다.

당장 공명당 국회의원들도 자민당이나 민주당처럼 헌법개정에는 다양한 스펙트럼이 있다. 그중에서 개헌에 가장 신중한 한 사람이, 변호사이기도 한 대표 야마구치다. 여러 번 아베의 발언에 강하게 반발해왔던 것은 단순히 헌법개정이 쟁점으로 부상하면 참의원선거에서 불리하게 된다는 정세 판단 때문만은 아니었다. 처음부터 신념을 가지고 개헌에 신중했던 것이다. 한편에서 9조 개정에 대하여 유연한 생각을 가진 의원도 있다. 또한 당내에는 9조는 그대로 둔 채 새로이 10조에 자위대의 지위 인정 등을 삽입해야 한다는 의견도 있다.

열쇠를 쥔 학회 부인부

공명당은 표도 돈도 인재도 사실상 창가학회에 의존하고 있어서, 기본적으로는 학회의 의향에 따라 움직일 수밖에 없다. 따라서 아베 자민당이 추진하는 헌법개정에 공명당이 어떠한 태도를 보일지는 학회가 열쇠를 쥔다.

학회의 중추간부 한 사람은 아베가 2013년 5월 들어 공명당의 의향을 따르는 모양으로 발언을 조금씩 궤도수정하고 있는 것에 대해 "우리와의 사이에 타협 여지를 만들어 내고 있다. 좋은 조짐이다."라며 환영했다.

아베가 5월 중순 이후 발언을 보다 명확하게 바꾼 배경에는 유신 공동 대표였던 하시모토 도루가 "위안부 제도는 필요했다."고 발언을 하여 비판을 받은 사건도 있었다. 유신은 이 발언이 있기 전부터 지지율이 서서히 떨어지고 있었는데 5월 발언으로 유권자의 '유신이탈'은 급격히 진행되어 6월 여론조사에서는 아사히신문에서 2% 등 여러 언론사에서도 1~2% 정도까지 떨어졌다. 이 때문에 유신을 '동지'라고 보아왔던 아베도 당장 유신에 기대할 수는 없다고 판단하였다. 공명당을 더욱 중요하게 생각하기 시작했던 것 같다.

이때 공명당·창가학회의 간부들은 7월 참의원선거에서 공명당이 3년 전 9석 이상을 획득하여 유신의 성장을 억누르고 동시에 자민당이 적당히 승리하여 '자공양당으로 참의원 과반수 확보'라는 모양이 되기를 기대했다. 그렇게 된다면 아베도 헌법개정에 무리수를 강행하지 않을 것이라 생각한 것이다.

그러나 어느 학회 간부는 "개헌문제에서 내부 의견을 조정하더라도 임시방편에 지나지 않는다. 참의원선거 후 아베 정권이 구체적으로 개헌에 뛰어들었을 때 어떻게 대응할지 내부 의견을 모아내는 것은 대단히 어렵다."며 걱정을 내비쳤다. 속마음은 이 문제에 말려들고 싶지 않은 것이다.

최대 난제는 아베 정권이 헌법96조의 개정과 함께 9조 개정을 내밀 경우다. 학회 부인부에서는 헌법 9조에는 전혀 손을 대서는 안 된다는 생각이 뿌리 깊어 일단 아베가 9조 개정으로 돌진한다면 학회 내에서는 연립을 이탈해야 한다는 의견이 필연적으로 강해진다.

한편으로 아베가 현 헌법하에서 집단적 자위권 행사를 인정하는 '해석개헌'에 동의를 요청하는 경우도 매우 난처한 문제였다. 학회 부인부는 "집단적 자위권의 행사를 용인한다면 일본이 전쟁에 말려들게 된다."며 반대하고 있어, 이 문제도 연립이탈론이 나올 수밖에 없다. 실제로 이 문제는 이듬해에 곧바로 현실로 다가와 창가학회를 괴롭히게 된다.

뿌리깊은 소선거구 철수론

거듭 언급했지만 학회 내에서는 정권교체가 일어난 2009년 중의원 선거이후 중의원 소선거구에서 철수하여 자민당과의 전면적 선거협력을 해소하고 제3지대로서 존재감을 발휘하는 방식이 상책이라는 의견이 강해졌다. 결국 그러한 의견은 일단 덮어두고 재빨리 손을 써 의석회복이 유력한 자민당과의 선거협력을 유지하여 2012년 말 중의원 선거를 치렀다. 그러나 간부한 사람이 선거 후에 "선거제도 발본개혁이 무리라면 역시 소선거구에서 철수하는 것이 낫다."고 말했던 것처럼 학회 내에서는 여전히 소선거구 철수론이 뿌리 깊었다.

공명당·창가학회가 헌법개정문제에서 자민당에 대해 얼마나 강경한 태도를 보일지는 이 논의와도 관계가 있다. 소선거구에서 철수를 결정한다면, 자민당과의 연립에 연연할 필요가 없기 때문에 내부에서 반대의견이 강한 96조와 9조의 개정에 마지못한 듯 찬성하여 아베 자민당과의 연립을 유지하기보다 시기를 봐서 연립에서 이탈한 다음 '평화의 당'의 원점으로 돌아가 선거에 임하는 쪽이 선거운동에도 활력을 불어넣어 준다. 앞서 말했듯이 공명당은 자공연립 10년간 자위대의 이라크 파견 등에 찬성해왔기 때문에 '평화의 당'의 간판이 퇴색하고, 또 그것이 학회원의 공명당 이탈로 이어졌다는 분석도 있었던 것이다.

이케다가 사실상 지휘하지 못하게 되었기 때문에 오랜 시간을 거쳐 창가학회 내에서는 '포스트 이케다'를 노리는 다니카와와 마사키라는 두 실력자를 축으로 간부들의 주도권 경쟁이 계속되어 왔다. 그 때문에 두 사람이 학회 내 여론을 좌우하는 부인부의 의향과 다른 비판을 하기 어려운 상황도 계속되어 왔다. 부인부가 아베 정권에 대한 혐오감이 강하다면 다음의 최고 지도자 자리를 노리는 다니카와나 마사키도 그 의향을 무시할 수 없고 연립이탈이 현실로 이어질 가능성도 있었다.

이러한 상황에서 공명당 간부 한 사람은 "수상이 헌법개정에서 최우선 당면 과제로 정한 것이 어떻게 보면 3원칙을 제외한 조항의 발의요건 완화와 공명당이 주장하는 환경권의 첨가를 세트로 한 것이다. 국민투표를 통해 환경권만이 국민투표의 과반을 얻어 실현되는 것이 차선의 시나리오다." 라고도 전했다. 이렇게 되면 학회부인부도 어떻게든 납득시켜 내부 의견을 연립정권 유지로 모아낼 수 있는 것이다.

참의원의 '3분의 2'를 둘러싼 공방의 열쇠는 틀림없이 공명당이 쥐고 있다. 호불호와 상관없이 공명당의 존재감이 커진다면 개헌논의의 스피드는 완만해질 것으로 예상되어 적어도 당장 9조 개정은 멀어진다. 반대로 자민당이 단독 과반수를 크게 웃도는 상황이 된다면 아베 자민당은 개헌을 위한 움직임을 스피드업 시켜 9조 개정이 정치일정에 올라갈 가능성도 있다. 그것은 공명당이 한층 괴로운 입장에 놓이게 되는 것을 의미한다. 공명당은 연립을 구성하여 선거협력을 하면서도 속마음으로는 자민당의 의석이 그다지 증가하지 않기를 바라는 미묘한 입장에 있었다.

공명이냐 '유신'과 '다함께'냐

2013년 7월의 참의원선거에서도 자민, 공명의 여당이 압승하여 참의원의 네지레 상태도 해소되었다. 공명당은 선거구에 입후보한 4명 전원이 당선되어 비례구 7석을 더하여 개선 전보다 1석이 늘어난 11석을 획득했지만, 자민당이 현행제도하 최대가 되는 65석을 획득했기 때문에 공명당의 존재감은 높아지지 못했다.

그러나 자민당은 참의원에서는 여전히 과반수에 7석 부족했다. 그래도 비개선 의석을 포함하여 참의원에서 20석을 가진 공명당이 있기에 여당이 절대 안전한 다수였다.

한편 헌법개정과 집단적자위권의 문제 등에서 공명당보다도 아베와 생각이 가까운 '일본유신회'가 참의원에서 8석을 획득한다. 비개선의석 포함하여 9석의 세력이 되었기에 공명당이 반대해도 유신이 자민당에 협력한다면 과반수를 확보할 수 있게 되었다. 이것이 가지는 의미는 의외로 컸다. 그럼에도 당시 참의원에서 여전히 12석을 가지고 있던 '다함께당' 대표 와타나베 요시미渡辺喜美도 아베 정권에 접근자세를 급속하게 강화시켰다. 공명당이 반대해도 양당이 찬성한다면 법안은 손쉽게 통과된다. 야당이 모든 정부제출법안에 반대하게 된다면 공명당이 참의원에서 캐스팅보트를 쥐는 상태가 다시 만들어지겠지만, 무엇도 단정지을 수 없는 미묘한 상황이 만들어진 것이다.

와타나베 요시미

실제로 아베는 2013년 말에도 '유신' 공동대표 하시모토 등과 약 3시간에 걸쳐 회담했다. '다함께'의 와타나베와는 2013년 11월에 회식하여 특정비밀보호법안 협력의 약속을 받아냈고 그 뒤에도 빈번하게 연락을 취해왔다. 하시모토나 와타나베는 자민당 내부의 알레르기도 강했지만 아베가 이 두 사람과 '코드가 맞다.'는 것은 잘 알려진 사실이었다.

그 중 와타나베는 정권 참여를 마음에 두고 있음을 더 이상 숨기지도 않았다. 2014년 1월에는 지역구인 도치기현 오타와라시에서 집단적자위권 헌법해석을 수정하는 문제에 관련하여 기자단에 대해 "연립이 재편성될지는 모르겠지만 당으로서 답은 준비해 둔다."라고 말했다. 여기서 굳이 '연립재편성'이라 언급함으로써 공명당을 견제한다.

2013년 가을 임시국회에서 성립된 특정비밀보호법안 수정협의에서 아베 정권은 유신과 다함께의 찬성을 이끌어 내는데 집중했다. 그것은 아베 정권에 있어서 앞으로 강한 보수정책을 추진해가기 위한 예행연습의 의미를 가진다.

그러나 양당은 법안 가부를 둘러싼 당내 기반이 어지럽고 혼란했다. 결국 중의원에서는 유신, 참의원에서는 유신·다함께 양당이 함께 기권하여 두 야당을 의지하는 것의 위험성이 드러나게 되었다.

그리고 무엇보다도 공명당을 제외하면 지역의 자민당 의원이 의지해 온 '학회표'를 잃어버릴 수 있다. 최초 자공연립정권 이래 14년간, 그 사이 5회에 걸친 중의원 선거에서 많은 자민당 의원들은 학회표 없이는 선거를 치를 수 없는 체질이 되어버렸다. 보수색을 강화한 아베 자민당이라도 공명당은 간단히 무시할 수 있는 것이 아니었다. 학회표는 중의원 1개 소선거구당 평균적으로 2만 표가 넘는 것으로 추산된다. 만약 자민당이 압승했던 2012년 말 중의원 총선거의 경우 학회표를 빼면 자민당은 과반수에 한참 못 미치는 당선자 수가 나오게 된다.

부활하지 않는 '철의 트라이앵글'

2013년은 오랜만에 여당으로 복귀한 자민당에게 추산概算요구단계에서 예산편성이 진행되는 해다. 자민당 단독정권시대의 연말 분위기를 잘 아는 베테랑 자민당 의원은 업계단체가 경쟁적으로 자민당 본부에 압박을 넣고 예산 획득에 전력을 다하는 광경이 부활되지 않음에 당혹감을 느꼈다. 이른바 55년 체제[67]에서는 이 시기가 되면 자민당 본부는 진정을 위해 방문하는 온갖 업계단체나 지방자치체의 관계자로 몹시 혼잡했었다. 민주당 정권시기엔 연말 자민당 본부의 한산한 모습이 보도된 적도 있었다. 그런데 여당

---

67 55년 체제55年体制: 일본에서 1955년 이후 여당인 자유민주당과 야당인 일본사회당의 양대 정당 구조가 형성된 체제를 말한다. 일반적으로 1993년에 자민당 내각이 붕괴되고, 이후 사회당이 쇠퇴하면서 끝났다고 평가받는다. 정치학자 마스미 준노스케升味準之輔가 1964년에 발표한 논문 「1955년의 정치체제」(『사상』思想, 1964년 4월호)에서 처음으로 사용했다.

으로 복귀했는데도 그다지 회복되지 않은 것이다. 애초에 일본경제의 장기 침체와 공공사업예산 감소가 겹쳐 업계단체는 어디든 활력과 결속력을 잃어버렸다. 하필 그런 상황에서 정권교체가 일어난 것이다. 자민당이 여당으로 복귀해도 업계단체들은 이미 무너지고 있었다. 때문에 자민당, 업계단체, 가스미가세키로 이루어지는 '철의 트라이앵글'이 부활하지 못하는 것이 베테랑 의원의 눈에 들어온 것이다. 자민당의 거물 비서도 "기존과 같이 자민당의 견고한 선거 기반을 되살리는 것은 더 이상 불가능할 것이다. 예산을 뿌려도 그것을 담을 그릇이 될 업계단체는 더 이상 움직이지 않는다."고 전했다. 그것만으로도 창가학회 표가 자민당 의원의 사명을 좌우할 중요성을 지니는 셈이다.

민주당 정권이 탄생한 2009년 중의원 선거에서 자민당이 대패함에도 2012년 말 중의원 선거에서 민주당만큼의 참상이 나지 않았던 것은 국정선거 때문만은 아니다. 미군 후텐마普天間 비행장의 나고시名護市 헤노코辺野古로의 이전 수용의 시비가 쟁점이 되었던 2014년 1월, 오키나와현 나고시 시장 선거가 열렸다. 공산당 등이 추천하는 이전 반대파의 현직 시장과 자민당이 추천한 추진파 신인의 일기토一騎打ち였는데, 반대파의 현직 시장이 승리했다.

이 시장선거에서 공명당 오키나와 현본부는 자민당의 후보 추천 요청에 응하지 않고 자율투표 방침을 결정했다. 헤노코 기지 이전을 용인하는 입장을 취한 공명당 본부는 자민당을 배려하여 현본부가 올린 자율투표방침의 정식 승인을 반려했지만 실은 그것을 묵인했다. 자민당으로부터는 투표일 직전까지 "어떻게 좀 안되겠느냐."고 거듭 요청 받았지만 오키나와의 창가학회는 현내 이전 반대는 물론 인근 섬으로의 이전도 반대했기 때문에 방침을 거스를 수 없었다. 그 결과 승패의 열쇠를 쥐었다고 일컬어지는 창가학회 표의 70%이상이 취한 이전 반대의 현직 시장으로 흘러들어갔고, 선거 후 자민당 내에서 공명당에 대한 원망과 불평이 들려왔다.

그 선거 후 공명당 오키나와 현본부에서 간사장을 맡고 있는 긴조 쓰토무金城勉는 앞으로의 헤노코 이전으로의 반대 입장은 변치 없음을 명확히 밝혔다. 자민당 내에서는 이 해의 11월에 예정된 오키나와 현지사 선거에서도 공명당 협력을 얻기 어렵겠다는 위기감이 확산되었다. 우려는 현실이 되었다. 현지사 선거에서도 공명당이 자민당 추천의 현직 나카이마 히로카즈仲井真弘多의 추천과 지지를 거절함으로써 후텐마 비행장 현내 이전 반대를 내건 오나가 다케시翁長雄志가 당선되었다.

긴조 쓰토무

'학회표'의 중요성을 몰랐던 아베

한편 2014년 2월 9일 도쿄도지사선거에서 자민당은 마스조에 요이치舛添要—를 추천하고 공명당 지원도 끌어내어 승리를 달성했다. 자민당에게 일본에서 가장 많은 조직표를 때려 부을 수 있는 창가학회를 자기편으로 끌어들이는 것은 지방선거에서 대단히 중요하게 되었다. 그렇기 때문에 아베가 장기집권을 이루고 정권을 안정시키려고 생각한다면 공명당을 버리면 안 된다는 것이 명백한 이치였다.

그러나 보수정치가를 표방하는 아베와 '평화와 복지의 당'인 공명당은 애초부터 '물과 기름'이었다. 아베는 심지어 예전부터 창가학회를 집요하게 공격했던 '헌법20조를 생각하는 모임'에 참가했던 적도 있다. 한 공명당 중견간부는 "아베 씨는 자신이 압도적으로 강한 선거기반을 가지고 있기에 선거에서 창가학회 등에 의지하지 않아 왔다. 그러다 보니 학회표의 중요성을 잘 알지 못한다."라며 한숨을 내쉬었다.

중참의 '네지레' 해소를 위해 이제부터라도 공명당에 신경 써야 할 아베였지만, 자신과 친화성이 높은 유신 등을 끌어들인다면 공명당의 도움없이도 법안을 통과 시킬 가능성이 있다고 믿었다.

이것에 의해 아베가 자신의 정치적 '본진'으로 생각해온 보수 정책을 실현하는 과정에서 공명당이 장애가 된다면 '유신카드' '다함께카드'를 사용, '공명당 배제'의 유혹에 빠지는 것도 이해 못할 일이 아니다. 그 아슬아슬한 작전이 정말로 다가오고 있었다.

세제협의 와중에 터져 나온 '연립이탈'의 목소리

그 신호탄이 울린 것은 2013년 연말, 헤이세이 26년(2014년) 여당 세제개정대강大綱 작성을 위한 협의였다. 이미 연초 1월에 헤이세이 25년도(2013년) 세제개정대강 협의 때처럼 소비세 경감세율의 도입을 둘러싼 공방이 확산되었다. 11월 말부터 시작된 협의에서는 경차의 세제문제에도 양당이 대립했다. 그러나 공명당은 창가학회로부터 강하게 요구받은 경감세율의 명확한 도입에만 집중하고 그 외의 문제는 재빨리 타협했다.

공명당은 같은 해 1월에는 소비세율 8% 인상 단계에서 식료품의 경감세율도입을 강하게 주장했지만, 자민당에 눌려 단념했다. 그 뒤 여름 참의원 선거에서 10%의 인상시에는 이 제도를 반드시 도입하는 것을 공약으로 내걸어 '이번에야말로 물러서지 않겠다.'며 눈을 부릅뜨고 협의에 임했다. 창가학회원은 아직도 저소득층이 많은데다 공명당은 민주당의 노다 정권하에서 소비세 증세법안에 찬성할 때부터 저소득자 대책으로 경감세율 도입을 학회 측에 약속했었다. 이러한 사정도 있었기에 연말 협의에서는 빨리 손을 썼다.

아마구치 대표는 10월 수상관저를 방문하여 아베에게 반드시 연내에 경감세율 도입 결론을 내야 한다는 의지를 전하는 등, 수차례 아베에게 명확한 제도 도입을 요구했다. 아베 자신도 11월이 되자, 수상관저에 자민당 세제조사회장 노다 다케시野田毅를 불러 공명당과의 연립유지라는 정치적 의미를 고려하여 도입을 위한 검토작업에 속도를 내달라고 지시했다.

게다가 공명당은 여당세제협의회에서 경감세율 실시에 필수라고 일컬어져 온 인보이스invoice(상품에 세율·세액을 기입한 운송장)를 도입하지 않아도 경감세율이 가능하다는 제안서를 제출했다. 그때까지의 공명당은 유럽과 마찬가지로 인보이스 방식 도입으로 사업자의 납세율을 올려 샐러리맨의 불공평감을 시정해야 한다고 주장해왔다. 그러나 이 1년간, 공명당이 자체적으로 전국상공회연합회 등 24개 각종 단체들로부터 청취해 온 결과 자민당을 지지하는 사업자 단체들은 인보이스 도입에 저항감이 대단히 강했다. 여기에 매달리다가는 경감세율의 도입이 불가능하다고 판단했다.

공명당은 인보이스 없는 경감세율도입 가부를 결정하기 위해 각종 단체에 질의를 보내고 많은 단체가 찬성, 또는 반대하지 않는다는 앙케트 결과를 얻게되었다. 그 결과를 수용한 협의의 자세를 보인 것이다. 게다가 재무성 간부도 '인보이스 도입 없이도 경감세율은 가능하다.'라고는 견해도 끌어냈다.

그럼에도 자민당은 세수의 감소 등을 이유로 도입 시기의 명확화를 계속 거부했다.

노다 다케시

양당의 격돌은 세수개정대강의 결정시한이 하루 남은 12월 11일이었다. 도쿄 기오이초紀尾井町의 호텔 뉴오타니의 룸에서 공명당의 세제조사회 고문(부대표) 기타가와 가즈오北側一雄 등은 자민당의 노다 다케시野田毅와 세제소위원장·누카가 후쿠시로額賀福志郎 등과 만났다. 이날 자민당은 바뀐 경감세율도입에 관한 문안을 제시했는데, 그로 인해 협의는 큰 격랑에 빠졌다.

이 자민당 안은 도입 시기에 대해 "세율 10%시 복수세율을 도입한다."라고 기술했다. 이에 대해 공명당의 기타가와는 "10% 인상시에"라고 명확하게 작성할 것을 요구했지만 자민당 측은 "도입 준비가 제대로 되어있을지 확신할 수 없기 때문에 '인상시에'라고는 쓰지 않겠다."고 주장하여 논의는 평행선을 달렸다.

가장 쟁점이 된 것은 '경감세율' 대신 '복수세율'이라고 쓴 것이었다. 공명당은 이 안이 경감세율을 막상 도입할 때에는 사회보장재원의 확보를 이유로 사치품에 보다 높은 세율을 부과하는 것에 자의적 해석이 가능하게 되는 문구라고 여겨 강하게 반발하였다. 예전의 '물품세'를 떠올리는 '복수세율'이라는 표현은 절대 받아들일 수 없다고 주장했다.

그러나 자민당 측은 경감세율도입에 수반하는 감소분의 재원확보책도 명확하게 둘 필요가 있다고 주장한다. 결국 노다가 "이렇게는 정리할 수 없다. 양당에서 별도로 대강을 내겠는가."라고 도발하자 기타가와도 "이런 협의는 필요없다. 그 대신 경차세의 증세를 포함하여 이제까지의 합의는 전부 백지다."라고 응수하는 등 협의는 험악한 분위기에 휩싸였다.

오밤중인 11시를 넘었을 때 협의는 일단 중단되어 자공양당 각각이 호텔 내에서 확보하고 있던 별실로 옮겨 당별 논의에 들어갔다. 공명당 룸에서는 기타가와, 사이토 등 협의에 참가한 당사자를 포함 간사장 이노우에 요시히사 등도 모여있었다. 거기서는 ▶ 도입 시기의 기입에 대해서는 '10%시에'는 '10%로의 인상시'가 포함될 수 있는 것이기에 타협한다. ▶ '복수세율'이라는 표현은 절대 인정할 수 없다. ▶ '세수감소를 보완하는 재원마련이 어렵다.'며 도입 시기를 명확히 하지 않으면 안 될 사태를 피하기 위해 '안정재원 확보'라고하는 표현을 가능한 선에서 삭제하는 등의 방침을 확인하고 그 대응을 기타가와에게 일임한다.

이 논의의 한복판이었다. 참가자 중 한 사람이 "자민당이 어떻게든 움직여주지 않는다면 협의를 결렬시켜도 괜찮지 않을까. 내년이 되면 아베 정권도 어떻게 될지 모르는 것이다."라고 지르자 "그렇다. 어쨌든 내년에는 집단적 자위권 문제가 나올 것이다." "결렬시키는 것이 깔끔하다."라는 의견들이 연이어 나왔다. 그래서 마지막에는 "자민당이 계속 고집을 부리면 연립이탈이다."는 주장이 이어졌다.

밀실에서 공명당 수뇌부가 모여 '연립이탈'이 거론되는 것은 공명당의 초조함을 단적으로 보여주는 것이었다.

이 날의 협의의 결론은 자민당이 '복수세율'이라는 표현을 넣고 그 대신

'구체적인 안정재원 마련'이라는 문구를 공명당이 마지못해 받아들였다. 협의가 결착될 때 호텔 시계는 이미 12일 오전 1시 반을 가리키고 있었다.

이 협의를 회고한 공명당 간부 한 사람은 '아베 수상은 단 한번 노다 씨에게 협의의 가속을 지시했지만, 그 뒤엔 시끄러워질 뿐이었다. 최후 국면에서는 움직여주리라고 기대했던 것이……'라며 불만을 표했다. 실제 이 세제 협의에서 수상관저가 공명당에게 배려를 보인 흔적은 거의 없었다.

낙경입불식落慶入佛式에서 '부활'을 어필한 이케다 다이사쿠

광선유포대서당

2013년 11월 도쿄 시나노마치의 통칭 '학회촌'에 '광선유포대서당大誓堂'이라 이름 붙여진 거대한 건물이 완성되었다. 연면적 약 2만 평방미터약 6천 평에 다다르는 창가학회의 새로운 총본부였다. 이 3층에 있는 대예배당에서 11월 5일에 열린 '낙경입불식'이 관계자의 주목을 모았다. 명예회장 이케다 다이사쿠가 여기서 도사道師를 맡아 근행勤行[68]을 하게 되었기 때문이다.

2010년 5월 본부간부회 출석을 마지막으로 사람들 앞에서 모습을 감춘

---

68   도사와 근행導師, 勤行 : 일련정종에서는 예불을 주도하는 이를 도사라 부르고 예불에 해당하는 행사를 근행이라 부른다.

이케다는 오랫동안 특정 간부와 개별적으로 만날 뿐이었다. 2013년에 들어서자 회장 하라다와 이사장 마사키 등 간부들을 불러들이는 횟수가 늘어났지만 많아도 2~3명이 함께 만나는 정도였다고 전해진다. 그런데 이 '낙경입불식'에서는 이케다 부부를 포함하여 14명의 최고간부들이 모여서 출석하였다. 이케다가 이처럼 다수의 간부들 앞에 모습을 보인 것은 약 3년 반 만의 일이었다.

간부의 한 사람은 '그만큼 (이케다) 선생의 상태가 회복되었다는 증거'라고 부활을 어필했지만 뒤이어 같은 대예배당에서 1400명의 간부들이 모여 만석을 채운 '낙경기념근행회'와 '창가학회창립 83주년 기념근행회'에는 그의 모습을 볼 수 없었다.

어느 간부는 "상태는 회복했어도 연설까지 가능한 상태는 아니었다."라고 설명한다. 세이쿄신문은 이 시기 이케다의 최근 사진을 몇 번이나 게재했지만 어느 쪽이든 의자에 앉아 있는 모습이었다. 서 있는 사진을 찍는 것조차 여의치 않았을 것이다. 간부에 의하면 의연하고 섬세한 판단이 요구되는 문제에 이케다가 직접 진두지휘 할 수 있는 컨디션이 아니라고 한다. 결국 이케다가 사실상 부재한 이후 학회 상황은 기본적으로는 아무것도 바뀌지 않은 것이다.

이 시기에 창가학회 수뇌부 인사 조치가 없었던 것도 그런 상황이 반영된 것이다. 창가학회 내에서는 새로운 총본부 완성을 계기로 건강이 불안한 하라다가 퇴임하고 후임에는 본부 실무를 맡아 온 사무총장(부대표) 다니카와가 취임한다는 관측이 퍼졌다. 학회 중추간부 한 사람도 '가능성은 반반'이라 말했지만 결국 인사는 일어나지 않았다. 이케다가 살아있는 이상 수뇌 인사에 대해서는 이케다의 지시나 승낙이 불가결한데 이케다는 그 무엇도 말하지 않았다고 한다.

2013년 여름 이후 이케다의 '부활'이 소문나자 차기회장으로 2년 전부터 다니카와의 대항마로 불렸지만 열세라 보여진 이사장 마사키가 재부상한다는 정보가 창가학회의 안팎에서 흘러나왔다. 마사키가 창가학회에서 이케다의 차남(작고)의 '학우'였던 것을 포함하여 이케다 집안과 가까운 관계에 있는 것과 다니카와와는 다르게 독자색을 보이지 않고 이케다의 충실한 부하 이미지로 평가되었기 때문에, 이케다가 마사키를 차기회장으로 하는 것을 내부적으로 결정한 것이 아닌가 하는 풍설이었다. 그러나 간부 중 한 사람은 "사태는 아무것도 바뀐 게 없고 두 사람의 신경전은 계속되고 있다."라고 전했다.

이케다 후계 문제로 뒤엉킨 창가학회와 정치의 관계

일반 국민에게는 공명당의 노선을 사실상 좌우하는 창가학회가 앞으로 정치와의 관계를 어떻게 할지가 최대의 관심사지만, 앞에서도 지적해왔던 것처럼 이는 이케다 후계자 문제가 밀접하게 이어져있다.

이케다의 '유능한 비서'에 불과하다고 일컬어지는 학회장 하라다는 이케다가 진두지휘를 총괄하는 상태가 아닌 이상 정치문제에서는 자신의 주장을 그다지 나타내지 않았다고 한다. 필연적으로 실력자인 다니카와와 마사키 중 어느 쪽이 발언력을 높이는 지에 따라 창가학회의 정치관계나 공명당의 진로도 좌우된다고 볼 수 있다. 단순하게 말하자면 다니카와가 자공연립을 계속하고 선거협력도 현상 유지하여 공명당 의석을 확보해야 한다는 노선인데 반해 마사키는 자민당과의 연립에 구애받지 말고 중의원 소선거구 철수를 포함하여 선거와의 접점을 축소시키는 것에 적극적이었다. 그러나 차기회장 인사가 일단 보류가 됨으로써 이러한 논의도 교착상태가 이어졌다.

창가학회는 2013년 7월의 참의원선거가 끝난 후 반년 동안 새로운 총본부의 완성에 따른 종교행사 준비에 쉴 틈이 없었다. 앞서 소개한 새로운 총본부의 '낙경입불식'이란 이케다의 스승인 2대 회장 도다 조세이가 1951년 일련정종의 법주로부터 수여받았던 '상주본존常住本尊'을 새로운 총본부에 안치하는 세레모니였다. 그러나 창가학회는 1991년 일련정종으로부터 파문당했기 때문에 새로운 총본부에 어본존을 옮기며, 일련정종과의 관계정리 등에 대한 내부 논의를 이어갔다.

학회 내에서는 2012년 말의 중의원 선거, 2013년 여름의 도쿄 도의회 선거와 참의원선거가 끝나고 당분간 큰 선거가 없는 이 시기에 향후 정치와의 관계 설정을 본격 논의하기를 기대하는 목소리도 높았다. 그러나 간부들이 이러한 종교행사 준비에 쫓기느라 2013년 중에는 그러한 논의가 거의 없었다. 이 시기는 기본적으로 매주 1회 열리는 공명당과 창가학회의 간부에 의한 비공식적인 의견 교환 모임마저도 거의 열리지 않았다.

그러나 현실 정치는 창가학회 내부사정과는 상관없이 진행되어갔다. 중의원 선거에 이어서 참의원선거에서도 승리하여 보수색을 강화한 아베 정권에 공명당은 어떻게 대응할 것인가. 어려운 당면 과제가 다가오고 있었다.

제8장

해석개헌을 인정한 '평화의 당'

- '집단적 자위권'에서 달아난 창가학회

집단적자위권 행사 용인은 '지지자에 대한 배신'

2013년 말의 여당의 세제협의 한복판에서, 공명당 간부들 사이에 '연립이탈'이라는 목소리가 터져나온 것은 앞 장에서 소개했다. 하지만 그 사실은 내부에서 단단히 봉인되었다. 실제로 연립 해소는 공명당에게도 창가학회에게도 간단하지 않기 때문이다. '연립 해소'라는 말이 갑자기 등장한 것이 아니다. 아베가 만약 집단적 자위권 행사 용인이라는 헌법해석 변경을 강행하는 경우 연립이탈이 현실이 될 수 있다는 예상이 이미 많은 공명당 의원들의 머릿속에 있었기 때문이다.

제1차 아베 정권인 2007년에 수상의 사적 자문기관으로 발족하여 후쿠다 정권 이후에는 휴면상태였던 '안전보장의 법적기반의 재구축에 관한 간담회', 약칭 '안보법제간'으로 아베는 제2차 정권이 발족하자마자 2013년 2월에 이를 재개했다. 오랫동안 일본국헌법하에서는 인정되지 않아왔던, 집단적 자위권 행사를 용인한다는 헌법해석의 변경을 위한 움직임이 드디어 시작된 것이다.

아베는 7월에 참의원선거가 끝나자 움직임을 가속시켰다. 7월에는 내각 법제국장관을 교체하여 집단적 자위권 행사 용인파인 주 프랑스대사(전 외부성국제법국장) 고마쓰 이치로小松 一郎를 기용하는 인사를 단행했다. 내각법제국에 재적한 적이 없던 인사를 장관에 앉히는 대단히 이례적인 인사였다. 계속해서 9월 중순에는 참의원선거 이후 처음으로 안보법제간이 열려 논의가 재개되었다.

그 다음날 공명당 대표인 야마구치는 간사장 이노우에, 정조회장 이시이 게이이치石井啓— 등 주요 간부 5인을 도쿄 미나미모토마치南元町의 당본부로

이시이 게이이치

긴급 소집했다. 그중에는 해외출장을 나가있던 도중에 급거 귀국한 간부도 있었다. 국회가 아닌 당본부에서 회합을 연 것은 기자의 눈을 피해 논의하기 위해서였다.

야마구치는 안보법제간이 집단적 자위권의 행사를 폭넓게 수용하는 방향으로 검토되고 있는 것에 대해 "행사 용인은 우리 당의 존립기반에 대한 중대한 문제로 안보법제간이 재개된 지금 새롭게 이 문제에 대한 우리 당의 스탠스를 확인해 두고자 한다."고 말을 꺼냈다. 이어서 "나로서는 다른 정책에 대해서는 얼마든지 타협의 여지가 있지만, 이것만은 지지자를 배신 할 수 없기에, 절대로 타협할 수 없다고 생각하는데, 어떤가."라고 제기했다.

이에 대해 출석자로부터는 "정부는 현행 헌법에서 집단적 자위권의 행사는 불가능하다고 줄곧 말해왔다. 학회 측에서도 저항이 강하여 받아들이기가 불가능하다." "우리 당은 인도양의 함선파견도, 육상자위대의 이라크 파견도 집단적 자위권의 행사에 해당하는 것은 아니라고 주장해왔고, 그 범위에는 찬성해왔다. 해석 변경은 받아들이기 어렵다." 등 찬동하는 의견이 이어졌다.

한편 아베가 당초 2013년 연내로 정했던 안보법제간의 보고서 제출 시기를 2014년 연초 이후로 미루려는 의향이 공명당에게 은밀히 전해진 것도 참작되었다. "우리 당에 대한 일정한 배려인 것은 틀림없다. 뭐든 아베 정권과의 접점을 넓혀야 한다."는 의견도 나왔다.

사실 이 문제는 공명당 내에서도 일괴암은 아니었다. 국대위원장 우루시바라 요시오와 간사장 대리 다카기 요스케高木陽介 등은 일본주변사정의 경우에 한정하는 등 명확한 제어장치를 만들어 둔다면 집단적 자위권의 행사를 인정해도 좋다는 의견이었다.

다만 이 날의 결론은 명확했다. "결론을 내는 시기가 언제가 되어도 지지자를 배신하는 것으로 되어버리는 집단적 자위권 행사 용인은 인정할 수 없다." 출석자의 한 사람은 회합 뒤에 "당내의 9할 가까이는 행사 용인 반대로 일치되어 있다."라고 말하며 당의 결속을 강조했다.

이 날 논의의 키워드는 "지지자를 배신할 수 없다."였지만 여기에는 복선이 있다. 공명당의 야마구치와 이노우에 두 사람은 8월 하순 창가학회장 하라다, 이사장 마사키, 사무총장 다니카와 등 극소수의 간부와 이 문제로 의견을 교환한 것이다. 여기서는 학회의 일상 활동을 유지하다 선거가 되면 최전선에서 지지확대를 담당하는 부인부가 "집단적 자위권의 행사를 용인한다면 타국의 전쟁에 말려들게 된다."며 반대 자세를 바꾸지 않았기에 용인은 곤란하다는 의견으로 일치되었다.

야마구치 등 당 간부가 이제까지 명확하게 의견 통일을 해왔던 것은 아베의 행방에 따라서 연립이탈도 선택지가 될 수 있다는 것이다. 그러나 아베가 행사 용인을 정면으로 독촉하여 전혀 양보할 기미를 보이지 않는 경우 연립이탈을 결단할지는 백지 상태였다. 창가학회도 공명당도 '연립이탈'이라는 선택지를 생각하지 않았기 때문에 거기까지 논의를 밀어붙이지 못한 것이다.

아베의 결의를 오해한 야마구치

공명당은 아베 정권과의 접점을 무엇이든 넓히기 위해 일본근해에서 미국함선이 공격을 받는 경우의 대응과, 일본 영공을 통과하여 미국을 향하는 미사일 공격 등 집단적 자위권의 행사 용인이 가능한 개별 케이스에 대해 자세하게 검토, '개별적 자위권의 개념을 확대한다면 대부분은 대응이 가능'이라는 주장으로 타협점을 만들고자 했다. '집단적자위권'이라는 말이 들어간다면 개별 내용에서 아무리 양보를 받아도 부인부를 납득시킬 수 없다고 생각한 것이다. 안보법제간의 좌장 대리인 기타오카 신이치北岡伸一와 구체적인 의견 조정을 모색하는 의원도 있었다.

그러나 아베의 기본 발언과 안보법제간 의원의 입장에서 본다면 아베 정권은 집단적 자위권의 행사 용인을 양보하지 않을 가능성이 높았다. 게다가 아베는 지역을 일본 주변으로 한정하지 않고 포괄적 행사를 용인해야 한다는 생각을 내비쳤다. 집단적 자위권을 용인하지 않으면서 동시에 아베와 타협하는 길은 보이지 않았다.

참의원선거가 한창일 당시 야마구치는 이 문제에서 아베 자민당이 억지로 밀고 나간다면 연립이탈도 불사하겠다는 생각을 내비쳐왔다. 그러나 선거 후 '해석변경은 시기상조'라는 신중한 단어 선택으로 한 발 물러섰다.

그러나 야마구치의 생각이 바뀐 것은 아니었다. 야마구치는 논리만으로도 아베를 논파하고 행사 용인을 단념시킬 수 있다고 생각해왔다. 따라서 무리를 해서라도 여당협의를 지연시켜서 내년까지 결론을 미루고자 하였다. 그때까지 지연시킨다면 다른 중요 과제 대응에 쫓겨 행사 용인문제는 흐지부지되지 않을까 하는 것이 야마구치가 마시고 싶은 김칫국이었다. 야마구치는 아베가 얼마나 강한 결의를 가지고 있는지 미처 생각하지 못했다.

아베는 참의원선거가 끝나자마자 매파색을 강화해갔다. 참의원선거 와중에는 제1차 내각의 반성으로, 지론이었던 강경 보수 정책은 거의 전면에 내세우지 않고 경제재생을 최우선과제로 하는 자세를 강조했다. 그런데 참의원선거에서 승리한 이후 가을의 임시국회에서는 국가안전보장회의(일본판 NSC)설치법과 특정비밀보호법 등 안전보장의 법률 정비를 추진했다. 그 과정에서는 자신들과 생각이 비슷한 '일본유신회'와 '다함께당'과의 연대를 중시했다. 이듬해 2014년 1월 통상국회 모두冒頭의 지방방침연설에서는 "정책 실현을 목표로 하는 '책임야당'은 유연하고 진지하게 협의를 한다."며 유신, 다함께 양당에 추파를 던졌다.

정권발족 1주년이 되는 2013년 12월 26일에는 주위의 반대를 무릅쓰고 야스쿠니 신사 참배도 강행했다. 이 시기에 참배한 배경에는 오키나와의 미군 후텐마 비행장의 나고시 헤노코로의 이전이 오키나와 현지사가 매립 신청을 승인하면서 진전되는 것으로 보였다. 그동안 이 문제가 지체되면서 초조함이 강했던 미국 정부가 이를 환영하여 참배 반대는 약하게 나오리라 예상한 것이다. 그러나 미정부는 '실망'이라는 의외의 성명으로 대응했다. 어쨌든 아베가 보수적 정책을 추진하면서 가장 신경쓰는 것은 화이트하우스의 안색일 뿐 공명당은 아니었다.

야마구치 대표는 당일 야스쿠니로 향하는 차에 올라탄 아베로부터 전화로 참배한다는 것을 처음 듣게 되었다. 야마구치는 즉석에서 "찬동할 수 없습니다."라며 자중을 요구했지만 아베는 "그렇군요."라고 응할 뿐이었다. 야마구치는 "앞으로 일어날 여러 문제들은 전부 아베 씨 책임이다."라며 주변에 분노를 쏟아냈고, 이것을 전해들은 아베도 강한 불쾌감을 보였다.

반대 여론이 강한 특정비밀보호법안에 대해 공명당은 내부에 반대론을 안고 있으면서도 당의 의견을 일부 거두어들여 자민당과 원활하게 합의하고 강행체결에도 가담했다. 집단적 자위권의 행사 용인문제와 경감세율의 도입문제 이외는 가능한 자민당과 타협해주고 그 대가를 받겠다는 뜻이었다. 수상의 야스쿠니 신사참배는 전전戰前 정부에서 탄압을 받은 창가학회의 역사와도 관련이 깊기에 야마구치는 거듭 아베를 비판할 수밖에 없었지만, 그것은 말뿐으로 끝났던 고이즈미 정권의 시대와 다를 바 없었다.

공명당은 아베가 앞으로의 전망을 어떻게 그리고 있는지 갈팡질팡이었다. 장기정권을 유지하여 헌법개정까지 자신의 손으로 매듭짓고 싶다는 생각이 본심이라면 공명당을 각외로 내보낼 수 없는 것이 명백했다.

아베는 참의원선거 전에 한 측근에게 헌법개정 발의는 다음 중의원 선거가 끝나면 상당히 진전되리라고 털어놓은 적이 있었다. 그때까지 정권을 유지한다면 차기 중의원 선거에서 창가학회표는 필수다. 무엇보다 참의원에서 '3분의 2'의 발의요건을 만족하려면 공명당을 거두어들이는 것이 필수불가결이다. 일단은 눈앞의 길을 철저히 안전운행하고 집단적자위권의 문제도 공명당 의향을 존중해야 한다. 아베와 오랜 기간 행동을 함께해 온 한 측근은 아베에게 집단적자위권의 행사 용인보다는 헌법개정에 전력을 다해야 하기 때문에 공명당을 소중히 해야 한다고 진언했다.

그러나 참의원선거가 끝나자 아베 주변에서는 "수상은 경제를 회복궤도에 올려놓아 이미 제1차 내각퇴진의 오명을 씻어버릴 수 있게 되었다고 생각하고 있다. 다음은 아베 컬러의 정책을 할 수 있는 데까지 하고 그 결과가 막히면 그때 퇴진해도 좋다고 생각한다."라는 목소리도 나왔다. 재임 중 헌법개정 실현에 반드시 연연하지 않겠다는 말이다.

그렇다고 하면 집단적자위권 문제는 행사 용인을 내세운 안보법제간의 보고서를 조속히 채택하여 그에 따라 헌법해석 수정을 각의결정, 그리고 자위권행사를 담보하기 위해 자위대법과 주변사태법 등 관련 개별법 개정안을 국회제출하여 묶어서 처리할 것이 예상되었다. 그때 만약 공명당이 연립을 이탈한다면 아베는 내각개조로 유신과 다함께로부터 각료를 기용하는 '연립 재구성'을 모색하게 될 것이다.

다만 야마구치 등 공명당 집행부에는 이러한 아베의 결의를 읽지 못했다. 그리고 정부·자민당 측에서는 공명당의 동향을 낙관하고 있었다.

공명당은 과거 PKO협력안의 체결과 자위대의 이라크 파견 등의 이슈에서 창가학회 부인부의 강한 반대를 무릅쓰고 자민당과 보조를 맞춰왔다. 그렇기 때문에 정부·자민당 내에서는 '공명당은 이번에도 어찌해서라도 최후에는 찬성해줄 것이다.'라고의 낙관론이 흐르고 있던 것이다. 그러나 예전의 공명당이 아니었다. 차이는 이케다 다이사쿠의 '부재'였다.

예전의 창가학회는 부인부 등이 정치방침에 반대하여 조직 내 의견이 갈리는 상황이라도 이케다의 의향이라는 '니시키노미하타錦の御旗[69]'를 뒷배로 가지고 있었다. 이로써 간부들이 부인부들을 설득시켜 의사통일을 노려왔다. 그런데 이케다는 사실상 최고지휘관으로서의 능력을 잃어버렸기에 이전과 같이 '(이케다) 선생도 인정한 것이라서'라는 말로 반대자를 침묵시킬수 없다. 게다가 창가학회는 '포스트 이케다'의 자리를 둘러싼 주도권 경쟁이 계속되고 있었다.

그렇기 때문에 레이스의 당사자인 사무총장 다니카와에게도 이사장인

---

69 니시키노미하타: 조정이 반란군을 칠 때 관군의 표시로써 내거는 깃발. 이에 파생된 뜻으로 아무도 반대할 수 없는 대의명분.

마사키에게도 부인부가 반대하는 정책을 강력하게 추진하여 부인부의 반발을 불러일으키는 것은 진심으로 피하고 싶은 심리가 발동한다. 집단적자위권 행사 용인 문제도 부인부가 '타국의 전쟁에 휘말려든다.' '지켜야 할 헌법9조의 범위를 넘어선다.'라며 강하게 반발하는 이상, 집행부도 그 의향은 무시할 수 없고 연립이탈이 현실로 다가올 가능성도 있다.

선거운동기간의 단축을 결정한 학회

2013년 9월과 10월에 열린 전국 13방면의 방면장 등과 본부의 최고간부들이 참가한 방면장회의에서는 청년부에서 제안한 국정선거 운동기간 단축을 승인했다.

창가학회에서는 중참양원 선거 투표일 반년 전부터 선거 준비에 들어간다. 3개월 전부터는 비학회원 일반유권자에게 공명당 지지를 넓히는 'F작전'을 진행해 왔다. 그 'F작전'의 기간을 단축하기로 한 것이다. 실제로 얼마나 단축할지는 선거의 종류와 정치상황에 따라서 그때그때 판단하기로 결정했다.

세간에서 선거에 관심이 높아지기 전부터 일반 유권자에게 투표를 독려해봐야 반응은 미지근하고, 투표 부탁을 해도 곧 잊어버리기 마련이었다. 그 때문에 그 효과는 매우 제한적으로, 그 뒤에도 계속 동일인물에게 접촉할 필요가 있었다. F표 획득활동의 단축은 이것을 효율화하고 학회원의 부담을 줄이는 것이 목적이었다. 그러나 자민당과 전면적인 선거협력 조정으로도 이어지는 중의원 소선거구 철수는 여기서도 논의되지는 않았다.

창가학회는 그 후 12월 하순의 이틀간 새로운 총본부에서 전국의 방면장과 각방면의 부인부장 청년부장 등과 본부의 최고간부들이 참가한 '최고협의회'를 열었다. 11월의 새로운 총본부 완성에 따른 행사들이 일단락되었기 때문에 이 최고협의회에서는 향후 정치방침도 본격 협의하자는 의견도 있었다.

그런데 소비세 경감세율 도입을 둘러싼 자민당 협의 결과와 특정비밀보호법안을 찬성한 이유에 대해 설명과 질의에 오랜 시간이 걸려서, 그런 중장기적 과제에 대해 논의하는 시간까지 가지지는 못했다.

소비세 경감세율 도입문제는 학회원이 특히 높은 관심을 불러일으켰지만, 앞서 본 것처럼 헤이세이 26년도(2014년도) 세제개정대강의 작성 내용은 10% 인상과 동시에 경감세율을 도입할지 여부가 애매하게 되어있었다. 또한 특정비밀보호법안에 찬성한 것은 학회원에게 대단히 불평이 높았고 일부에서는 세이쿄신문의 불매운동까지 일어날 정도였다. 그 때문에 최고협의회에서는 공명당의 야마구치와 이노우에도 출석하여 현장 학회원들에게 최대한 성실하고 정중하게 설명해야만 했다.

중장기적인 정치노선을 둘러싼 논의가 다시 미뤄지자 창가학회 내에서는 이듬해 2014년 초반에 새로이 소선거구 철수문제를 포함해서, 앞으로의 정치와 선거에 대해 논의하여 일정한 결론을 내보자는 의견이 있었다.

창가학회의 정치노선논쟁과 안팎의 연립이탈논의

만약 2014년 초반에 정치 논의가 이뤄진다면, 집단적 자위권 문제의 논의가 절정이 될 시기와 겹친다. 그 결과 공명당이 소선거구 철수를 결정한다면 자민당과 전면적 선거협력은 불필요하다. 때문에 만일 아베가 집단적 자위권의 행사 용인을 강행 추진할 경우, 연립이탈을 결단하기도 상대적으로 쉽다. 그런 의미에서 두 논의는 밀접하게 관련되어 있다. 애초에 학회 내부에서는 자민당에 끌려다니며 공명당스러움을 잃어버릴 바에는, 차라리 연립을 이탈하여 '평화의 당'의 원점으로 되돌아가 선거를 치르는 방식이 운동에 더 활력을 줄 것이라는 목소리도 있었다. 게다가 이케다 다이사쿠가 창설한 공명당의 2014년 가을 창당 50주년은 '평화와 복지의 당'의 위치를 새로이 확인할 수 있는 방침이었다. 자공연립노선을 수정하기에 다시 없는 호기였다.

그러나 당면 문제는 달랐다. 공명당이 연립을 이탈하면 다함께당과 유신회가 여당으로 들어갈 가능성이 높은 상황이었다. 그렇게 되면 공명당 없이도 법안은 계속 성립되고, 공명당의 의향을 정부의 정책에 반영시킬 기회는 거의 사라진다. 학회 공격 대처도 곤란해진다. 같은 야당 입장이라도 민주당정권 후반은 공명당이 참의원에서 캐스팅보트를 쥐고 있기 때문에 그것을 활용하여 공명당의 자체 법안을 성립시키는 것이 가능했지만, 여당행을 노리고 있는 다른 세력이 존재할 때 야당이 되어 버리면 그런 상황은 바랄 수도 없다.

이러한 국회정세에 더해 학회 내에서는 눈앞의 선거에서 1석이라도 많이 확보하는 것을 우선하는 다니카와 등의 입장도 강경해서, 그 후 최고협의회와 방면장회의 등에서 자민당과 거리를 두는 것으로 연결되는 소선거구 철수론이 논의 대상으로 되지는 않았다.

이것은 집단적 자위권의 행사 용인 논의에서 공명당이 연립이탈이라는

선택지를 절반쯤 봉인하게끔 만들었다

오해로 빚어진 관저와 공명당의 엇갈린 행보

집단적 자위권의 행사 용인을 논의하는 여당협의에서는 행사 용인에 저항하는 공명당의 동향이 유래 없을 정도로 세간의 주목을 모았다. 아베의 독주에 '참아왔다'라는 말이 가능한 정치세력은 현실적으로 공명당뿐이기 때문이다.

불과 1년 전 참의원선거에서는 "집단적 자위권 행사는 결단코 반대한다.'라고 호소했던 공명당이다. 그러나 아베 정권이 압력을 가하자 타협해버려 협의는 의외로 빨리 결착되었다.

이 여당 협의에 관한 일련의 보도에서 "공명당은 연립정권에 달라붙어있고 싶기 때문에, 강한 결의를 가진 수상 아베 신조의 공세에 방어전으로 일관할 수밖에 없고 최후에는 헌법해석 대전환을 허용할 것이다."는 단순한 구도가 회자되었다. 그러나 각의결정에 이르기까지 물밑 움직임을 검토해보면 그렇게 단순하지는 않다. 아베 관저와 공명당의 쌍방이 각의결정에 이르기까지 아슬아슬하리 만큼 서로의 태도를 오해하고 협의는 궤도이탈을 거듭했다.

공명당도 그 지지 모체인 창가학회도 당초부터 '집단적 자위권 행사 용인은 인정할 수 없다.'는 기본방침과 '연립이탈은 피한다.'는 정국대응을 양립시키길 바랐다. 그러나 그것은 희망일 뿐 실현시킬 구체적 전략은 없었다 해도 과언이 아니다.

앞서 기술한 바와 같이 2013년의 참의원선거 이후 오랜만에 안보법제간 이 논의를 재개할 때, 공명당 대표 야마구치 등은 창가학회 회장 하라다 등과 의견 교환을 하고, 부인부를 중심으로 한 학회 내 반대의견이 강하기 때문에 행사 용인에는 반대하자는 의견 일치를 보았다. 야마구치는 당의 주요간부를 모아서 "지지자를 배신하는 식으로는 타협할 수 없다."고 결론을 모아 그에 따라 간부들이 행사 용인 반대 생각을 각각의 루트로 자민당 측에 전했다.

수상관저는 이러한 공명당의 모습을 보고 당초에는 2013년으로 정해진 안보법제간 보고서의 제출시기를 2014년 연초 이후로 미루었다. 그러나 밀어붙이지 않으면 1차 내각처럼 퇴진할 수밖에 없기에 각의결정을 가능한 한 조기에 하려는 방침은 유지하고 있었다.

우루시바라 요시오

2013년 가을부터 공명당 간사장 이노우에와 국대위원장 우루시바라 요시오 등 당 간부들은 관저와 자민당 진영에 거듭 "공명당이 행사 용인을 인정하는 것은 곤란하다." "조금이라도 '집단적자위권의 행사 용인'이라는 말을 표명하는 것은 피하는 게 좋다."는 생각을 전했다. 그 때문에 관방장관 스가 요시히데菅義偉는 여당 간에 충분한 협의가 필요하다는 생각을 갖고, 2014년 5월 골든 위크 초반 기자회견에서 "(지금 통상 국회 중의 각의결정으로) 특별히 고집하지 않는다. 우선 여당의 이해를 구하는 것이 최우선이다."라고 발표했다.

이때 아베도 스가도 "공명당은 결국엔 찬성한다."라고 낙관하고 있었다. 그렇기 때문에 처음엔 공명당이 내부 조정에 시간이 걸리는 것을 걱정하여 결정시기를 어느 정도 미루는 게 좋겠다고 생각한 것이다.

'집단적자위권'과 포스트 이케다

수상관저가 낙관한 근거의 하나는 스가가 창가학회와의 파이프를 통해 수집한 정보였다. 스가는 2014년 봄까지 7년 동안 자민당 가나가와 현련의 회장을 맡아왔다. 가나가와현은 공명당이 중참양원의 선거에서 후보자를 옹립하는 전국에서 몇 개 안 되는 도도부현이다. 스가는 지역에서 공명당과의 선거협력을 거듭해오며 창가학회의 두 실력자인 이사장 마사키, 사무총장 다니카와 양쪽 모두 친한 관계를 다져왔다.

그러나 '포스트 이케다'의 자리를 다투는 두 라이벌은 집단적 자위권 문제에서 자신이 엮이는 것에 신중했다. 두 사람 다 차기 지도자 자리를 노리는 이상 학회 내 여론을 좌우하는 부인부에게 미움 받아서는 안 된다. 부인부를 중심으로 학회 내 저항이 강한 이 문제에서 자신이 움직여 자민당과의 협의를 맺게 되면 결론적으로 부인부의 미움을 사 '포스트 이케다' 싸움에서 불리하게 된다.

집단적 자위권 문제에 대해서는 본부 부회장 클라스 간부들 사이에서도 절대 타협해서는 안 되며 아베가 철회하지 않는다면 연립을 이탈해야 한다는 생각을 가진 사람도 적지 않았다. 또한 현장의 부인부 운동원들 사이에서는 오래전부터 열성적인 회원일수록 '아베의 폭주'에 철저하게 반대해야 한다는 목소리가 강했다.

한편 지금의 정치상황에서는 공명당이 연립이탈하더라도 연립 파트너의 교체만 일어날 뿐이다. 이는 거대 여당을 적으로 만드는 것인데 그것은 절대로 피해야 한다는 의견도 완강했다.

당시 학회 간부의 한 사람은 "학회는 행사 용인에 반대하는 것에서 일치했지만 학회가 본격적으로 이것을 논의하면 타협파와 철저항전파, 즉 자공연립유지파와 이탈파, 두 개로 쪼개진다. 정말 고민이다."라고 털어놓았다.

이 당시의 학회 실력자인 마사키와 다니카와 두 사람 중 마사키는 애초에도 학회원의 무거운 부담을 주는 선거운동을 줄여야 한다는 생각이었다. 이전부터 검토과제가 되었던, 중의원 소선거구 철수에도 긍정적이었기 때문에 여차하면 연립정권으로부터 이탈할 수 있다고 생각할 가능성이 있다. 중의원 선거에서 비례구에 집중한다면 자민당과의 연립을 구성해야 할 큰 이유 중 하나가 사라지게 되기 때문이다.

한편, 현실주의자인 다니카와는 민주당이 약체화하여 야당세력이 뿔뿔이 흩어진 이상 '일본유신회'나 '다함께당'이 행사 용인에 찬성을 보여 공명당 대신 아베 정권과 연립을 구성할 수 있다고 보고 있었다. 연립이탈한다면 거대 여당을 적으로 돌려 정권에 대하여 영향력을 행사할 수 없게 되기 때문에 현시점에서 이탈은 있을 수 없다고 생각한 것으로 보인다.

그러나 이 문제에 관해서 두 사람은 사람들 앞에서 자신의 생각을 뚜렷하게 드러내지는 않았다. 연립이탈문제를 본격적으로 의논한다면 수습이 어렵다는 것을 알고 있었기 때문에 깊이 들어가지 않는 것이 상책이라고 생각했던 것 같다.

그렇기 때문에 마사키도 다니카와도 서로 안면이 있는 사이임에도 불구하고 관방장관 스가와 만나지는 않았다. 그 대신 관저와 직접 소통한 사람이 젊은 실력자인 사토 히로시 부회장이었다. 2월에는 사토가 중개하여 하라다 미노루原田稔를 스가와 면회시켰다. 하라다는 학회 내의 반대론에 우려하여 신중하게 논의를 진행시킬 것을 스가에게 요청했다.

창가학회의 구조변화를 인식하지 못한 아베와 스가

리얼리스트인 사토는 착륙지점을 어디에 두고 정부·자민당과 타협을 지어야 할지 고민했다.

그러나 사토가 공명당 의원을 제치고 직접 뛰어들어 창가학회와 공명당의 정보를 슬슬 불어넣었던 것이 그만 스가의 오해를 낳았다. 스가와도 친분이 있는 공명당 간부는 이때의 사토의 움직임에 불쾌감을 보이며 "사토 씨는 학회의 반대의견을 존중하여 신중하게 나가는 게 좋겠다."고 요청하는 한편 "우리들은 연립이탈은 생각하고 있지 않다. 강경한 것은 (야마구치) 대표 한 사람만의 우려에 불과하다."며 스가 씨에게 설명했다고 한다. 이를 들은 스가는 "우리들을 오해하고 있다."고 탄식했다. 실제 스가는 아베에게도 "공명당은 괜찮습니다."라며 귓속말을 했다.

아베와 스가가 공명당과 창가학회의 자세를 오인한 원인은 학회 내의 구조변화를 충분하게 인식하지 않았던 것도 있다. 그것은 앞에서 어느 정도 서술했던, 절대적 지도자인 이케다 다이사쿠의 장기 '부재'에 의한 변화였다. 카리스마 지도자를 사실상 잃은 창가학회는 '포스트 이케다' 후보 두 사람의 세력 싸움까지 얽혀 무엇도 결단하기 어려운 '표류상태'에 있었던 것이다. 이 점을 관저는 인식하지 못하고 있었다.

흐름을 바꾼 '창가학회 코멘트'의 진상

2014년 5월 17일 수상관저의 낙관론을 날려버린 '시건'이 발생한다. 아사히신문의 조간 1면에 집단적 자위권에 관한 '창가학회 코멘트'가 크게 게재되었다. 아사히의 취재에 학회 측이 서면 답변 한 것이었다. '(해석변경은) 헌법개정 절차를 거치기 위함이다.' '이제까지 지켜져 온 헌법9조에 대한 정부 견해를 지지한다.'며 아베의 방침에 정면으로 반대하는 것으로 해석되는 내용이었기 때문에 큰 파문이 일었다.

아사히신문의 보도에 놀란 스가는 사토 등 학회 간부와 여당협의회 멤버, 그리고 공명당외교 안보조사회장 우에다 이사무上田勇 등 친한 공명당 의원에게 전화를 걸어 '대체 무엇인가.'라며 진의를 물었다.

창가학회의 코멘트가 크게 보도되자 창가학회와 공명당 안에서도 '역시 이 문제는 타협 할 수 없다.'는 분위기가 강했다. 이 시기 공명당의 간부들은 각종 조사에서 공명당의 지지율이 상승하고 있던 것도 있어서 각의결정을 미루는 것에 자신을 보이고 있었다. 실제로 5월 20일에 정식으로 여당협의회가 시작되자, 공명당 측 대표 한 기타가와 가즈오(당부대표)는 우선 유사에 이르는 상태의 '회색지대' 대처에 관한 법개정의 논의를 우선하여, 그 후 집단적자위권의 행사를 필요로 하는 구체적인 사례를 하나하나 논의하는 방식을 제안한다. 결론을 미루려는 자세를 분명히 했다.

"이제까지 들어온 이야기가 틀림없는가. 공명당은 진심으로 이 문제를 미뤄서 최후에는 유야무야할 꿍꿍이다." 아베는 초조해하며 공명당에 압력 강화를 지시했다.

5월 말 스가는 종래의 자세를 크게 전환하여, "이번 국회에서 6월 22일에는 무조건 각의결정이다."라고 여당협의회의 멤버와 정부고관들에게 지시했다. 6월 7일에는 아베가 유럽방문에서 귀국한 직후 '집단적자위권'의 문구가 들어가지 않은, 겉만 번지르한 각의결정 문안을 관료로부터 받아본 뒤 격노하여 고쳐쓰기를 명령했다는 정보가 즉시 나가타초를 휘저었다. 공명당을 몰아세우기 위해 스가의 지시를 받은 정부고관이 흘렸다고 전해진다.

아베 자신도 6월 5일 방문지 브뤼셀에서 기자회견을 하고 "여당의 최종 결론을 얻는 게 매우 중요하지만 다함께당, 일본유신회가 (행사 용인에) 이해를 보이고 있다."며 고의적으로 두 야당의 이름을 거론하여 공명당을 견제했다. 귀국 후에는 자민당 부총재이자 여당협의회의 좌장인 고무라 마사히코高村正彦를 수상관저로 불러 '집단적 자위권 행사'로 명기한 각의결정을 이번 국회 회기 안에 진행하도록 교섭 가속을 지시했다.

게다가 이때 아베 주변에서 "수상은 이 문제가 합의될 수 없다면 공명당은 불필요하여 중의원에서의 선거협력도 필요없다고 말하고 다닌다." "공명당이 연립정권에서 나간다 하더라도 걱정하지 않을 것이라고 수상이 분명히 했다."라는 정보가 발신되어 창가학회 간부에게까지 전해졌다. 실제로 한때 초조했던 아베가 그러한 발언을 내뱉은 것은 사실이었다. 주변이 그것을 공명당과 창가학회에 전하려 하는 것을 알고 일부러 발언하여 '공갈'한 것이다. 발신원은 스가와 안전보장문제를 담당하는 수상보좌관 이소자키 요스케礒崎陽輔라고 알려져 있다.

이지마 발언의 충격과 되살아나는 악몽

이지마 이사오

게다가 오부치 수상의 정무비서관출신인 내각관방참여 이지마 이사오飯島勳가 6월 10일 위싱턴에서 진행한 강연 중에 공명당과 창가학회와의 관계에 대해 헌법의 '정교분리원칙'에 반하지 않는다는 기존 정부 견해를 내각이 수정할 가능성도 있다는 언급을 했다. 이 발언은 창가학회와 공명당 쌍방에 큰 충격을 주었다. 발언내용이 창가학회의 '급소'를 찔렀기 때문이다.

'여당인 공명당과 창가학회의 관계는 정교분리원칙에 반한다.'는 비판은 일찍이 공명당이 오자와 이치로 등과 함께하여 자민당을 야당으로 전락시킬 때, 자민당의 가메이 시즈카 등이 식자들과 함께 맹렬한 반학회 캠페인을 전개했을 당시의 핵심 주장이었다. 당시, 가메이 등은 종교단체의 정치활동에 대한 법규제와 종교법인 과세 강화 등의 주장을 했지만, 이에 연관되어있는 명예회장 이케다 다이사쿠를 국회에 출석시켜야 한다고 집요하게 요구하였다. 이것이 결정타가 되어 공명당은 우여곡절을 거쳐 자민당에 가까이 가게 되었다. 이지마 발언은 그 당시의 '악몽 같은 나날'을 공명당과 창가학회의 간부들에게 떠올리게 했다. 가메이 등의 활동에 당시 1년 차 의원이었던 아베도 참가하여 반학회 캠페인의 삐라를 자신의 선거구에서 대량 유포했던 적도 있었다.

창가학회가 개별정책에서는 이례적으로 '코멘트'를 아사히신문에 냈을 때, 공명당 내에서는 대표 야마구치가 "이로써 용기를 얻었다."고 말하는 한편, 다른 간부는 "이 견해의 발표로 우리가 강력히 반대한다면 '정교일치'라는 비판을 받을 수 있다. 자민당과의 협의는 오히려 어렵게 된다."는 우려의 목소리도 나왔다. 이지마의 발언은 그것을 노린 것이었다.

이지마는 무언가 파문이 예상되는 언동을 할 때 언제나 스가와 면밀한 준비를 해왔다. 전년에 이지마가 북조선을 방문할 때도 사전에 스가와 세밀한 조정을 거친 뒤 아베에게 보고하여 북조선을 향해 날아갔다. 그렇기 때문에 이 이지마 발언도 스가와의 합작 플레이가 아닐까 하는 관측이 나왔다.

어느 쪽이든 창가학회에서 나온 이례의 코멘트가 아사히신문에 게재되었던 것이 이지마 발언을 초래하고 결과적으로 공명당을 몰아세운 것이었다. 아사히신문은 창가학회의 견해를 크게 보도하여 정부·자민당을 견제하고 공명당의 측면지원을 노렸을 것이다. 그러나 결과는 역으로 작용되었다.

그런데 왜, 창가학회가 코멘트를 방출했던 것일까. 앞서 말했듯 학회의 최고간부들은 이 문제를 회피해왔다. 후술하겠지만 창가학회와 공명당의 최고간부들이 매주 1회 여는 비공식협의에서도 이 문제에 관하여 그 정도의 과격한 의견은 나오지 않았다. 아사히로부터 회답을 요구받더라도 '개별 정치안건에 코멘트할 입장이 아니다.'라며 거부하는 방법도 있었다.

아사히신문에 이 견해가 게재되자 그것을 수신한 학회 광보실은 아사히신문에 대해 "'창가학회는'이라고 써 있지만, 어디까지나 광보실 코멘트로 나온 것일 뿐, 독자에게 오해를 샀다. 또한 일반론으로 회답한 것이다. 반대 표명의 취지로 회답한 해석은 아니다."며 항의했다. 창가학회는 이 코멘트가 그렇게까지 큰 반향을 불러일으키자 어리둥절했던 것이다. 동시에 이사장 마사키 등이 분담하여 각 지방을 총괄하는 전국 13방면의 방면장들에게 전화를 걸어 "저 코멘트는 학회 전체의 방침은 아니다."라고 해명하고 이 내용을 지방 간부들에게 전달할 것을 지시했다.

그렇다면 이 코멘트는 광보실이 제멋대로 냈다는 것일까. 학회 간부에 따르면 이 코멘트는 애초에 아사히신문에 회답으로써 작성되었던 것은 아닌 것 같다고 한다. 아사히보다 앞서 중외일보中外日報라는, 교토시에 본사를 둔 종교계의 이른바 '업계지'의 편집부로부터 창가학회를 포함한 주요 종교단체들에게 일제히 집단적 자위권의 행사 용인에 대하여 어떻게 생각하는지를 묻는 질문을 받았고, 광보실이 회답을 준비한 것이다. 회장, 이사장, 사무총장 등 주요간부에게 양해를 구할 즈음 마침 아사히신문으로부터 같은 질문이 들어오자 광보실에서는 중외일보를 위해 준비했던 회답문을 그대로 아사히신문에 제출했다는 것이 진상이었다. 아사히에 회답문을 냈었던 광보실은 같은 코멘트라면 새로운 절차를 밟지 않아도 된다고 판단하여 하라다 등에게 양해를 받는 절차를 밟지 않았다고 한다.

'창가학회 코멘트'는 말하자면 해프닝으로 아사히신문의 일면에 실리게 되었다. 창가학회의 수뇌부는 공명당의 간부들에게 그렇게 설명했다. 중외일보에 코멘트를 내더라도 독자는 한정되어 있어서 정치적 영향은 거의 없다. 한편 그것이 아사히신문의 일면에 게재된다면 큰 파문이 일어나리라는 것은 예상할 수 있다. 그렇기 때문에 이 사건은 학회 내부에서도 큰 문제가 되어 코멘트를 제공한 광보부장의 책임을 추궁하는 목소리가 높았다고 한다.

이 사건은 또한 '연립유지파'의 눈에는 '철저항전파'가 광보실과 짜고 의도적으로 아사히신문에 제공하여 자민당과의 타협을 저지하려는 것이라고 볼 수도 있는 것이다. 집단적 자위권 문제에는 어디까지 저항해야 할지 학회 내 의견이 분분해 간부들도 예민해져 있었다. 이 사건으로 내부에서는 의심귀신들이 많아졌다.

야마구치, 기타가와, 이노우에의 엇갈린 구상

한편 공명당 간부의 사이에도 의식적 엇갈림이 있었다. 야마구치 대표는 행사 용인을 저지할 수 있다고 생각했다. 그렇기 때문에 3월 초부터 시작된 자공양당 간부 6인에 의한 물밑의 비공식 협의에 부대표 기타가와, 간사장의 이노우에와 함께 야마구치 자신이 출석한다. 고무라 마사히코 자민당 부총재와 격렬한 논쟁을 해왔다. 그것은 '이 문제는 내가 처리한다.'라는 의사표시였지만 야마구치와 마찬가지로 변호사 출신에 논리가인 고무라의 논전은 평행선을 달리고, 오히려 양당의 골만 깊어질 뿐이었다. 그러던 중 비공식 협의 사실이 매스컴에 알려지게 되어 4월 초에 이 비밀협의는 중단되었다.

5월에 열린 여당협의회 시작에 맞춰 간사장 이노우에는 "처음부터 대표가 표면에 나오면 정리될 것도 정리되지 않는다. 대표는 뒤에서 기다리는 것이 낫다."고 야마구치를 설득하자 협의회 담당을 기타가와에 양보했다. 하지만 저지한다는 야마구치의 생각에 변함은 없었다.

자공연립정권이 성립된 이후, 많은 자민당의 중의원은 1선거구당 평균 2만 표가 넘는 이른바 창가학회의 조직표를 가져옴으로써 자신의 선거를 치르고 있었다. 공명당이 반대를 굽히지 않는다면 아베도 그 우당을 내버리면서까지 각의결정을 강행할 수 없다는 관측을 야마구치가 가지는 것도 이상한 일은 아니었다. 그리고 시간을 들여 협의해 나간다면, 가을에는 공명당의 협력이 필수불가결한 오키나와 현지사 선거 등이 있는 데다 연말에는 소비세율 10% 인상 문제도 촉박해진다. 그리고 해가 바뀌면 통일지방선거가 임박해져 집단적자위권 문제는 보류할 수 있다. 적어도 야마구치는 그렇게 생각했다.

2014년에 들어서는 봉인해 왔지만 전년도 참의원선거는 이 문제 때문에 연립이탈도 할 필요가 있다는 생각을 거듭 표명해온 야마구치였다. 법률가이자 안전보장문제의 전문가로서 저지해야 한다는 생각은 누구보다 강했다.

이에 대해 여당협의회의 공명당 측 대표였던 기타가와는 자민당 협력 없이는 당선될 수 없는 중의원 소선거구에서 당선된 이력을 가졌다. 전 대표이자 국토교통대신인 오타 아키히로와 나란히 대표적인 '자공연립중시파'로, 연립이탈은 어떻게든 피해야 한다고 생각하는 쪽이었다. 그렇기 때문에 최초부터 거리를 둘 필요성을 느끼고 있었다. 이 해 4월에는 아베에게 소개받아 가나가와현의 명문 골프장 스리헌드레드클럽Three Hundred Club에서 함께 플레이를 즐기고 "(협의회의 자민당 측 책임자) 고무라(마사히코)高村正彦 씨와 잘 상담해주세요."라고 부탁하기도 했다. 무엇보다 이 골프 회담이 보도되자 학회원으로부터 공명당 본부에 항의전화가 쇄도했다. 그 때문에 기타가와도 5월 20일에 시작된 정식 협의회에서는 당초 "논리적 정합성을 확인해 나가면서 진행해야 한다. 국민의 이해를 얻어가면서 진행하고자 한다."고 말하여 각의결정을 미루고자 하는 의지가 담긴 자세를 보였다.

한편 물밑에서는 고무라와 빈번하게 의견 교환을 쌓아나갔다. 아베는 안보법제간 보고서 제출을 받고 5월 15일의 기자회견에서 "자위대가 무력행사를 목적으로 걸프전쟁·이라크전쟁처럼 전투에 참가하는 방식은 앞으로 절대 없다."고 발언했다. 전체적으로 공명당 지지층을 강하게 의식한 내용이었지만, 이것은 고무라가 사전에 기자회견 원안을 입수하고 기타가와에게 전하여 기타가와가 그것을 빨간 줄을 그어가며 수정하고 보완한 것을 아베가 발언했기 때문이었다.

5월 말이 되어 관저 사이드가 조기결정의 압력을 강화해가자 기타가와는 '지연전술'은 더 이상 어렵다고 판단을 내렸다. 6월 2일부터는 고무라와 함께 공명당도 수용 가능한 각의결정의 구체적인 문안검토를 개시했다. 그리고 내각법제국장관 요코바타케 유스케橫畠裕介(검사출신) 등 3명의 간부와도 교류하고 지혜를 모아 문안을 다듬어 갔다.

고무라 마사히코

역사교과서에 이름을 새기려는 아베의 결의

야마구치와 기타가와 사이에는 간사장 이노우에가 있었다. 변호사 출신인 야마구치나 기타가와와는 달리 창가학회 본부의 중추부문 직원출신으로 국회의원이 된 이노우에는 학회 내정에도 빠삭했다. 그는 창가학회와 공명당의 내부의 개별 사례를 하나하나 정중하게 짚어가며 논의를 미룰 수 없겠냐고 지적했다. 그러나 그런 이노우에도 5월 말 관저 사이드가 압력을 강화하자 어떻게든 합의점을 찾아야 한다며 타협으로 기울었다.

그러나 이노우에는 이때 '집단적 자위권'이라는 문구을 넣지 않은 애매한 각의결정문으로 할 수 없을까, 고민하고 있었다. 아베가 꼭 넣자고 생각하는 것은 알고 있지만 '집단적'이라는 문구만 빼 버리면, 개별 법률 정비 과정에서 자위대 활동범위 확대를 인정하게 되면서도 선을 넘지는 않았다 평가받을 수 있다고 생각했다.

부수상 겸 재무상 아소 다로가 술자리에서 젊은 의원들에게 "나도 그랬지만, 수상이 되면 누구나 반드시 하고 싶다고 생각하는 것이 있다고. 뭔지 알아?"라고 물은 적이 있었다. 그 답은 중의원 해산과 역사교과서에 이름을 새기는 것이다. 아베도 이와 같았다. 아베 측근 중 한 사람은 당시, "수상은 조부인 전 수상 기시 노부스케가 완성하지 못했던 헌법개정으로 역사에 이름을 남기고 싶다는 생각이 있었다. 그러나 그것은 언제 가능할지 예측이 되지 않기 때문에 꼭 자기 손으로 헌법개정을 하는데 반드시 매달릴 필요는 없다."고 밝혔다. 그래서 더욱 아베는 헌법해석의 대전환을 일으킨 수상으로 역사에 이름을 새기고 싶다는 생각이 강했다. 그렇기에 각의결정문에 '집단적'이라는 세 글자가 들어가야만 했다. 높은 내각 지지율에 상처를 입더라도 어쨌든 정권이 힘이 있을 때 성취하고 싶은 목표였다. 야마구치와 이노우에는 그 결의의 강함을 오판한 것이다.

평화 간판보다 조직방어를 우선한 공명당

관저의 조기타결 압력이 급속히 강해지던 5월 말, 공명당 집행부는 그럼에도 이것을 되돌리고 결론을 미루려는 학회와의 약속을 아직 지키고 있었다. 기타가와와 같이 '자공연립파'라고 일컬어지는 국대위원장 우루시바라 요시오가 5월 29일 BS방송NHK의 위성방송 채널에서 "(야마구치 대표는) 연립이탈이 아니라고는 말하지 않는다."라고 강조했다. 정권 이탈도 할 수 있다는 인식을 보여 아베를 견제하려 했다.

그러나 애초에 야마구치는 이 해의 초반, 기자단의 질문에 답하는 형태로 "정책 의견의 차이만으로 하나하나가 연립이탈의 문제가 된다면 연립이란 건 성립될 수 없다."며 연립이탈의 선택지를 스스로 봉인하는 듯한 발언을 했었다. 이에 대해 공명당 안에서도 "정치적 흥정이 서투른 야마구치 씨 정도로는 우리가 교섭하기 어렵다."라는 비판이 나왔다. 야마구치 입장에서 본다면 그동안의 과격한 발언으로 주위로부터 여러 번 충고를 받아 부득이 발언 톤을 바꾼 것이다. 그러나 대표가 그런 카드를 봉인한 이상 국대위원장이 무엇을 말한다 한들 밑천이 드러난 상황에 변화를 줄 수는 없었다.

자공협의의 큰 고비는 6월 10일 전후의 며칠간이었다. 6월 9일의 기타가와 - 고무라의 비밀회담에서 고무라는 공명당의 의향을 참작하여 '국민의 생명, 자유와 행복추구의 권리가 근저에서 뒤집혀지는 급박하고 부정한 사태' 등으로 자위권발동이 인정된다고 하는 1972년의 정부견해를 각의결정으로 포함시킬 것을 약속한다. 그리하여 이것을 포함하는 '신3요건'을 자위권발동의 요건으로 하는 것이 굳어졌다. 기타가와는 아베가 이 이상, 양보할 가망은 없고, 이 정도까지가 공명당의 한계라고 판단하였다. 6월 10일, 국회에서 이노우에는 야마구치와 회담을 하고 "수상은 상당히 확고하다. 이 이상은 무리다."라며 야마구치에게 받아들일 것을 압박했다. 야마구치는 즉답을 피했지만, 그 뒤 학회수뇌부와도 협의하여 최종적으로 수용할 것을 결정했다.

2014년 7월 1일의 임시각의에서 결정된 각의결정문에서는 '집단적자위권'이라는 문구가 담겨 있었지만 공명당에서 입각했던 국토교통상 오타도 서명했다.

또한 여당협의가 계속되던 6월 12일, 국회 안에서는 거의 매주 목요일 아침에 창가학회와 공명당의 비공식협의가 열렸다. 야마구치와 함께 출석한 기타가와는 여당협의 내용을 설명하고 "종래의 정부 헌법해석과 정합성을 유지한 채 헌법9조의 법적안정성을 확보하는 방침에서 최종 협의에 임한다."고 전했다. 당시 신문과 텔레비전에서는 공명당이 타협 방향으로 키를 잡은 것을 대대적으로 보도했다. 그럼에도 불구하고 부인부의 대표를 포함한 창가학회 측에서 과격한 주문은 나오지 않았다고 한다.

회장 하라다 등 학회 측은 이미 당간부로부터, 이 이상 수상 진영에게서 더 타협을 끌어내지 않는 이상, 각의결정에 동의할 수밖에 없다는 설명을 들었고 이에 양해했다. 부인부의 간부들도 이미 설득되었던 것이다.

이 비공식 협의 며칠 전, 창가학회본부에서 부인부 간부 몇 명이 회장 하라다에게 "지금의 흐름을 어떻게든 막아주세요."라고 들이대는 풍경이 있었다. 그러나 하라다는 "우리들은 지난달에 의견을 표명했다. 그 다음은 당의 문제다."라고 맞받았다. 동석해 있던 부회장 사토가 "학회는 평화주의를 중요하게 생각하지만, 공명당은 때에 따라 현실적인 판단을 해야 한다."며 설득했다고 한다.

4월, 5월에 걸쳐 거의 매주 열렸던 학회와 당의 비공식 협의에서도 집단적 자위권 협의에 관한 구체적 주문과 의견은 그 정도로 많이 나오지는 않았다고 한다. 그 배경에 대해 학회 간부 한 사람은, "최고간부들이 처음부터 대응을 당 측에 일임하는 자세를 보였던 데다, 헌법9조의 개정과 자위대의 이라크파견 등의 테마와 달리 이번에는 내용이 어렵고 학회원의 반대는 생각만큼 넓지 않았다."고 설명한다. 그렇기 때문에 부인부의 간부들도 "헌법9조의 기존 해석을 구체적으로 유지시킨다."고 설명하자 마지못한 듯 싸움을 접어버린 것 같다.

공명당 대표 야마구치가 평소 시원시원한 언변으로 부인부에 인기가 있어 헌법문제에서는 '호헌파'로서 신뢰가 두터웠던 것도 다행이었다. 어느 학회 간부는 '야마구치 씨의 존재가 컸다. 대표가 오타 씨였다면 이렇게 간단히 수습되지는 않았을 것이다.'라고 전했다.

깊은 상처를 입은 공명당과 창가학회

그럼에도 집단적 자위권 행사 용인 문제가 공명당과 창가학회에 남긴 상처는 결코 가볍지 않았다. 공명당은 이 문제로 전 국회의원을 대상으로 하는 의원총회를 모두 14회나 열었다. 그때마다 의원들에게 행사 용인의 비판과 질문이 터져나왔다. 집행부 일임을 성립시키기 위해 열었던 6월 30일 최후 회합에서도 3시간에 걸친 논의 중 "헌법해석 변경에 논리적 일관성이

없다.", "왜 이러한 중대한 문제를 서두르는가."라는 이견과 불만이 분출되었다. 무엇보다도 참의원회장 우오즈미 유이치로魚住裕一郎와 참의원 정책심의회장 아라키 기요히로荒木清寛라는 참의원의 중진 두 명이 최후까지 일임 결정에 반대를 계속하여 눈길을 끌었다. 참의원 의원은 자민당과도 싸워 당선되었다는 점에서 중의원 의원들과는 다

우오즈미 유이치로

르다. 다만 창가학회라는 강고한 지지기반을 공유하는 공명당의원 사이에서 이 정도로 분규가 있는 것은 이례적이다.

지방조직의 의견을 듣기 위해 급히 6월 28일에 열었던 '전국현県대표협의회'도 같은 식이었다. 47개 도도부현의 대표 중 25명이 발언하였다. 히로시

마, 나가사키, 오키나와를 시작으로 거의 모두가 반대론과 신중론이었다. "연립을 이탈해야 한다는 목소리가 강하다."며 연립 해체를 언급한 대표도 몇 있었지만 기타가와는 "이탈은 없다. 여당 안에서 브레이크 역할을 해낼 것이다."며 이해를 구했다.

이때 공명당의 본부와 각 현본부 그리고 의원사무소에는 항의 전화와 팩스가 쇄도하였다. 공명당 본부에 하루에 약 3,000통의 전화가 걸려왔다고 한다. 타협안을 주도한 기타가와의 사무소에는 매일 수백 장의 항의 팩스가 착신되었다. 다른 간부의 사무소에서도 팩스가 연이어 들어왔기 때문에 몇 번이나 용지를 바꾸느라 수신이 두절되는 사태가 잇달았다.

이 때문에 공명당에서는 학습자료로 두꺼운 상정문답집을 작성하였다. 그것을 가지고 각의결정의 직후부터 모든 국회의원이 학회조직과 함께 지역을 돌며 결정 내용에 이해를 구하는 활동을 개시했다. 그 뒤 수개월에 걸쳐 정치합숙회를 집중적으로 열어 설득에 진력을 다했다.

지금의 국회정세에서 막을 수 있는 최대치

공명신문에서는 각의결정의 이튿날부터 '각의결정 어떻게 볼 것인가.'라는 제목으로 군사평론가 오가와 가즈히사小川和久 등 공명당에 호의적인 식자의 인터뷰를 연일 게재했다. 그중에서도 외무성주임분석관 출신 작가 사토 마사루佐藤優의 인터뷰는 공명당이 달성한 역할을 절찬하여 많은 의원이 그것을 대량 복사해서 지지자에게 이해를 구하는 활동에 이용했다.

이 인터뷰에서 사토는 "안전보장을 둘러싼 이번 여당협의를 보았을 때

대단히 중요한 것은 (중략) 연립여당인 공명당이 깔끔하게 대응한 것이다.",
"연립을 깨서 나가고 싶다면 얼마든지 폼나게 할 수 있을 것이다. 그러나 그
렇게는 아무런 정치적 영향을 줄 수 없다.", "개별적 자위권 틀을 유지하면서
도 아베 수상의 '집단적 자위권이라는 말을 넣고 싶다.'라는 의지의 양립을
실현하는 것만으로도, 공명당으로서는 획득할
수 있는 것은 전부 획득한 것으로 나는 생각하고
있다."고 풀어냈다.

사토 마사루

확실하게 나가타초는 아베 자민당의 일강체
제로 야당은 자민당의 약 4분의 1의 세력(중참합
계)으로 전락한 민주당을 필두로 한 분열상태였
다. 게다가 자민당 '오른쪽'에는 '일본유신회'가
자리 잡고, '다함께당'도 집단적 자위권의 행사에
찬성하는 생각을 가지고 있었다. 일단 공명당이 연립을 이탈한다면 아베가
당초 상정한 것보다 넓은 범위에서 집단적자위권의 행사를 인정하는 각의
결정으로 될 가능성이 높다. 이런 맥락으로 볼 때 사토의 지적대로 공명당
의 존재가 일정하게 제동을 걸었던 것은 틀림없다. 공명당 간부는 '이러한
국회정체를 설명하면 지지자에게 이해 받기가 쉽다.'라고 말한다.

각의결정된 내용을 보아도 '무력행사의 신3요건'은 정권에 큰 재량을 주
어 제어되지 않을 수 있다고 보는 견해가 있는 한편, 집단적 자위권행사의
전면 해금을 바랐던 외무성 고관들로부터는 "이렇게 약해서는 미국의 기대
에 부응할 수 없다."는 불만도 나왔기에 공명당이 브레이크 역할을 해낸 것
은 사실일 것이다.

그러나 이 각의결정은 틀림없이 전후 일본이 지켜온 헌법9조의 기존 해

석을 크게 넘어선 것으로, 거기에 공명당이 손을 대어 준 것도 사실이다. 애초에 야마구치는 '집단적자위권의 행사 용인에는 반대'하며 '헌법개정이 핵심이다.'라고 거듭 이야기해 왔다. 연립 유지를 위해 핵심을 비껴갔다고 비판받아도 어쩔 도리가 없다.

표류상태에서 방관자상태로 가는 창가학회

공명당 내에서는 "(야마구치) 대표가 수상의 강한 결의를 오해한 상태다 보니 처음부터 연립이탈을 부인하는 발언을 하는 등 양보를 얻어 낼 전략이 아니었다." "애초에 관저와의 파이프를 만들지 않았던 데다가 인맥을 가진 의원을 사용하지 않았기 때문에 실패했다."는 집행부 비판이 불거졌다.

하지만 오히려 이번 협의 과정에서 공명당의 구조적 약점이 새롭게 노출되었다는 게 큰 문제가 아닐까. 즉, 창가학회가 표적이 되면 권력에 어떻게든 기댈 수밖에 없다는 것이다. 창가학회라는 조직을 지키려는 의식이 강한 의원들은, 창가학회가 공격받을 때 조직방어를 위해 정부에게 영향력을 행사 할 수 있는 입지를 유지해야 한다는 의식이 앞서 있음을 보여주었다. 협의 최후 국면에서 '정교일치비판'이 정권 측에서 나와버리자, 공명당은 합의를 서둘렀다. 간부들 사이에서 '학회에 고통을 줄 수 없다.'는 의식이 작용한 것은 부정할 수 없다.

그래서 이때 창가학회는 '포스트 이케다'의 유력후보 두 사람의 견제로 어려운 문제는 조직적 결단이 이루어지기 힘든 상태였다. 때문에 이 문제는 '평화주의', '헌법9조 옹호'를 내걸어 온 학회에게 매우 중대한 문제임에도 불구하고 방관자의 입장에 머무를 수밖에 없었다. 이렇다 보니 학회의 동향을 의식하여 행동하는 공명당의 간부들은 연립이탈이라는 위험한 결단이 불가능했다.

무엇보다도 어느 정도 세력을 가진 야당이 존재하고 중참의 어느 쪽이든 공명당이 명확하게 캐스팅보트를 쥐고 있는 상태가 된다면 전개될 가능성은 충분할 것이다. 공명당이 참의원에서 법안의 생사여탈권을 쥔 민주당 정권 후반기는 수상인 간과 노다가 야당인 공명당의 정책요구를 차차 수용해가며 정권 측의 학회공격을 막아내는 것이 가능했다. 그러나 이제는 아베정권에 가까운 유신회 등의 존재로 공명당은 완전히 다른 상태에 놓여져 있었다. 공명당의 간부들이 연립상태 유지만이 선택지는 아니라고 생각해도 어쩔수 없는 면이 있었다.

제9장

자민·공명의 역학관계와 '유신'

- 아베 정권의 성격을 좌우한 3자의 역학

하시모토의 한마디가 불러일으킨 오사카 도 구상 부결

2015년 5월 17일 심야에 오사카 시장 하시모토 도루는 예정보다 10분 정도 늦게 기자회견장에 나타났다. "(근소한 차이라도) 진 것은 진 것. 싸움을 걸어 무너뜨리겠다고 했으나 오히려 무너졌다." "민주주의는 놀랍다. 이렇게까지 전투를 벌여도 목숨을 잃지 않았다. 놀라운 정치체제다. 앞으로는 보통 사람의 인생을 걸어가겠다."

때때로 웃음을 띠며 호쾌하게 패전의 변을 말하는 하시모토의 표정을 비추는 NHK 텔레비전 중계영상을 보면서 어느 자민당 간부는 "탤런트 변호사 시절의 페이스로 돌아가려나. 어떤 의미에서 화끈하게 나가는 게 아닌가. 내년 참의원선거 출마는 아닐 것이다."라고 전했다. 하시모토가 정계 은퇴를 표명하여 7년 반에 이르는 '하시모토극장'은 막을 내렸다.

찬성 49.62%, 반대 50.38%. 하시모토가 정치생명을 걸었던 '오사카 도 구상'의 주민투표는 불과 0.76포인트 차로 부결되었다. 부결의 이유는 여러 가지로 분석되고 있지만 투표 결과를 자세히 보면, 오사카에서 큰 영향력을 가진 공명당의 지지자를 '반하시모토'로 결속시켰던 것이 최대의 패인으로 나타났다.

매스컴 출구조사에서 정당지지별 찬반을 보면 어느 쪽의 조사를 보아도, 공산당 지지층과 나란히 공명당 지지층에서 '반대'라고 답한 비율이 가장 높았다. 예를 들어 교도통신共同通信과 마이니치신문, 산케이신문 등이 공동으로 진행한 조사에서는 공명당 지지층의 '반대'는 87%. 공산당지지층의 89% 정도로 나란히 돌출하여 높았다. 공명당은 자민당과 공산당처럼 반대운동을 적극적으로 진행하지는 않았다. 그럼에도 불구하고 반대가 57%에 이르는 자민당 지지층과는 비교할 수 없을 정도로, 반대의 비율이 높았다. 오사카시는 공명당의 '정치지지율'이 10%를 상회하는 특별한 지역이라는 것을 생각해 보면, 공명당 지지층의 찬반이 자민당 지지층과 같이 나와준다면 주민투표는 찬성다수가 될 가능성이 높다.

오사카에서 '유신'('일본유신회'→'유신의 당'→'오사카 유신의 회')과 공명당과의 관계는 어지럽게 변화해 갔다. 2008년 1월의 오사카부지사선거에서 38세의 하시모토가 당선되었을 때 공명당은 하시모토를 추천했던 자민당 오사카부련에 동조하여 오사카부 본부의 '지지'를 내어 하시모토를 지원했다. 그 뒤 공명당은 자민당부련과 보조를 맞춰 오사카 도 구상에 비판적인데도 유신은 시의회 등에서 캐스팅보트를 쥔 공명당을 거두어들여야 했다. 2012년 중의원 선거에서 하시모토 자신이 공명당 오사카본부의 간부와 회담하여 공명당이 후보를 옹립한 오사카·효고현의 6개 선거구 모두에서 후보옹립을 취소하고 공명당 후보에 추천까지 내주었다. 그런데 공명당이 중의원 선거가 끝나고 중앙정치에서 여당으로 복귀하자, 오사카에서는 도 구상에 반대하는 자민당 오사카부련과 같이 명확하게 스탠스를 바꾸어 부와 시에 각각 설치한 오사카 도 구상을 논의하는 법정협의회에서 정식으로 반대를 표명한다. 도 구상은 좌초 직전까지 내몰렸다.

주민투표에서 공명당이 찬성하는 조건으로 이길 가능성이 있던 관서의 6개 선거구에 후보 양보까지 내주었다고 생각했던 하시모토의 분노는 굉장했다. 하시모토는 2014년 2월의 당대회 연설에서 2012년 총선의 선거협력 약속을 공명당이 일방적으로 파기한 것이라고 비판하였다. 그 와중에 '공명당 사람들은 종교를 이야기하지만, 종교 이전에 인간의 도리가 있기는 한 것인가.'라는 격한 언어로, 창가학회를 지지기반으로 하는 공명당을 비판했다. 이때 '종교 이전에 인간의 도리가 있다.'는 한마디가 하시모토의 큰 실책이었다.

양당의 대립은 첨예화되었다. 아베 신조가 중의원 해산을 표명한 2014년 11월, 하시모토가 오사카 3구에 자신을 지부장으로 하는 선거구 지부의신고를 하는 등 공명당이 후보자를 옹립하는 관서의 6선거구 모두에서 자신과 오사카부 지사인 마쓰이 이치로를 포함한 유신후보들의 출마준비를 착착 진행했다. 그런데 하시모토는 공시일 직전, 공명당이 후보자를 세운 모든 선거구에서 유신후보의 옹립을 '일방적'으로 보류할 것을 결정했다. 하시모토는 그 이유를 물어도 "그게 오사카를 위한 것이라고 판단했다."며 말을 아꼈다. 그 때문에 당시부터 '유신과 공명과의 사이에 무언가 밀약이 있었던 것은 아닐까.'라는 소문이 났지만 거칠게 욕설이 오가던 양당이 왜 급전직하하여 타협으로 갔는지는 수수께끼였다.

관저가 중개한 창가학회와 유신의 밀약

물밑에서 움직인 것은 도쿄의 창가학회본부의 부회장(광선국장) 사토 히로시였다.

이대로 유신과 전면대결이 되면 공명당은 관서의 6개 선거구 모두에서 고전할 게 뻔했다. 창가학회는 이 여섯 선거구에서 서일본은 물론 전국에서 학회원을 동원할 필요에 몰렸다. 그렇게 되면 전국의 다른 블록들도 비례표의 획득활동에 지장이 생기고 공명당의 승리는 불안하게 된다. 위기감을 강하게 느낀 사토의 대처는 빨랐다.

11월 중순 사토는 도쿄에서 스가와 비밀리에 회담한다. "이대로는 공명당과 유신은 전면전쟁으로 가게 된다. (아베) 총리도 (스가) 장관도 그것을 바라지는 않을 것이다." 이렇게 말을 꺼내기 시작한 사토는 오사카 도 구상의 주민투표가 가능하게 되도록, 자신이 오사카의 창가학회와 공명당을 설득하고 스가는 하시모토를 설득하여 대립후보의 옹립을 멈추어주는 것이 좋지 않겠냐고 요청한 것이다. 스가는 의뢰를 받아들여 아베의 양해도 얻어 하시모토에게 연락했다. 하시모토는 이를 받아들여 수상관저가 이른바 '보증인'이 되는 형태로 양자의 '밀약'이 성립했다.

사토 말대로, 앞으로의 정권운영, 무엇보다 헌법개정의 발의에 필요한 3분의 2 세력 확보를 생각한다면 아베 또한 공명과 유신의 전면대결은 바라지 않았던 것 같다. 창가학회와 수상관저의 쌍방에 있어서 메리트가 있는 '밀약'이었다. 그러나 타당인 유신 후보자의 입후보 중단까지 관저에 요청한다는 건 학회 측이 큰 '빚'을 떠안게 되는 것이다.

마침 아베는, 중의원 선거가 끝나면 집단적 자위권 행사 용인의 각의결정을 받아서 안전보장법제관련법안(안보법안)의 작성을 위해 본격적으로 움직여 나갈 생각이었다. 그 안보법제를 다루는 여당협의에서 공명당 측 대표가 수상관저의 도움을 빌려 오사카 16구에서 손쉽게 당선된 부대표 기타가와 가즈오였던 것이 결정적이었다. 공명당은 안보법제의 여당협의 스타트 때부터 빚을 신경쓰면서 임할 수밖에 없었다.

사토 히로시의 뒷공작도 있었기에 공명당은 2014년 말의 참의원선거에서 관서의 6개 선거구를 포함한 전국 9개 선거구에서 전승한다. 비례대표에서도 당선자를 늘려 지금의 소선거구 비례대표 병립제 실시 이후 역대 최대인 35석을 획득하며 승리했다. 그러나 공명당을 건너뛰고 유신과 밀약을 체결한 사토에 대한 내부 반발은 강렬했다.

사토 시게키

2014년 12월 14일, 중의원 선거에서 공명당의 승리가 확정되자 사토는 직접 오사카로 들어가 오사카 16구와 오사카 3구 선출로 공명당 오사카부 본부대표를 맡고있는 사토 시게키佐藤茂樹 등 오사카의 공명당 간부들에게 밀약의 존재를 밝힌 상에서 "오사카 도 구상에 찬성해 달라고 말하지는 않겠지만, 적어도 주민투표가 실시는 할 수 있게끔 어떻게든 협력하는 것이 좋다."라고 요청했다. 사토는 선거운동에 지장을 주지 않기 위해 기타가와 등 간부들에게 밀약의 존재를 알리지 않아왔던 것이다. 의원들은 중의원 선거의 승리의 여운에 빠질 새도 없이 엄혹한 현실에 직면하게 되었다. 사토는 '이것은 아베 수상도 포함된 중요한 약속으로 (창가학회의 하라다 미노루)회장도 양해했다. 연립을 유지하기 위해서는 어떻게 해서라도 지켜내야만 한다.'라고 설득했다고 한다.

이에 따라 공명당 오사카부 본부는 12월 28일 총회를 열고 하시모토가 꺼낸 오사카 도 구상 자체는 계속 반대하지만 '최종판단은 주민에게 맡긴다.'며 주민투표의 실시는 찬성할 것을 결정했다. 그러나 출석한 부의원과 시의원들로부터 "지지자들은 하시모토에 대한 증오로 똘똘 뭉쳐있다. 어찌해도 납득시킬 수 없다.", "지지자로부터 협력을 얻어낼 수 없다."며 반대의견이 잇달아 터져나와 2시간에 걸친 총회는 고성이 오가는 와중에 집행부가 일반적으로 중단시켜 버렸다. 공명당에서는 매우 이례적인 사태였다. 그 배경에는 당을 건너뛰고 수상관저와 협력을 진행해버리고 그 결과를 당에 떠넘긴 사토 개인에 대한 반발도 있었다고 한다.

사토는 해가 바뀐 2015년 1월 하순에도 오사카를 들러 지역의 창가학회 간부에게 오사카 도 구상의 주민투표에는 자주투표로 할 것을 요청하며 지역을 순회했다. '적극적으로 반대를 말하는 것은 자제하기를 바란다. 연립정권을 유지하기 위해서다.'며 설득에 나섰다고 한다. 이에 따라 오사카의 창가학회는 1월 26일 오사카 시내에서 열렸던 간부회합에서 주민투표에는 '중립' '자주투표'로 임할 것을 결정하고 공명당 측에도 반대 자세를 과하지 않게 할 것을 요청했다. 그러나 학회조직의 말단에 가까운 '지구'의 부장과 부인부장 등 현장간부들은 "우리가 왜 수상관저의 의향에 따라야만 하는가."라며 강한 반발의 목소리가 높였다.

그러나 이는 전혀 받아들여지지 않았다. 관서의 학회 간부들은 도쿄로부터 지시와 현장의 반발 사이에 끼어 이러지도 저러지도 못하는 상황에 놓여졌다. 관서방면의 간부는 "이대로는 '상승관서常勝関西'라 불리어 온 관서학회조직이 우스꽝스럽게 된다."며 위기감을 드러냈다.

3월이 되자 오사카 도 구상의 주민투표 일정이 통일지방선거 후반전[70]의 4월 27일 고시하여 5월 17일 투표라고 정식 결정되었다. 그 전후, 보도된 도

---

70 통일지방선거의 전후반전: 1차 선거에서 광역단위, 2차 선거에서 기초단위 선거를 치른다. 이를 각각 전반전과 후반전으로 부른다.

구상에 관한 여론조사에서는 많은 조사에서 반대가 찬성을 웃돌았다. 위기감을 가진 하시모토는 관방장관 스가에게 공명당·창가학회 대책을 의뢰했다고 한다. 그러나 아무리 '어둠의 수상'이라는 별명이 굳어진 실력자가 요청을 해 와도 현장 운동원들 사이에는 '반하시모토' 공기가 충만해 있는 이상 사토가 할 수 있는 것은 한계가 있었다.

이케다 부재의 창가학회에 대한 관저의 오해

이 사이, 스가와 관저 사이드는 창가학회의 움직임을 오인했다. 이른바 창가학회라고 하는 조직은 중앙에서 지시가 있다면 즉시 전국의 말단까지 철저하게 지시와 통제에 따르는 조직일거라는 오해. 이것은 집단적 자위권의 행사 용인의 각의결정을 위한 자공양당 협의 당시에도 보여진 오해였다.

창가학회의 카리스마 지도자인 명예회장 이케다 다이사쿠가 2010년 5월 본부간부회를 마지막으로 사람들 앞에서 모습을 감춘지 5년이 지났다. 이케다는 그 뒤에도 회장 하라다나 이사장 마사키 등 최고간부들과 개별적으로 만나오며 2015년 3월에는 창가학원(중학·고교)의 졸업식에서 이케다의 육성이 회선을 통해 흘러나와 학회 내에서는 큰 화제가 되었다. 그러나 더 이상 이케다가 정치방침 등 미묘한 문제를 언급하는 일은 없고 예전처럼 이케다의 '정언명령'으로 학회의 의견을 모으는 것은 불가능하게 되었다. 자민당 등과 비교한다면 아직 비교가 안 될 정도로 통일행동이 가능한 조직인 것은 확실하지만, 창가학회도 공명당도 의사통일하는 것이 이전과 비교하면 훨씬 시간과 노력이 필요하게 되었다. 더욱이 이번에는 '종교 이전에 인간의 도리가 있다.'라는 하시모토 발언의 영향으로 현장 운동원들 사이에 유신 알레르기가 만연해 있었다. 이른바 회장명으로 지시를 내린다해도 현장의 의향과 다른 행동을 만들어 내기는 쉽지 않다. 애초에 관서의 창가학회는 '상승관서'라고 불리어 온 강한 조직력을 자랑해왔기에 도쿄에 대한 라이벌 의식도 강했다.

그러나 스가는 투개표날 당일까지 주민투표는 찬성다수가 될 것이라고 믿고 있었다. 그 배경에는 지금의 창가학회에 대한 인식부족이 있었던 것은 아니었을까.

전례없이 힘든 싸움

오사카의 공명당은 창가학회의 본부와 지역조직이 과거 전례가 없을 정도로 삐걱거리는 비상사태 속에서 통일지방선거를 맞이하게 되었다. 공명당 본부에서도 '전례없는 괴로운 싸움이다.'라며 강한 위기감이 퍼져 나갔다.

공명당에게 통일지방선거는 타당과는 비교할 수 없을 정도의 중요성을 가진다. 창가학회가 최초 정치 진출한 것이 1955년의 통일지방선거이다. 도쿄도의회와 도쿄의 각 구의회 등에서 학회 추천 후보 50여 명이 당선되어 훗날의 공명당 결성으로 이어졌다. 통일 지방선거는 이른바 '당의 원점'이었다. 그래서 무엇보다도 지방의원들이 눈앞의 문제인 복지와 공공사업 등에 관한 학회원의 요망에 조응하여 정책실현을 달성하는 첨병의 역할을 맡아왔다. '현세이익' 종교인 창가학회의 허리 역할을 맡고 있는 것이 지방의원들이었다.

그렇기 때문에 공명당과 창가학회에게 전국 3,000명에 달하는 지방의원 반수 이상이 한 번에 바뀌는 통일지방선거는 국정선거와 동급으로 중시되었다. 그중에서도 오사카는 전통적으로 강고한 기반을 자랑하는 학회에게 지극히 중요한 지역이다. 게다가 이케다 다이사쿠의 장남이자 부이사장인 이케다 히로마사가 관서최고참여로 관서방면의 책임자를 맡고 있었기에 의석 하나라도 놓쳐서는 안 될 일이었다. 애초에 지방의원의 수도 타지역보다 현격하게 많고 오사카부의회, 오사카 시의회 등도 정수의 약 5분의 1을 공명당이 차지하고 있다. 그런데 이때에는 '유신과의 밀약'을 둘러싼 소동의 영향으로 최전선에서 집표활동을 맡은 부인부의 운동원의 발이 둔해져 부의회선거와 시의회선거 모두 고전이 예상되었다. 오사카 도 구상 그 자체를 건드리지 않는 방침으로 활동했음에도, 막상 공명당 지지를 지인과 친지들에게 권유하게 되면 '공명당 당신들은 애초에 도 구상에 반대하는가 찬성하는가'라고 질문받게 되고 '도 구상에는 반대하지만 주민투표의 실시는 찬성'이라고 대응을 하게 되는데 이러면 설명도 복잡해질 수밖에 없었다.

무엇보다도 부의회선거는 이때부터 정수가 21석이나 줄어들었다. 이로써 선거구 획정도 바뀌어 처음부터 힘든 싸움이 예상되었다. 그런 이유로 창가학회 회장 하라다 미노루는 3월 초순부터 부의회선거 고시 직전인 4월 초에 걸쳐, 한 달이 채 안되는 사이에 4번이나 오사카를 찾아가 지역의 간부들을 격려했다. 학회 간부에 따르면 전국 규모의 선거에서 학회의 회장이 이 정도로 많이 오사카를 방문한 것은 전례가 없었다고 한다.

도쿄의 학회 본부에서 지휘봉을 쥔 사토는 고시 후에도 오사카의 정세는 매우 엄중하기에 부의회선거에서는 6명 정도가 떨어질 가능성이 있다고 분석한다. 통일지방선거의 전반전인 투표일 4일 전에는 선거가 진행되지 않은 도쿄를 중심으로 한 관동지방의 학회원들에게, 오사카에 들어가 지인들에게 공명당 후보로의 투표를 호소하라는 지시를 냈다. 그 결과 약 3만 명의 학회원들이 대거 오사카로 들어갔다고 한다. 이것도 전례없는 일이었다. 공명당 대표 야마구치도 당연히 오사카에 일정을 집중하고 거리에서 지지를 호소했다.

터닝 포인트가 된 선거 중의 단체문자

그런 중에 투표일 1주일 전, 오사카부의회 선거와 시의회 선거를 치르고 있는 공명당의 후보자들 휴대전화에 한 통의 메시지가 도착했다. 공명당 오사카본부에서 간사장을 맡고 있는 오사카 시의원 오자사 마사히로小笹正博가 보낸 메시지였다.

그는 오사카 도 구상 자체는 반대하면서도 그 주민투표의 실시에는 찬성한다는 어중간한 반쪽 대응 때문에 도 구상에 반대 하는 자민당과 공산당에게 표를 빼앗기고 있다. 앞으로는 우리도 도 구상 반대를 정면 호소하자는 내용이었다. 수상관저의 요청을 받은 학회본부의 지시로 공공연한 반대표명을 자제했던 오사카 공명당이었지만 엄혹한 선거정세를 두고 언제까지나 참고 있기는 어려웠다. 오자사는 사전에 오사카 본부 대표 사토 시게키 등에게 연락을 취하며 문자를 보냈다. 더 이상 국회의원들도 이것을 말릴 수 없었다. 결과적으로 방침전환은 하시모토에 반감이 강한 학회원들에게 환영받아 현장 선거운동도 급속히 활기를 띠기 시작했다.

그럼에도 공명당은 전반전 오사카 시의회에서 도 구상에 정면으로 반대한 공산당 후보와의 경쟁에서 패배하여 1석이 감소했다. 그 고노하나구此花区에서는 정원 2석을 놓고 유신, 공명, 공산의 3후보가 싸웠지만, 학회가 다음에 검증하자며 후보를 세우지 못했던 자민당 지지자의 많은 표가 자민당 추천의 공명당 후보가 아닌 공산당으로 흘러들어 갔다고 한다. 공명당 관계자는 "이 선거구는 자민당과의 선거협력으로도 안심할 수 없었다는 것과 도 구상에 당초부터 강하게 반대해 온 공산당이 뒤에서 자민당과 선거협력해 온 것을 알고 있었다. 우리가 유권자에게 쉽게 다가갈 수 있는 대응을 하지 못한 것이 패인이다."라고 회고했다.

수상관저의 요청을 받은 학회 본부의 지시를 거부한 형태로 통일지방선거 중간부터 도 구상에 반대 자세를 명확하게 한 오사카의 공명당이다. 결국 그것이 주민투표의 결과를 좌우했다. 학회원이 투표소에 찾아간다면 그 대부분이 반대표를 던지는 것은 확실하기 때문에 유신과 수상관저의 기대는 학회원의 다수가 기권하는 것이었지만, 이미 통일지방 선거의 흐름은 그렇지 않았다.

통일지방선거 후반전 직후인 4월 27일, 주민투표가 고시되었지만, 골든위크가 되자 창가학회 지구간부들이 지지자를 차와 미니버스로 사전 투표가 이루어지고 있는 구청 등으로 데려가는 모습이 목격되었다. 언론사의 기일 전 투표 출구조사에서는 대체로 반대가 찬성을 10% 정도로 앞지르고 있고, 투표일 당일보다도 반대가 꽤 높았다. 이것으로도 학회원이 반대표를 던진 것을 알 수 있다.

공명당 후보가 입후보하지 않은 선거에서는 기권하는 일도 많았던 학회원에게 군이 억지로 반대표를 던지게 한 동기, 그것은 "종교 이전에 인간의 도리가 있다."라는 하시모토의 1년 전 발언이었다. 어떤 학회 간부는 "자신들의 신앙을 부정하는 하시모토 씨의 한마디로 학회원의 하시모토 혐오는 돌이킬 수 없는 강을 건너게 되었다. 그렇지 않았다면 결과는 달라졌을 것이다."라고 말했다.

하시모토라는 '야당분열 카드'

바바 노부유키

주민투표 결과는 국정에도 큰 영향을 주었다. 민주당 정조회장인 호소노 고시細野豪志 등 민주당 내 '야당재편파'는 도 구상이 부결되어 유신의 구심력이 약해지면 유신 의원의 다수가 민주당으로 합류할 것이라는 기대가 있었다. 이 결과에 따라 2016년의 참의원선거를 앞두고 민주당 내에서 반자민의 대거 수혈을 받아야 한다는 주장이 강해졌던 것이다. 한편 유신 내에서도 민주당 합당에 전향적 의견이 강했다. 다만 국대위원장 바바 노부유키馬場伸幸 등 이른바 '오사카파'는 수상관저에 가까운 하시모토를 국정에 참여시키는 것까지 감안하여 민주와의 합병을 저지할 생각이었다. 유신은 분열하게 되어 더 이상 야권의 주도권을 쥔 상황이 아니었다.

아베나 스가에게 주민투표 결과는 예상치못한 충격이었다. 스가는 주민투표 6일 전 기자회견에서 자민, 민주, 공산 각 당의 국회의원이 합동으로 도 구상반대의 가두연설을 한 것을 "전혀 이해할 수 없다."며 비판했다. 다음날에는 "이중 행정의 효율화를 추진키 위해 대개혁을 추진해야 한다."고

자민당의 오사카부련의 맹렬한 반발을 감내하면서까지 도 구상을 후원했다. 아베도 국회에서 "(오사카 도 구상의) 목적은 중요하다고 인식하고 있다."고 답변하는 등 동의를 내비친 발언을 거듭했다. 그렇기 때문에 패배 결과에 스가는 충격을 받아 친한 정계관계자에게 "좀 지쳤다."며 평소답지 않은 나약한 말을 내뱉었다.

그런데 하시모토와 아베 정권과의 관계는 어디서 시작된 것일까. 일련의 언론 보도를 보면 아베는 하시모토와 가깝고 스가는 오사카부지사 마쓰이 이치로와 친밀한 관계였다고 한다. 그러나 처음부터 아베와 하시모토를 연결한 것은 스가였다. 주민투표 결과가 나온 다음 날 스가는 기자회견에서 하시모토가 정계은퇴를 표명한 것을 듣자 "정계로 나올 것을 설득시킨 한 사람으

하시모토 도루

로서 상념에 잠기게 된다."라고 스스로 밝혔지만 스가는 탤런트 변호사 시절부터 하시모토에 주목하고 교분을 다져왔다.

2008년 하시모토가 오사카부지사에 첫 당선된 직후, 당시 총무상을 거쳐 자민당 선대부위원장을 역임했던 스가가 도쿄의 호텔 오쿠라의 중화요리점에서 하시모토의 당선 축하연을 열었다. 거기서 당시 재무성 사무차관과 주계국장, 총무성 사무차관과 자치재정국장을 동석시켜 하시모토에게 협력해줄 것을 호소했다. 그 뒤 자민당 야당시대인 2012년에는 스가의 중계로 아베-하시모토의 회담이 몇 번이나 진행되었고 두 사람은 마침내 의기투합한다. 하시모토가 아베에게 "자민당을 뛰쳐나온다면 함께해보고 싶다. 아베 씨도 다시 수상이 되었으면 한다."는 말을 꺼내기도 했다. 그 해 9월 아

베가 자민당 총재로 복귀하자 하시모토와 파이프를 가지게 된 것은 은근히 메리트가 되었다. 그 뒤 아베가 수상으로 복귀한 뒤에도 두 사람은 만남을 거듭했다.

아베에게 하시모토와의 파이프는 보수적 정책을 추진하는 과정에서 자주 방해되는 공명당을 견제하는 카드인 동시에 야당판을 흔들어 강력한 아베 자민당의 대항세력이 출현하는 것을 막고 국회운영을 유리하게 하는 '야당분열카드'이기도 했다. 그렇기 때문에 하시모토의 패배는 아베에게 있어서 큰 타격이었다.

구체적으로는 우선 국회 전술의 수정이 불가피했다. 투표 결과가 찬성이 다수가 된다면, 유신은 오사카부를 '오사카 도'로 하기 위한 헌법개정을 스무드하게 추진하기 위해 더욱 아베 정권에게 다가설 것이 확실했다. 수상관저는 당시 국민여론의 강한 반대에 직면해있던 안보법안의 성립을 위해, 여당에 더해 유신의 협력까지 얻어 비판을 분산시킬 계산이었지만 그 계획은 불투명하게 되었다.

통일지방선거에서 고전을 강요당한 공명당

2015년 4월의 통일지방선거에서 창가학회와 공명당은 안보법제에 대해 운동원이 유권자에게 설명하기 위한 새로운 자료를 따로 만들지는 않았다. 그것은 어디까지나 국정 문제라서 지방선거에서는 설명할 필요가 없었다. 그러나 실제로 선거전에 들어서자 지역에서 "지금까지는 반대해왔는데 이번에는 왜 자위대를 언제나 해외에 파견가능한 항구법恒久法에 찬성하는가."라는 질문을 받아 당황했던 운동원도 적지 않았다고 한다.

이 통일지방선거에서 공명당은 예년과 같이 옹립한 후보자 전원의 당선을 목표로 했다. 그러나 앞에서 말한 것처럼 전반전의 오사카시의회선거에서 한 석을 잃었다. 후반전에는 도쿄의 이타바시구板橋区의회선거와 고토구江東区의회 선거에서 현직이 한 사람씩 떨어진데다가 나가노현 마쓰모토시松本市의회선거에서도 신인이 낙선. 모두 4명이 낙선하는 등 힘든 싸움이었다. 게다가 도쿄 오타구太田区에서 4,400여 표, 세타가야구世田谷区에서 3,100여 표나 줄어드는 등 도쿄의 각구의회선거와 오사카시의회선거에서도 지난번보다 득표가 대폭 줄어들었다.

공명당의 지방의원 선거에서는 창가학회가 공명당 후보자에게 투표하는 지지자를 상세하게 분류, 복수 후보자의 득표가 평준화하도록 조정한다. 선거구가 하나인 시의원선거와 정의회선거에서는 3, 4명의 공명당의 후보자가 불과 몇 표차로 거의 나란히 하위로 당선되는 것도 드물지 않다. 공명당은 이 '묘기'를 써서 2003년과 2007년의 통일지방선거에서는 후보자의 약 2,000명 전원당선을 달성했다.

그 다음의 2011년의 통일지방선거에서는 오사카부의회선거와 요코하마시의회선거에서 한 사람씩 도합 두 사람이 낙선하게 되었지만 2015년의 4인 낙선이라는 것은 공명당에게는 비상사태로 특히 도쿄에서 복수의 낙선자를 낸 것은 '과거에 기억이 없는'(학회 간부) 것이라 한다.

이에 대해 학회 간부는 전반전의 오사카에서 고전을 겪어 급거 도쿄에서 대량의 운동원을 오사카로 보내게 되는 등 통일지방선거 사상 초유의 사태마저 더해져 애초부터 창가학회 운동원의 집표력과 정보수집력이 떨어져 처음부터 정밀하게 표를 나눌 수 없었다고 분석된다. 말하자면 정원 44명의 고토 구의원선거에서 공명당은 10명의 공천후보를 옹립했지만, 가장 상위 20위로 당선된 현직이 3,299표를 얻은데 비해 차차점으로 낙선한 현직은 2,430표로 900표 가까이나 벌어졌다. 예전이라면 상상도 못할 '실태'라고 한다.

사이토 데쓰오

창가학회에서는 이러한 사태를 초래한 것은 중참양원 선거에서 최근 득표수가 감소되는 것과 같은 원인에 의한 것이라고 보았다. 즉, 창가학회에서는 학회원의 자녀가 회원이 되는 비율이 상당히 높아서 신규 회원의 대부분이 그렇게 되기 때문에 회원수 자체는 거의 변화가 없었음에도, 오래전부터 열성회원이 격감하고 전체적으로 운동량이 꽤 떨어지고 있다고 한다. 그에 따라 공명당 후보에게 투표해주는 학회원이나 'F표'를 정확하게 파악하는 것도 어렵게 되었다라고 분석되고 있다.

그러나 그동안 반대해 온 집단적자위권 행사를 인정하여 비판을 받은 것이 이 시기의 통일지방선거에 영향을 주지 않았다고는 말할 수 없을 것이다.

공명당의 선거대책위원장 사이토 데쓰오는 전반전의 투개표일, 공명당이 고전한 원인에 대해 기자단에게 답하기를 "국정에 여러 가지 큰 논의가 있어온 것도 영향을 주었다."고 말하여 안보법제를 둘러싼 여당협의가 영향이 있었음을 인정했다.

공명당은 5월의 대형연휴가 시작되자 국회에서 안보법안 심의가 시작되는 것을 포함하여 이 문제에 관한 학습회용의 DVD와 학습자료를 새로이 작성했다. 이것은 통일지방선거에서 이 문제를 회피한 것에 대한 반성이 담긴 대응이었다.

공명당 간부의 한 사람은 "안보법제에 관해서는 이제까지 일반 유권자의 관심이 비교적 적었기 때문에 텔레비전에서도 주간지에서도 거의 다뤄지지 않았다. 그러나 국회논전으로 종래 견해와의 정합성과 공명당과 아베 수상과의 인식 차이 등을 파고들게 되면 미디어에서도 다루게 된다. 그렇다 보니 일상활동에서 유권자로부터 질문을 받는 것도 늘어나서 조직방어상 현장의 운동원을 공부시킬 필요가 있다."고 설명하고 있다. 이 즈음 각종여론조사를 보아도 공명당의 지지층에서는 안보법안에의 반대가 찬성을 상당히 상회하고 있었다. 학습회자료의 작성은 내부를 다지기 위해서도 필요했던 것이다.

안보 이외는 수상관저에 공세

오사카 도 구상의 부결에 따라 공명당은 안보법제 이외의 문제에서는 정부·자민당에 공세를 취하려는 의지를 가지고 있었다. 2014년 말의 중의원 선거에서 자민당이 승리하면서부터 "수상관저는 공명당에 우려를 가지지 않고 한층 가볍게만 생각해왔다."(공명당 간부)고 느껴져왔기 때문이다.

제1차 아베 정권 때와 마찬가지로 이때도 참의원에서 자민당이 단독과반을 차지하지 못해 공명당 도움을 빌리지 못하면 법안 통과가 불가능하다는 점에서는 기본적인 구도에는 변함이 없었다. 그러나 이전과 크게 다른 것은, 참의원에서 유신이 일정세력을 가지고 있기에 만약 공명당이 반대하더라도 유신이 찬성으로 돌아서면 법안은 가결된다는 것이다. 하시모토와 아베의 개인 관계도 더해져 정책 면에서도 보수색이 강한 유신의 향방은 공명당보다 아베 정권에 상당히 가까웠기 때문에 실제로 그 가능성은 꽤 존재하고 있었다. 이러한 상황을 거치며 아베는 그때마다 '유신(하시모토)카드'를 슬쩍슬쩍 비춰 공명당의 발언력을 감소시켜왔다.

그렇기 때문에 오사카 도 구상이 내버려져 하시모토가 정계에서 퇴장한 것은 공명당에게 여당 내의 발언력을 회복시킬 큰 찬스이기도 했다.

공명당이 이 기회에 실현하고자 하는 의지를 담은 것이 당으로서 가장 중시해 온 소비세의 경감세율의 도입이었다. 5월 하순 여당 세제협의회에서 경감세율도입문제의 논의가 3개월 만에 재개되었다. 그러나 공명당이 소비세율 10% 인상과 동시에 경감세율을 도입하고 그 대상품목도 아무리 못해도 식료품 전반이라고 생각하는 것에 반해, 자민당은 어느 것에 대해서도 소극적이어서 협의 난항은 불가피했다. 이에 대해 공명당의 세조간부는 5월 말, 하시모토의 정계 퇴장선언에 따라 "그동안 재무성에 의존하는 것이 자민당 세조의 베이스였다. 이제는 공세적 자세로 임하는 환경이 조성되었다."라고 의지를 담았다.

아베의 비원이 되어버린 헌법개정문제도 같은 식이었다. 공명당은 2015년 4월, 당 헌법조사회에서 약 2년 만에 헌법논의를 재개했다. 이전부터 '가헌'을 기본노선으로 견지해 온 공명당이었지만 창가학회의 부인부는 여전히 헌법개정 반대론이 뿌리 깊고 당대표 야마구치도 속마음은 '호헌' 입장이라고 알려져있다. 이러한 분위기를 배경으로 공명당 내에서는 '가헌'의 대상이 되는 항목을 바꾸어 신중하게 검토하자는 의견이 강해졌다.

그 배경에는 자민당 내에서 헌법개정은 대책없이 본체인 9조를 건드리는 것이 아니라 환경권과 대규모 재해가 일어날 때의 긴급사태조항 등을 추가하는 '가헌'으로 돌아가는 것이 상책이라는 의견이 나오기 시작한 것도 있었다. 공명당의 '가헌'노선이 자민당에서 역으로 꺼내질 가능성이 나온 것이다. 이것을 공명당 측에서 견제하는 것도 논의 재개의 초점이었다.

공명당 내에서는 헌법개정에 대해 해박하다고 알려진 중견간부를 포함해 이 즈음 "헌법 개정은 서두르지 않는 것이 좋다. 일단 지금은 경제에 집중하자고 아베 씨에게 진언한다."는 말이 나오는 등, 도 구상의 실패는 자공양당의 역관계에 미묘한 영향을 주기 시작했다.

초점이 된 하시모토의 정계복귀 가능성

"집단적 자위권 행사를 가능하게 하는 것이 일본의 안전보장상 불가결하다." 아베 신조는 모리·고이즈미 두 내각에서 관방장관을 역임할 당시 故오카자키 히사히코岡崎久彦(전 주태국대사) 등과의 학습회 등을 통해 늘려온 신념을 키워왔고 이는 2015년이 되어 실현할 수 있었다. 그러나 그것을 구체화하는 안보법안에 대하여 2015년 통상국회의 심의를 거치며 비판이 높아졌다. 제2차 정권 발족 때부터 일관되게 50%를 넘는 높은 수준을 유지해온 내각 지지율은 30%대 후반으로 급락하여 큰 대가를 치른 비원달성이 되었다.

아베 내각의 정권운영이 순조로웠던 것은 야당진영이 분열하고 정권교체가 가능한 강력한 야당이 없었다는, 이른바 적이 없어서 가능했던 측면이크다. 아베나 스가도 그것은 충분히 인지하고 있었다. 그렇기 때문에 안보법안 심의과정에서도 무슨 수를 써서라도 유신을 찬성으로 돌려 야당을 분열시킬 수 있을지 모색을 계속했다.

그러나 유신은 5월의 오사카 도 구상을 둘러싼 주민투표에서 패배한 이후 민주당과 합병을 거쳐 야당재편을 위해 움직여나갔다. 결국 민주당과의 합병에 반발하는 '오사카계'와의 당내 대립으로 유신은 분열한다. 안보법안을 둘러싼 정국에서는 아베의 역할이 좀처럼 서지 않았다.

오사카 시장 하시모토 도루가 오사카계의원들을 모아 새롭게 결성한 '오사카유신회'에 참가한 국회의원은 처음에는 20명을 밑돌았지만 유신 대표 마쓰노 요리히사松野頼久와 전 대표 에다 겐지江田憲司 등이 '오사카계'와의 암투 과정에 수상관저가 오사카계의 지원을 노골적으로 펼쳤다. 마쓰노 등 집행부 측의 사람이 늘어나고 그것이 민주당과의 합병으로 진행되어 중의원만으로 100명 규모의 야당이 출현하게 되면 지지율이 떨어지고 있는 아베 자민당 대신 정권을 '맡을 그릇'이 될 수 있다. 정권교체로의 일보전진을 허용해 버렸던 제1차 아베 정권 당시 참의원선거 참패의 악몽이 다시 되풀이될지도 모른다는 걱정이 있었다.

스가는 2015년 7월에 오사카부 지사인 마쓰이와 회식에서 오사카계 세력을 확보하기 위해 전면 협력할 것을 약속했다. 실제 스가는 그 뒤 유신의 국회의원과 만난 직후, '오사카유신'으로의 참가를 촉구하기도 하고 오사카계 당원을 늘리기 위해 물밑에서 당원 모임에도 협력했다고 전해진다. 그보다 앞서 6월에는 은퇴를 표명한 하시모토와 아베도 함께 긴 시간 식사 자리를 갖고 조기 정계 복귀을 위한 응원을 보냈다.

오사카 더블선거라는 천왕산天王山[71]

오사카에서는 11월에 부지사선거와 오사카 시장선거의 더블선거가 예정되어있었다. 오사카 자민당은 이 선거에서 부지사선거는 현직 마쓰이 지사의 대항마로 자민당의 여성 부의원을 오사카 시장선거에서는 자민당 시의원을 옹립하여 유신에 맞서고자했다. 하지만 자민당 안에서는 유신과의 전면대결을 피하자는 수상관저와 '유신증오'로 똘똘 뭉친 자민당 오사카부련과의 타협안으로 지사선거는 유신의 마쓰이를 자민당이 추천하고 시장선거는 자민당 추천 후보를 유신이 추천하는 '역할 분담'도 한때 고려되었다.

그러나 '오사카유신'은 근소한 차로 부결되었던 '오사카 도 구상'의 부활이 생명선이었고, 그 부활을 위해서는 더블선거에서 양쪽 모두 이겨야 했다. 오사카 부련이 방침을 바꿔줘도 할 수 없었다. 한편 자민당 오사카부련은 오랜 시간 대결해온 '오사카유신'과 타협하여 오사카 도 구상에 찬성하는 것은 있을 수 없는 일이었다. 그렇기 때문에 이 안은 일찍 폐기되었다.

이 더블선거는 하시모토가 총력을 걸었던 주민투표의 부결에 따라 치러진 것으로 당초에는 '오사카유신'이 고전할 것이라 예상되었다. 특히 하시모토의 은퇴표명에 따라 진행된 오사카 시장선거는 더더욱 고전이 예상되었다. 앞으로의 국정선거에서 전국에서 후보자를 세워 싸우자 선언했음에도 불구하고 신당의 명칭에 '오사카'를 붙인 것도 우선 이 오사카의 더블 선거를 지켜내는 것이 자신들의 생존 전제조건이라는 인식 때문이었다. 마쓰이는 국회의원들에게 "더블선거가 끝남에 따라 전국정당에 상응하는 당명으

---

71 천왕산天王山: 승패를 판가름하는 기회, 천왕산은 교토와 오사카의 경계에 있는 산으로, 1582년 하시바 히데요시와 아케치 미쓰히데가 이 산의 점령을 다투어, 히데요시가 먼저 이 산을 점령함으로써 승패가 결정난 데서 유래된 말.

로 다시 바꾸기 때문에"라고 전했다. 이 더블선거에서 1패라도 하게 되면 마쓰이 등은 정치적 영향력을 급속도로 잃어 정당으로서의 생존여부도 곤란하게 될 것이 확실했다.

위기감을 강하게 느낀 하시모토와 마쓰이는 더블선거에서도 수상관저에 가세를 요청했다. 10월 27일 자민당 간사장 다니가키 사다카즈는 더블선거를 위해 당소속 참의원 회합에서 "아베 수상은 '이번 선거를 제대로 싸우지 못하면 오사카의 자민당은 제대로 설 수 없다.'라고 말했다."라고 말하며 아베와 스가가 '오사카유신'에 지원하고 있다는 당내 걱정을 불식시키려 했다. 그러나 그 다음날, 부지사선거를 목전에 둔 마쓰이가 당당히 수상관저를 방문하여 방재대책의 진정을 명목으로 스가와도 30분간 회담했다. 오사카부련에서는 "이 시기에 대립후보를 만나는 건 해당행위나 마찬가지"라며 격하게 반발하는 목소리가 높았다.

유신과의 선거전을 피하고 싶은 의도

5월의 주민투표에서 '오사카 도 구상'이 무너진 것은 오사카의 공명당이 학회본부로부터 강한 중립요청에 의해 일단 '자율투표' 방침을 결정했지만, 현장 학회원들의 강렬한 '반하시모토' 감정에 압도되어 갑자기 반대 방향으로 선회한 것이 커다란 원인이었다. 그래서 마쓰이는 스가에게 이번엔 공명당과 창가학회에게 최후까지 '중립'을 관철해달라 의뢰했다고 한다.

스가는 주민투표 때와 같이 창가학회본부에서 선거대책을 책임지고 관리하는 부회장 사토와 물밑에서 접촉했다. 이번에야말로 창가학회가 '중립'

을 철저하게 할 것을 요청했다. 스가의 뜻에 따라 사토는 9월에 오사카의 창가학회 간부에게 '중립'을 지킬 것을 제의했다. 그때 사토는 소비세의 경감세율도입문제도 있기에 수상관저에 그 거래를 제안할 필요가 있었다.

오사카의 창가학회와 공명당 분위기는 주민투표 때와는 사뭇 바뀌어 있었다. 주민투표 때는 하시모토에 대한 강한 알레르기 말고도 사토가 오사카의 학회 간부와 공명당 국회의원에게 일절 알리지도 않은 채 하시모토와 밀약을 체결했다는 것에 대한 감정적 반발도 있었다. 그렇기 때문에 오사카의 학회원들은 '중립요청'을 무시하고 투표에 나서서 반대표를 던졌다.

그러나 이번엔 오사카의 학회도 공명당도 비교적 가벼운 마음으로 사토의 요청을 받아들였다. 이대로 '오사카유신'과 전면전쟁을 계속한다면 차기 중의원 선거에서 공명당이 후보자를 세우는 관서의 선거구에서 '오사카유신'이 후보자를 맞세울 것이 확실했다. 그렇게 된다면 학회 내에서 '상승관서'라고 불리던 학회의 금성탕지金城湯池 오사카도 결국 관서에서 인기가 높은 유신 후보와 격렬한 소모전을 강행해야 한다. 그것은 피하고 싶은 것이 당장의 생각이었던 것이다.

그럼에도 하시모토와 직접 대립해 온 오사카 시의회의 공명당 의원단 사이에서는 '반유신'의 분위기가 강해, 10월에는 시의원단으로서 오사카시장 선거에 자민당후보 지원 방침을 내심 상의하고 있었다. 도 구상 주민투표 당시 공명당이 '반대'로 닻을 내린 것은 오사카 시의원들이 통일지방선거의 한복판에서 일으킨 반란이었다. 이번에도 그들은 유신후보가 다시 도 구상을 공약으로 내걸고 있는 것에 강하게 반발하고 있었다. 물론 자민당 오사카부련이 공명당을 자기편으로 끌어들이면 승리를 내다볼 수 있기에 공명당에게 필사적으로 매달리고 있다는 것도 영향을 주었다. 애초에 자공양당이 연립을 구성한 1999년 이후 공명당이 후보자를 옹립한 오사카부 내의 4개 선거구에서 자민당은 후보자를 내세우지 않고 공명당 후보를 추천해왔다. 기본은 어디까지나 지역의 '자공협력'이었다.

그러나 공명당 오사카본부는 11월 2일에 열린 집행부회의에서 자율투표로 할 것을 결정했다. 하시모토가 10월 중순 가두연설회에서 "공명당이 나선다면 총공격을 개시한다."라고 뒤흔들어 놓게 되자 전면충돌은 피하고 싶던 국회의원과 부의회의원단 의향이 우선되었다.

'공산당의 지원'이 아베가 원하는 결과를 낳다

회의에서는 유신이 더블선거에서 다시 도 구상을 공약으로 내걸고 있는 것과, 자민당 오사카부련에서 추천 의뢰가 온 것을 이유로 "중의원 선거에서 유신과 대결하는 것을 각오하고라도 자민당 후보를 지원해야 한다."는 의견이 나왔지만 오사카부 본부대표이자 중의원인 사토 시게키 등이 그것을 일축했다. 주전론을 제압한 것은 '공산당과는 같은 테이블에 앉을 수 없다.'라는 사토의 발언이었다.

지지층이 겹치는 공명당과 공산당은 오랜세월 오사카에서 격렬한 대립을 계속해 온 숙적들이었다. 안보법안의 국회심의에서도 오사카에서의 반대데모에서 일부의 창가학회회원이 참가한 것이 보도되자, 오사카를 기반으로하는 공산당 서기국장 야마시타 요시키山下芳生가 "공명당 지지자의 여러분의 마음을 이어받아 운동을 전개해 나가겠다."며 창가학회를 자극하는 발언에 공명당이 강하게 반발하는 사건도 일어났다.

공산당은 "자민당보다 나쁜 보수정치를 하는 유신의 정부·시정을 스톱시키자."라며 이 더블 선거에서는 '자민당 후보를 자주적으로 지원한다.'라는 매우 이례적인 방침을 결정했다. 실제 자민당 추천 후보의 지원에 가장 활발하게 움직이는 것은 공산당의 지방의원이라는 목소리가 들릴 정도로, 공산당의 활동은 눈에 띄었다. 자민당도 참

야마시타 요시키

의원이자 시장후보의 숙부이기도 한 야나기모토 다쿠지柳本卓治가 공산당계의 단체가 개최한 집회에 참석하여 공산당 서기국장 야마시타와 단상에서 손을 맞잡고 '반유신 공투'를 외치는 이례적인 전개가 펼쳐졌다.

공명당·창가학회는 이에 반발. 공명당 시의원단의 '주전론'을 받아들이기 편리한 분위기가 되었다.

4월 통일지방선거에서 전승을 목표했던 공명당은 오사카시의회선거의 고노하나구此花区에서 공산당 후보와 경합했지만 결국 의석을 잃고 말았다. 하시모토가 '종교 이전에 인간의 도리가 있다.'라고 공명당을 공격하는 발언을 한 이래 반유신이 뿌리 깊은 오사카의 학회원들도 '공산당과 함께 할 수 없다.'는 설명에 납득할 수밖에 없었다. 결국 공산당의 대응이 결과적으로 수상관저가 바라는 결과를 낳았다는 아이러니한 상황이 되었다.

이번에는 '자율투표'를 비교적 순조롭게 결정한 공명당이었지만, '투표를 하게 되면 거의 대부분이 자민당 후보에게 투표한다.'는 학회 간부의 말처럼 실제 기일 전 투표에 발길을 움직인 유권자 중 '공명당지지'라고 답한 사람의 약 8할은 자민당 후보에게 투표했다. 그러나 더블선거에서는 '자율투표' 방침이 그렇게 철저했기 때문에 공명당 지지자의 다수가 투표를 하지 않았

다고 보여진다. 시장선거의 투표율은 오사카 도 구상의 주민투표보다도 16 포인트 이상이나 낮은 50.5%에 그쳤다. 그것이 '오사카유신'에게 유리하게 작용한 것은 말할 필요도 없다.

선거가 최우선이라는 창가학회의 습성

애초에 공명당은 유신이 이 더블선거에서도 패배하여 세력을 잃는 전개를 내심 바라고 있었다. 아베는 이제까지 유신과의 밀월 관계를 야당분열에 이용할 뿐 아니라 여당인 공명당의 발언력을 봉인하기 위해서도 이용해 왔기 때문이다. 아베가 보수적인 정책을 진행하게 되면 공명당은 자주 '저항세력'이 되어버린다. '공명당이 반대해도 여차하면 유신의 찬성으로 법안을 성립시킨다.'라는 무언의 협박은 공명당을 견제하는데 매우 유효했다.

그렇기 때문에 공명당 집행부도 '지역이 자민당과 함께 한다고 하면 멈추게 할 수 없다.'라며 유신에 지원사격을 하는 수상관저에 냉담했다. '유신을 이용하여 공명당을 가벼이 취급해 온 주제에, 선거에서 유신에 유리하도록 해달라는 건 벌레 같은 짓이다.'(학회 간부)라는 게 속마음이었다. 앞서 다루었지만 5월의 주민투표에서 유신이 패배하고 하시모토가 정계에서 은퇴를 표명했을 때 공명당 간부는 '이로써 아베 씨도 공명당을 소홀히 할 수 없다.'라며 득의양양한 미소를 지었다.

실제, 아베는 그 뒤 후술하는 경감세율 도입문제 등에서 공명당을 보다 배려하는 자세를 보였다. 일단 더블선거에서 아베에게 가까운 '오사카유신'이 패배하고 구심력을 잃어 보다 많은 '유신'의원이 민주당으로 합류하게 되면 수상관저에 위기감이 생기니, 공명당을 더욱 중요하게 다룰 수밖에 없다. 공명당에게는 한층 희망적인 상황이 된다. 그러나 이때 공명당과 창가학회는 관서의 중의원 소선거구라는 다음 전투의 근시안적 이익을 우선하였다. 어떤 것보다도 눈앞에 닥친 선거에서의 의석 확보가 최우선이라는 창가학회의 습성이 단적으로 나타난 대응이었다.

공명당의 어시스트 덕분에 '오사카유신'은 더블선거에서 2승을 거두어 살아남게 되었다. 그러나 '오사카유신'은 소수정당으로 전락하여 국회에서 영향력이 급격히 저하되었다. 아베 정권에게는 국회운영상 기존과 같은 야당분열전략은 쓸 수 없게 되었다. 2016년 3월에는 유신에서 절반의 의원이 민주당으로 합류하여 제1야당의 힘도 증가했다. 공명당이 아베 자민당의 독주를 막을 만한 힘도 증가했다. 창가학회는 이제 해 볼 만하다고 생각했다.

제10장

2016년 참의원선거, 창가학회의 필사의 공세

- 공명당 의존을 강화하는 아베 정권

안보법에 '납득할 수 없는' 학회원들

2016년 여름 참의원선거가 임박해 오자, 공명당과 창가학회의 내부에서는 선거 위기감이 확산되어가고 있었다. 그 원인의 하나는 말할 것도 없이 2015년의 통상국회에서 아베 정권이 전년의 집단적자위권 행사 용인의 각의결정에 따른 안전보장법제관련법(안보법)을 강행 성립시켜 공명당도 그에 동조했던 일이다.

공명당도 창가학회도 당초에는 법안 심의를 낙관적으로 보았다. 6월에 들어서자 중의원의 법안심사회에서 자민당 추천의 하세베 야스오長谷部恭男 등 헌법학자 3인 전원이 '법안은 위헌'이라고 표명, 그것을 계기로 반대운동이 확산되기 시작하고 공명당은 '이 문제는 이미 결착을 봤다.'며 관망했다.

창가학회에서는 전년도 7월의 집단적 자위권 행사 용인의 각의결정 이후 이 문제의 학습자료를 작성하고 공명당의 의원을 강사로 하는 정치학습회를 집중적으로 개최하는 등, 공명당의 입장에 이해를 구하는 활동을 철저히 진행해 왔다. 창가학회와 공명당이 이 정도로 철저한 학습활동을 한 적은 1992년에 공명당이 PKO[72] 협력법 찬성으로 내부에서 강한 반발이 나왔을 때 정도로, 과거를 통틀어 몇 차례밖에 없었다. 할 수 있는 모든 것을 다 했다는 자부심이 있었기 때문에 공명당 간부는 '더 이상 할 수 있는 것은 아무것도 없다.'라고도 말했다.

그러나 2015년 4월 통일 지방선거에서는 창가학회 운동원들이 일반 유권자에게 '왜 "평화의 당"인 공명당이 자위권을 언제든 해외에 내보낼 수 있는 법안에 찬성했는가.'라고 질문받아 답변이 궁색해졌다는 목소리가 전국

---

72 PKO_PeaceKeeping Organization: 유엔평화유지군. 1992년 PKO협력법이 통과되면서 자위대의 군사활동을 사실상 보장해주기 시작했다.

각지에서 들려왔다. 그것이 고전의 한 원인이었다는 의견이 공명당 간부 사이에서 퍼져갔다.

이 때문에 공명당은 창가학회 측과 5월 연휴 초에 겨우 안보법안에 관한 학습영상을 새로 제작한다. 창가학회가 2015년 초 전국 각지의 지구부장들에게 단말기를 배포하여 구축한 네트워크에 의한 학회 독자의 영상 수신 시스템을 사용하여 이를 배포했다. 동시에 「전쟁법은 전쟁을 막는 평화안보법제」라는 제목의 학습자료도 만들었다. 그러나 처음에는 영상도 학습자료도 필요에 따라 '지역의 학습활동에 사용할 것'으로 공지했다. 전년도 7월 각의결정 때처럼 학습활동을 철저히 하라는 지시는 내지 않았었다.

6월, 7월에 심의가 진행되면서 일부 창가학회원이 반대 서명활동을 시작하는 한편 반대 데모에 적·황·청의 창가학회의 3색기가 내걸리는 일 등이 연이어 보도되었다. 그러나 창가학회본부는 여전히 특단의 움직임을 보이지는 않았다. 물론 내부의 반대 움직임은 예의 주시하며 분석하고 있지만 반대운동은 지극히 일부 학회원의 움직임에 그치기에 방치하고 있었다. 한 간부는 "안보법제에 반대하는 단체와 언론이 지극히 소수 내부의 반대의견을 확대하여 다루고 있을 뿐이다. 조직의 결속력은 흔들리지 않는다."며 의연함을 보이고 있었다.

그런 와중에 창가학회 최고협의회가 예년과 같이 7월 말 4일간 도쿄 시나노마치의 창가학회본부 별관에서 열렸다. 첫날에는 전국 13방면장과 방면의 부인부장, 청년부장들과 본부 최고간부들이 한곳에 모이는 전체회합이 열렸다. 공명당 대표 야마구치 나쓰오도 출석했다. 거기서 지방의 출석자로부터 안보법안에 대해 "회원들이 '공명당은 왜 전쟁법안에 찬성했는가.'라며 지인들에게 질문을 받아 곤혹스러워하고 있다. 당은 더 확실하게 설명해달라."라는 목소리가 잇달았다. 야마구치는 "더 제대로 대응하겠다."라고 답할 수밖에 없었다.

더욱이 8월이 되자 명예회장 이케다 다이사쿠가 창설한 창가대학과 창가여자단기대학의 교원들이 중심이 되어 '법안에 반대하는 유지有志 모임'이 결성되었다. 이들의 서명활동이 시작되자 드디어 학회의 간부들도 위기감을 강하게 가지기 시작했다.

창가학회에서는 이때 전국적으로 약 4주간 긴 여름휴가에 들어가 지역의 좌담회 등 온갖 활동을 쉬고 있었지만, 휴가기간인 8월 하순부터 전국각지의 '본부'와 그 밑의 '지부'라 불리는 지역에서 영상과 학습자료를 사용한 정치학습회가 일제히 시작되었다. 이 학습회에서는 공명당의 국회의원과 지역의 지방의원들이 강사로 나섰다.

2015년 통상국회는 현행 헌법하에서는 최장기간인 95일까지 연장되었다. 9월이 되어서도 국회가 열려있던 평일은 국회의원이 도쿄에 있기 때문에 도쿄과 지바, 사이타마 등의 수도권에서는 안보법제의 여당협의회에서 공명당 측의 책임자를 맡은 기타가와 가즈오와 중의원의 특별위원회에서의 이사를 맡은 도야마 기요히코遠山清彦들이 매일같이 각 지역에서 열린 모임에 나갔다.

학습회에서 쓰인 영상에서는 공명당 대표 야마구치의 인사말에 이어 민주당 정권당시에 방위상을 역임한 안전보장문제의 전문가 모리모토 사토시森本敏와 정치평론가 모리타 미노루森田実 등 외부 인사들이 연이어 등장했다. 공명당이 '평화의 당'으로서 어떻게 여당협의 중에 자위대의 활동에 제동을 걸어 헌법9조의 종래 해석과의 정합성을 지킬 것인가 등을 해설했다. 그중에서도 모리모토의 이야기는 "본래는 민주당이 야당으로서 대안을 내어 정부안에 수정을 압박하고 제동을 거는 역할을 해내야 할 것인데 '저항야당'이 되어 그것을 태만히 했기에 대신 공명당이 그 역할을 해낸 것이다."는 내용이었다. 민주당 정권의 각료였던 학자가 민주당의 대응을 비판하면서 공명당을 추켜세우는 모양이 각지의 리더급 회원들한테 특히 평판이 좋았다고 한다.

현장의 학회 간부는 "영상을 본 대부분의 학회원들은 전면적으로 찬성하지는 않더라도 일단은 납득했다고들 한다."고 말했다. 그러나 30명부터 50명 정도가 출석하는 학습회를 물어보면 최후까지도 '납득할 수 없다.'고 하는 학회원이 1~2명은 나오는 케이스가 많았다고 한다. 이런 현상은 1992년 자위대를 처음으로 해외에 파견하는 구조를 결정한 PKO협력법에 공명당이 찬성했던 때랑 2003년의 자위대의 이라크파견에 공명당이 찬성했던 때에도 비슷했다.

전직 현장간부는 "공부모임에서 '알겠다'라고 말해준 사람에게도 꺼림칙한 것이 남아있다는 인상을 받는다. 참의원선거에 어떤 영향을 줄 지 걱정이다."라고도 말했다. 많은 학회원이 안보법을 납득하지 못했던 것이다.

공명당 간부도 "조직에 큰 균열이 생기는 것은 아니었지만, 반대운동이 이만큼 번성하자 참의원선거에서의 영향이 걱정되었다. 실제로 표를 모으러 다니는 운동원이 일반의 유권자로부터 안보법에 대하여 '설명'을 요구받아 운동의 활력이 떨어질까 하는 두려움이 있다."라고 위기감을 나타내고 있었다.

창가학회에서는 9월과 10월에 이 학습활동을 계속하여 평소부터 지역의 좌담회에 참가해 온 학회원의 경우 거의 전원이 출석했다고 한다. 11월이 되어서도 안보법에 이해를 구하는 행각을 계속했다는 중의원은 "아베 수상은 '국민에게 설명하는 노력을 계속한다.'고 되풀이하여 말하고 있지만, 사실

자민당의 의원들은 아무것도 하지 않고 있다. 진정성 있게 계속하고 있는 것은 우리 당뿐이다."라고 불만을 털어놓았다.

경감세율을 둘러싼 자민 재무성연합의 공방

이런 와중에 공명당과 창가학회에서 대소동이 일어났다. 9월 5일, 요미우리신문과 니혼게이자이신문이 조간 1면 톱에서 '소비세율을 10% 인상할 때 부담경감책으로 재무성 원안이 확정됐다.'라고 보도한 것이다.

앞에서도 거듭 이야기해 왔지만 공명당은 2017년 4월(당초는 2015년 10월)로 예정되었던 소비세율이 10%로 인상할 때 식료품 등을 대상으로 '경감세율'을 도입할 것을 강하게 촉구해 왔다. 2014년 말 중의원 선거에서도 '이번에야말로 경감세율 실현으로'라고 포스터에 크게 기재하여 사실상 선거공약을 경감세율 실현 하나로 집중하여 선거전을 치렀다. 다만 재무성과 자민당 세조稅調: 稅制調査会의 간부는 경감세율 도입에 일관되게 소극적인 자세로 임하여, 협의는 암초에 부딪혔다.

그런 와중에 자민당 세조회장 노다 다케시野田毅로부터 '공명당도 납득할 수 있는 대안을 가져와라.'고 의뢰받은 재무성 주세국장 사토 신이치佐藤愼ー 등은 은밀하게 안을 준비했다. 그것은 식료품을 구입할 때 같이 지불된 소비세의 2%분이 신고되면 나중에 소비자에게 환불시켜주는 '환부금제도'였다. 사업자의 사무 부담이 적다는 게 이 제도의 메리트였다. 노다와 재무성 간부는 2015년 5월, 일찍이 재무차관도 경험하고 사토 신이치와도 아는 사이인 공명당 부대표 기타가와 가즈오를 불러 이 안을 설명했다. 기타가와는 '일본형 경감세율제도'라고 재무성이 이름 붙인 이 안을 '훌륭한 경감세율이다.'라며 받아들였다.

그러나 이 제도는 '마이넘버マイナンバー[73]를 사용하는 것이기 때문에 밖으로 나가면 국회에서 마이넘버법안 개정 심의에 악영향을 끼칠 것이 예상되었고, 때문에 법안 발의 전까지 극비로 다뤄졌다. 그럼에도 공명당이 납득하지 못한다면 법안을 작성한 의미가 없기 때문에 기타가와는 6월에 들어서자 당대표인 야마구치와 간사장 이노우에 두 사람만에게는 은밀하게 설명했다. '이 안으로 납득할 수밖에 없다.'라고 몰아붙인 기타가와에게 두 사람은 '다른 방법이 없다면 어쩔 수 없지 않겠나.'라며 양해했다고 한다.

당시는 안보법안 심의의 한창으로 수상관저는 그 대응에 힘겨워하고 있었다. 그렇기 때문에 재무성이 수상 아베에게 환부금제도를 설명한 것은 9월 1일이 되어서였다. 아베는 이 환부안에 대하여 설명을 듣자마자 "공명당은 괜찮아하나?"라고 물었다. 재무성 간부는 "대표도 간사장도 양해했습니다."라고 답했지만 이 문제가 공명당에게 중요한 문제라는 인식을 가진 아베는 "여당협의에서 의논해 보도록 하자."며 명확한 결론을 피했다. 그러나 재무성 간부들은 "공명당 집행부가 양해했기 때문에" 라며 순항을 낙관했다.

당 집행부도 동의했던 재무성안을 묻어버린 학회

그런데 그 직후 이 환부금안이 신문에 보도되자 상황은 일변했다. 공명

---

73 마이넘버マイナンバー, 共通番号制度 : 일본에서 2016년부터 시행되고 있는 개인식별번호 제도다. 번호 자체에 식별 정보가 담긴 한국의 주민등록번호와 달리 암호화된 번호로 표기한다.

당 간부들 밑에서는 신문보도로 환부금안을 알게 된 관계자들이 '이런건 경감세율이 아니다.'라며 부정적인 의견이 연이어 올라왔지만, 사전에 재무성안을 들어서 알고 있던 공명당 간부들은 당혹스러워했다.

이 재무성안은 창가학회 간부들에게는 사전에 알려지지 않았다. 그 내용을 사전에 입수했던 한 학회 간부는 "소비자의 세금고통 완화라는 목적이 달성되지 못한다. 이런 안으로 내부 동의는 힘들지 않을까."라는 의문을 품고 "이런 것을 받아들고 온 기타가와 씨의 책임문제까지 거론 안 될 수 없다."고 말했다.

부회장(광선국장) 사토는 관방장관 스가의 전화를 받아 "이런 안으로는 조직이 절대 동의할 수 없다. 참의원선거에서의 선거협력도 공중분해되기 때문에 철회하는 수밖에 없다."고 전했다.

창가학회의 수뇌부가 환부안에 난색을 보인다는 정보가 전해지자 창가학회 내에서도 공명당 내에서도 아차 하는 사이에 반대 일색이 되어 버렸다.

환부안이 보도되었던 다음주 9월 10일 아침, 공명당과 창가학회의 간부들은 시나노마치의 학회시설에서 비공식적인 정계연락회의를 열었다. 회의에서는 부회장 사토가 "이런 안으로는 내년 참의원선거는 치를 수 없다. 선거방침도 재검토할 필요가 있다."라고 말하며 이듬해 참의원선거 선거구에서 과거 최대 7인을 옹립하기로 한 방침의 재검토도 언급했다. 이어 본래대로의 경감세율제도 실현을 당 측에 강하게 촉구했다. 다른 학회 측 출석자도 "재무성안은 도저히 경감세율이라 할 수 없다는 목소리가 압도적이다." 등의 의견이 터져 나왔다. 학회 간부들은 당 측에 재고할 것을 강하게 촉구했다.

이 날은 마침 전국 13방면의 방면장들이 상경하여 시나노마치에서 방면장회의가 열렸지만 여기에서도 출석자들로부터 "일단 소비세를 전액 지불해버리면 경감세율이라고 말할 수 없다." 이러한 안으로는 회원들의 이해를 얻지 못하고 선거도 치를 수 없다."며 격렬한 의견이 분출했다. 그 자리에 있었던 공명당의 야마구치를 대놓고 겨냥했다.

니시다 마코토

같은 날에는 국회의 여당세제협의회도 열려 재무성이 이 안을 처음 정식으로 설명했다. 그러나 공명당 세제조사회 사무국장 니시다 마코토 西田実仁가 "이런 것은 경감세율 흉내일 뿐"이라고 격한 반응을 내자, 정조회장 대리 우에다 이사무 上田勇도 "모든 국민이 복지카드를 가지고 다니면서 물건을 사게 하는 것은 현실성이 있는가."라고 지적하고 "이런 불완전한 안을 추진하게 된다면 세율인상 그 자체가 다시금 연기될지 모른다."며 재무성을 견제했다. 공명당 세제조사회장 사이토 데쓰오도 "이 제도가 여당에서 합의한 경감세율제도라고 말할 수 있을지도 포함하여 의논해야 한다."고 신중론을 전개했다. 이 안을 내밀하게 검토해왔던 기타가와만은 회의 후 "이것이 안 된다고 하면 경감세율 자체가 암초에 부딪히게 되는 것"이라며 아연한 표정으로 말했다.

격량에 빠진 공명당 세제조사회

다음 날인 11일에 열린 공명당 세제조사회는 격량에 휩싸였다. 환부금제도를 설명한 재무성 간부에게 의원들은 "당신들이 우리 선거공약을 휴지조 각으로 만드려는가. 공명당을 우롱하고 있다.", "재무관료는 독거노인의 현 실을 알기는 하는가."라고 입을 모았다. 기타가와가 물밑에서 재무성안을 승인한 것에 반발도 표면화되어 부흥청[74] 부대신 하마다 마사요시浜田昌良는 "제멋대로 이런 안을 진행시킨 세조간부는 교체해야 한다."며 당 세조고문 을 맡은 기타가와를 규탄했다.

더욱이 다음 날 12일에 도쿄·미나미모토마치南元町의 공명당 본부에서 열 린 전국 현県대표협의회에서도 "서민에게 부담을 떠넘겨 사업자를 지키자는 것이냐. 이런 안으로는 참의원선거를 치를 수 없다."(후쿠오카) "당의 공약과 다른 안이 느닷없이 나오더라도 승복할 수 없다."(홋카이도) 등 강한 반대론 이 속출하여 찬성의견은 전무하였다. 사이토 데쓰오는 "여러분 목소리가 마 음을 울렸다. 무겁게 받아들여 협의에 임하겠다."며 자리를 떠났다. 회의는 본래 이듬해 참의원선거 결속을 확인하는 장으로 만들어진 자리였지만 그 런 일은 일어나지 않았다.

이러한 상황에 공명당의 한 중견의원은 "자민당이 약속을 이행하지 않았 기에 '이래서는 선거에서 자민당을 지원할 수 없다.'고 위협해야 한다. 그 정도 로 하지 않으면 자민당은 움직이지 않는다."라고 당 간부에게 주문했다.

실제로 공명당은 그 뒤 선거협력 재검토를 넌지시 비추어 본래대로의 경 감세율을 도입하자며 수상관저와 자민당에 대해 맹렬하게 대응해갔다. 그 기세는 전례 없을 정도로 격렬했다. 자민당과 연립을 구성한 이후 15년여 만에 처음으로 대부분의 간부가 '선거협력 재검토'라는 비장의 카드를 꺼내 어 정부·자민당을 흔들어 댔다. 국대위원장을 오랫동안 역임한 중앙간사회

---

74 부흥청復興庁: 동일본대지진의 부흥을 목적으로 설치된 행정기관

회장 우루시바라 요시오는 스가에게 편지를 보내 "경감세율이 실현 불가하다면 자공연합도 지탱될 수 없습니다."라고 연립이탈까지 언급하여 실현을 호소했다. 고지식한 성격으로 굽실거리지 못하는 사이토조차도 자민당 간부와 개별로 만나 "전국 수백만의 지지자가 마른침을 삼키며 협의를 지켜보고 있다. 그들이 납득할 수 없다면 선거협력에도 큰 영향을 미친다."라며 견제로 돌아섰다.

이 말은 결코 허풍이 아니었다. 공명당과 학회의 간부들이 매주 여는 비공식 연락회의에서도 계속 경감세율문제 일색이었다. 야마구치와 이노우에는 학회 측으로부터 "전국의 지지자가 납득할 수 있는 제도가 실현되게끔 이번에는 타협하지 말아야 한다."고 거듭 못을 박았던 것이다.

현장의 회원과 운동원들은 2014년 말의 중의원 선거에서 "경감세율을 반드시 실현시키겠습니다."고 말하여 지역을 돌며 한 표 한 표를 모았다. 그렇기 때문에 만약 실현시키지 못하게 되면 지역에서 거짓말을 했다는 낙인이 찍힌다. 결국 동네에 얼굴을 들 수 없는 운동원들의 손발이 묶이고 참의원 선거는 매우 어려운 싸움이 된다. 창가학회 간부들의 위기감은 강했다. 그렇기 때문에 공명당집행부를 강하게 파고든 것이다.

당시, 어느 학회 간부는 "진심으로 반대했음에도 안보법제에서 정부·자민당에 양보했었는데 경감세율마저 물러나 주면 수지가 안 맞는다라는 게 우리의 솔직한 마음이다."라고 말했다. 동시에 "이것이 우리에게는 집단적 자위권과 안보법보다도 중요한 문제라는 것을 자민당이 잘 이해해 줄 필요가 있다."라고 풀어냈다. 공명당·창가학회의 간부들 사이에서는 이러한 의식이 널리 공유되어 있었다.

환부금제도를 둘러싸고 여당 세제협의회 논의가 가로막혀 일시적으로 협의를 중단하게 되었던 9월 25일, 공명당 대표 야마구치는 수상비서관이 이 일을 중간에서 제대로 처리하고 있지 않다고 판단하여 관저로 직접 향했다. "이대로는 내년의 참의원에서 큰 영향을 받게 될 것입니다."라며 위협하는 야마구치에게 아베는 "경감세율은 여당에서 공약한 것이라서 그것을 존중하면서 의논해 가죠."라고 응답했지만, 그 이상의 언질은 주지 않았다.

'선거협력'을 이유로 강행한 스가

이러던 중에 아베는 10월 초순에 내각개조를 단행한다. 공명당은 제2차 아베 정권 발족 때 부터 국토교통상을 맡아왔던 오타 아키히로를 퇴임시키고 정조회장 이시이 게이이치石井啓一를 들여보냈다. 창가학회의 요망에 따른 세대교체를 꾀한 것이다.

그러나 현 공명당 집행부에서 아베와 개인적인 파이프를 가진 의원이 없는 와중에 제1차 아

이시이 게이이치

베 정권 때 공명당 대표였던 오타는 현 대표 야마구치와는 달리 아베와 그 나름대로 속마음을 터놓는 사이였다. 그 오타가 "각료를 사임하면 총리와는 오랫동안 만날 수 없으니 시간을 갖고 싶다."라고 요구하자 아베는 내각개조 전날, 각의 후 예정을 비워 두 사람만의 대화 시간을 가졌다.

"확실하게 했던 경감세율을 실현시키지 못하면 우리 조직은 정말 유지될 수 없다. 이것은 결코 위협이 아니라 이대로는 내년 참의원선거는 자공양당

모두의 참패가 된다." 이렇게 경고하는 오타에게 아베는 "알겠습니다."라고 응답했다.

실제 이 문제의 결착에 영향을 준 것은 다가올 선거에서 공명당 표에서 그치지 않고 선거구의 자민당 의석수에도 영향이 나올 가능성이었다. 이듬해 참의원선거에서는 우선 안보법 대응에 대해 일반의 유권자로부터 질문과 의견이 쏟아질 것이 예상되어 그렇지 않아도 운동원의 발이 묶일까 하는 걱정이었다. 만약 경감세율이 실현되지 못한다면 운동원은 안보법과 소비세로 두 발이 묶여진 구속상태로 선거전을 치러야 한다.

야마구치와 오타로부터 연이어 강한 우려를 전해들은 아베는 환부금제도를 철회시켜 복수세율로 하는 본래의 경감세율제도를 도입하는 방침을 굳혀, 이에 강하게 저항하는 세조회장을 교체할 것을 결정했다. 스가의 진언도 받아들여 자공관계를 우선하기 위해 세조회장을 교체했다. 중의원 15선으로 자민당에서 최다의 당선 횟수를 자랑하는 노다는 지난해 아베가 소비세 증세를 미루고 동시에 중의원 해산을 결정했을 때에도 공공연하게 반

미야자와 요이치

론을 부르짖는 등, 처음부터 아베에게 눈엣가시 같은 존재였다. 10월 중순, 아베는 노다를 경질하고 지난달까지 경제산업상으로서 자신을 도왔던 참의원 미야자와 요이치宮沢洋一[75]를 후임으로 발탁했다. 미야자와는 노다와 마찬가지로 구 대장성 관료 출신으로 처음부터 경감세율도입에 부정적이었다. 하지만 노다와 큰 차이는 아베와의 관계였다. 아베에게 미야자와는 둘 다 정치

75 미야자와 요이치宮沢洋一, 1950~: 총리를 지낸 미야자와 기이치의 조카, 법무대신을 지낸 미야자와 히로시宮沢弘의 아들. 경제산업대신 등을 역임.

가의 자제로 학생시절부터 알고 지낸 사이로 노다와는 다르게 최후에는 '상사'인 자신의 지시에 거스르지 않을 것이라는 믿음이 있었다.

공명당은 노다의 경질을 "아베가 자공관계를 중시한 결과다."라며 환영하고 협의를 재개했다. 공명당은 '거물' 노다가 퇴장한 것을 계기로 논의의 주도권을 빼앗고자 공세를 걸었다. 그러나 미야자와는 아베로부터 지시를 받았기에 경감세율의 도입 자체는 결정했지만, "자민당 내의 3분의 2는 (공명당이 주장하는) 식료품 전반의 도입은 반대다."라며 재원부족을 이유로 대상 품목을 대폭으로 조정해야 한다고 주장하였다. 협의는 다시 난항에 빠지고 양당은 간사장 레벨로 격상시켜 협의를 이어갔다.

그러나 재무상 경험자인 자민당 간사장 다니가키 사다카즈谷垣禎一도 경감세율에는 소극적으로 재무성과 함께 대상을 신선 식료품 등으로 축소할 것을 강하게 주장했기 때문에 간사장 레벨의 협의 역시 난항에 빠졌다.

12월 9일 아베는 최종결착을 위해 다니가키를 수상관저로 불렀다. "일단 공명당이 요구하는 안으로 정리해주길 바란다."고 설득하는 아베에게 다니가키는 사업자의 준비가 충분하지 못하다는 것을 이유로 강하게 저항했다. "우선 신선 식료품으로 제한하여 개시하자."며 버텼다. 다만 동석했던 스가가 "공명당이 찬성하지 않는다면 법안은 통과되지 못한다." "공명당 협력이 없다면 내년의 참의원선거는 치르기 어렵다."고 강하게 호소했다. 결국 아베가 스가에게 지시하는 형태로 식료품 전반은 세율 8%로 그대로 두고 1조 엔 규모의 공명당의 요구를 반영한 경감세율 도입이 결정되었다.

이것은 제2차 아베 정권 발족 이후, 공명당의 주장이 전면적으로 수용된 케이스로 보아도 좋았다. 이듬해의 참의원선거에서 안보법의 반발 등이 어느 정도 영향을 줄지 예견되는 가운데 아베에게 학회표의 중요성이 늘어난 것이 공명당 '승리'의 배경이었다. 동시에 '다함께당'이 소멸하고 유신이 분열하여 아베에 가까웠던 '오사카유신'이 소수정당으로 전락한 것이 공명당의 존재가치가 상대적으로 높아진 것도 공명당에게 유리하게 움직인 것은 말할 필요도 없다.

창가학회 파이프를 독점한 스가

2015년 11월 말부터 12월 초순에 걸쳐 공명당은 1조엔 규모의 경감세율 도입문제로 자민당 세제조사회 등과 첨예하게 대립했다. 자민당 세제조사회에서 이너서클이라고 불리며 간부를 오래 맡아 온 전 중의원의장 이부키 분메이伊吹文明는 공명당이 이 문제로 어디까지 공세를 일관할지 끝까지 지켜보기 위해, 오랜 기간 함께해 온 창가학회의 부회장으로 변호사 그룹의 리더인 야히로 요리오에게 연락을 취했다. 또한 전 재무상인 누카가 후쿠시로 額賀 福志郎 등 세조 이너서클의 현역 멤버들도 각각 전 회장이자 최고지도회의장인 아키야 에이노스케 등 안면이 있는 학회 간부와 연락을 취해 창가학회의 속내를 듣고자 했다. 그러나 어떤 간부도 1조엔 규모 도입이라는 주장에서 한 걸음이라도 양보할지에 대해서는 '그것은 내 입장에서는 무엇도 말할 수 없다.' 등 요령 피우는 답변으로 시종일관했다.

자민당 세조의 어느 간부는 협의가 모두 결착된 12월 중순, "결국 지금의 창가학회와 속마음의 교환이 가능한 것은 관방장관뿐이라는 것을 알았다."고 말했다. 스가와 창가학회 부회장 사토 사이의 파이프만이 유효했다는 것이다.

앞에서도 소개했지만, 사토는 그 해 11월에 있었던 창가학회 간부인사에서 차기회장 자리가 거의 확실시되었던 사무총장 다니카와 요시키谷川佳樹와 가깝다고 알려졌다. 이제까지 다니카와의 뒤를 따라 남자부장, 청년부장을 역임하고 그 다음에는 부회장이자 본부의 광선국장을 맡았다. 약 10년 전부터 학회에서 선거실무를 도맡았고, 2007년의 제1차 아베 정권의 참의원선거 직후에는 공명당 패배의 책임을 지고 선거대책에서 몸을 뺀 적도 있었지만 자공양당이 참패한 2009년 중의원 선거 후에 복권한다. 최근에는 선거대책만이 아니라 정계공작도 거의 손에 쥐고 있다. 스가-사토 루트 이외의 파이프가 기능하지 못한 것은, 학회 내 의사결정이 하라다(회장)-다니카와(주임부회장·사무총장)-사토(부회장·광선국장)라인으로 통일되었던 것이 뒤집혔다는 의미다.

사토는 이 수년 동안 정계인맥을 넓혀 경감세율 문제에서도 간사장 다니가키 등 다른 자민당 간부와도 빈번하게 만나 학회의 의향을 전해왔다. 그러나 제대로 역할을 할 수 있는 두터운 파이프를 가진 자민당 의원은 스가 한 사람으로 정리 된 것은, 나가타초에서 스가의 존재감을 한층 높이기도 한 것이다.

게다가 스가는 차기회장의 자리를 굳힌 다니카와와도 직접 파이프를 가지고 있다. 스가는 오랜 기간 자민당 가나가와 현련 회장을 맡아왔지만 다니카와가 국정선거에서 가나가와 선거구의 공명당 후보 지원 담당을 몇 번이나 맡아왔던 관계로 두 사람은 선거협력 협의 등을 쌓아가며 친교를 다져왔다. 자민당의 어느 베테랑 의원은 스가에 대해 "일찍이 공명당과의 두터운 파이프를 자랑하여 발언력을 높인 노나카 히로무와 같은 입장에 선 것 아니겠는가."라고 평했다.

자공양당은 중간생략, 학회 간부와 관방장관 합의로 결정

다만 한 종교단체의 정치담당직원이 정권의 수뇌와 선거협력은 물론 중요 정책을 다루는 것까지도 직접, 게다가 비밀리에 협의를 거듭하고 양자가 합의한 것이 그대로 정부의 결정사항이 되는 사태는 부적절한 상태다. 노다가 오부치 내각 관방장관으로서 힘을 썼을 때도 일상적인 협의 창구는 후유시바 등 공명당의 간부였다. 사토 입장에서는 지금의 공명당 집행부가 관저와의 의사소통이 부족한 것에 초조함을 느끼고 이를 돌파하기 위해 직접 왕래가 가능한 파이프를 구축했다고 보지만, 정권 중추와 학회 간부가 이렇게까지 일상적으로 협의를 쌓았던 예는 과거에 없었다. 원래대로라면 대표인 야마구치가 아베와 간사장 이노우에가 다니가키나 스가와 각각 조정을 해야 할 것이다.

그러나 이러한 이례적인 정치결정 루트가 형성되었음에도 그에 대하여 양당의 당내로부터 강한 이견이 나오지 않은 것은 이유가 있다. 그 최대 이유는 중의원 소선거구 비례대표병립제가 도입된지 20년 이상이 흘렀고 그 뒤 내각법 개정 등 내각기능의 강화와 더불어 수상(=당총재)의 입장이 크게 강화되었다는 것이다. 이러한 경향은 오부치 정권 때부터 강해졌지만 아베 내각에서는 높은 내각 지지율을 발판 삼아 스가의 교묘한 관료 조종술도 더해져 정책결정을 수상관저가 직접 담당하는 경향이 대단히 강해지고 있다. 자민당 내에서는 '관저가 좀 지나치다.'라는 불만이 나오기는 해도 대놓고 강한 반발이 나오는 일은 없다. 한편 창가학회는 앞에서 말했듯이 2015년 11월의 '개정'을 거쳐 조직의 의사결정이 하라다-다니카와-사토의 라인으로 일체화했기 때문에 사토와 대화를 할 수 있다는 것은 학회조직 전체와 협의가 가능한 것이 된다. 공명당 의원들도 모든 면에서 학회에 신세를 지고 있는 이상, 불만의 목소리는 앙금처럼 남을지라도 회장과 사무총장에게 직결된 사토에게 공공연하게는 반대할 수 없다.

사토 입장에서는 스가와 이야기를 한다면 손을 써 빨리 상황을 진전시켜 달라고 부탁할 수 있고, 스가 입장에서도 창가학회 중추와의 두터운 파이프는 당내에 있어서 자신의 지위를 높이게 되는 것이기에 사토와의 관계를 중요시하게 된다. 그 결과 자민, 공명을 건너뛴 연락 루트가 아베 정권을 가로지르게 된다.

여기서 잠시 창가학회와 공명당과의 관계를 살펴보자. 창가학회 우위에서 공명당은 이를 따르는 구도가 확실히 드러난다. 이케다 다이사쿠가 의도한 대로 된 것이다. 2014년 중의원 선거에서의 유신과의 밀약과 경감세율 도입문제의 경위를 보면 더 명확하게 드러난다. 그러나 집단적자위권의 행사 용인문제와 같이 학회가 깊이 관여하는 것이 마이너스가 된다고 판단한다면 당 측에 문제 처리를 통째로 맡기기도 한다. 공명당과의 관계를 형편에 따라 잘 사용하는 것이라고도 말할 수 있지만, 기본적으로는 당은 학회 아래라는 의식이 강해졌기 때문은 아닐까.

창가학회 회장에게 전화를 건 아베

여기서 최근 수년간 창가학회 동향을 돌아보자. 집단적 자위권의 행사 용인이라는, 헌법과 안전보장으로 이어지는 중대한 문제에서는 그 기본적인 판단을 공명당 측에 맡기고 공명당은 정권 측에 협의의 결착을 강하게 밀어붙이며 비교적 순조롭게 타협해나갔다. 전후 일본의 큰 전환점이 되는 문제였기 때문에 공명당은 기존과 같이 반대 자세만 보일 게 아니라 더 강하게 저항해야 하는 게 아니었는지 지적 받는 것은 당연할 것이다. 그에 비해 소비세 경감세율 도입문제에서는 창가학회와 공명당이 일체가 되어 집단적자위권의 때와는 비교가 되지 않을 정도로 조직적이면서도 강경하게 정부·자민당을 상대로 그 실현에 사활을 걸었다. 결국에는 아베로부터 만족할 만한 답변을 끌어내는데 성공했다.

이 대응의 차이는 창가학회 입장에서 어떤 문제가 보다 선거에서 영향이 큰 지를 판단하기 때문이다. 학회 간부에 따르면 경감세율 문제는 단순히 정책실현의 문제가 아니라 그 전의 선거에서 개개의 유권자에게 약속했던 것이기 때문에[76] 이것이 실현되지 않으면 선거운동을 할 수 없는, 말그대로 선거 문제였다고 한다. 그리고 창가학회라는 조직이 이념적인 문제보다 '현세이익'에 관한 문제를 보다 중시한다는 그동안의 통념은 여기서도 훌륭하게 맞아 떨어지고 있다.

아베는 경감세율 문제의 자공협의가 결착된 직후 일면식도 없는 창가학회 회장 하라다에게 전화를 걸어, 그가 듣고 싶었던 대답으로 결착시켰다는 것을 직접 전했다. 주고 받은 자세한 내용은 명확하지 않지만 아베가 굳이 하라다에게 전화를 걸었던 의미는 학회와의 거래로 선거 지원을 확실하게 하자는 것 이외에는 있을 수 없다.

경감세율문제가 결착되고 한 달 후 2016년 오키나와현 기노완宜野湾시장 선거가 열려, 미군 후텐마비행장의 나고시名護市 헤노코辺野古로의 기지이전

---

76 일본의 선거운동: 후보와 운동원들이 개별적으로 주민을 접촉하는 게 제도적으로 매우 어려운 한국과 달리 일본에서는 선거운동에서 주민을 개별적으로 접촉하고 대화하는 것이 선거운동의 핵심이다.

등을 쟁점으로 자민당계 후보와 이전 반대파 후보의 정면승부가 벌어졌다. 창가학회에서는 회장 하라다마저 오키나와로 가는 등 전면적으로 자민당계 후보를 지원하였다. 그 결과 사람들의 예측을 깨고 자민당계 후보가 당선되었다. 창가학회의 동향이 선거결과를 좌우한 전형적인 선거였다.

후텐마비행장 이전은 일미관계에 큰 영향을 주는 쟁점이기 때문에 아베 정권에게 이 기노완 시장선거는 매우 중요한 선거였다. 수상관저 입장에서는 여기서 이기는 것만으로도 경감세율문제에서 공명당의 요구에 응했던 가치가 충분하다고 말할지도 모른다. 자공연립정권은 어디까지나 '선거협력'으로 지탱되는 정권이다.

게다가 당시, 자민당 내에서는 수장관저가 당내의 강한 반대를 무릅쓰고 공명당 주장을 전면적으로 수용했던 이면에는, 반대로 아베가 중참 더블선거에 뛰어들 의향을 굳힐 경우 창가학회는 그에 반대하지 않는다는 약속이 있어서 가능했던 게 아닐까 하는 견해도 나돌았다. 그러나 창가학회는 그 뒤에도 중참 더블선거에는 반대 자세를 견지했다.

아베가 더블선거를 포기한 이유

"내각개조를 하면 총리의 권력은 떨어지고 해산을 하면 올라간다."

– 사토 에이사쿠佐藤榮作 –

아베는 제2차 정권 발족 이후 내각개조를 최소한으로 자제하는 한편, 그 전의 중의원 선거에서 불과 2년 만에 해산을 단행했다. 이는 전후, 가장 오래 수상의 자리를 유지했던 사토 에이사쿠의 말을 그대로 실행해왔다. 작은 할아버지이기도 한 사토의 발언을 구현하기 위해 2016년 참의원선거에 맞춰 다시 중의원을 해산한 다음 더블선거로 만들 것을 검토한 아베였지만 결국 그것을 철회하게 되었다.

집단적자위권 행사 용인의 각의결정과 그에 따른 안보법을 성립시킨 아베는 표면상 언동과는 달리 더 이상 자신의 수상재임 중 헌법개정에 얽매일 필요가 없었다.

그런 아베가 이 시기에 중의원을 해산하게 된다면 그 이유는 두 가지밖에 없었다. 첫 번째는 참의원선거를 단독으로 하면 대개 여당이 고전을 면치 못하기 때문에 그것을 타개하기 위함이다. 참의원선거는 늘 정권에 대한 '중간평가'의 의미를 가진다. 정권교체에는 이르지 못하기에 유권자는 '정권에 일침을 가하는' 투표행동을 취하는 경우가 많았다. 그것이 4반세기 이상이나 자민당이 참의원에서 단독과반을 회복하지 못해왔던 이유이기도 했다. 그렇기 때문에 자민당의 참의원 사이에서는 더블선거 대망론이 강했다. 더블선거로 들어가게 되면 '정권선택'을 유권자에게 강요하게 되어 공산당과 협력하는 민진당의 투표를 주저시키는 동시에 야당공투를 곤란하게 하는 효과도 볼 수 있다는 계산이 있었다. 그래서 중의원 선거와 함께 참의원 선거가 열린다면 자민당 중의원의 강고한 후원조직이 풀가동하여 참의원후보자의 표를 끌어 올릴 수 있을 것이라고 보았다. 이것은 과거 더블선거에서 자민당이 압승했던 이유이기도 했다.

두 번째 이유는 자민당 총재의 임기연장을 쟁취하기 위해서다. 아베는 두 번의 중의원 선거에서 대승하고 3년 전 참의원선거에서도 승리를 거두었다. 최근 수상으로는 전례없이 호성적을 내었던 아베가 한 번 더 중의원 선거에서 승리한다면 그 입장은 대폭 강화되어 자민당 내에서도 누구도 총재 임기 연장론에 반대할 수 없게 된다. 그렇게 되면 2020년 도쿄 올림픽을 수상으로서 맞이하는 것도 꿈만은 아니다. 앞으로 경제가 호전이 예상되지는 않기 때문에 여기서 해산을 해버리지 못하면 2018년 9월의 총재임기만료까지 해산의 골든타임은 바랄 수 없다. 그렇기 때문에 임기연장을 쟁취하기 위해 여기서 해산하는 게 좋다는 전망이었다. 이런 의견은 수상정무비서관인 이마이 다카야今井尚哉 등 아베 측근 일부에서 나왔다.

그러나 해산 결과 중의원의 의석이 크게 줄어든다면 모든 것은 수포로 돌아간다. 당초에 더블선거의 가능성을 고민하던 아베가 그것을 봉인한 것은 중의원 선거에 뛰어들면 의석이 꽤 줄어들어, 중의원에서 여당이 3분의 2 석을 못 얻을 가능성이 높다. 또한 참의원선거 단독이라면 그렇게 많은 의석을 잃지는 않을 것이라는 현실적 정세판단 때문이었다. 공명당이 더블선거에 강하게 반대하고 있는 것과 4월에 발생한 구마모토 지진으로 큰 피해가 나온 것은 이유가 되지 못했다.

아베가 더블선거 포기로 기울어진 직접적인 요인은 자민당 선대위원회가 아베의 지시로 4월부터 5월까지 실시했던 중참양원선거에 관한 여론조사였다. 아베의 원래 생각대로 하면 중의원의 의석 시뮬레이션에서 자민당의 해산 전 291석에서 40석 정도 줄어들 가능성이 있다고 나온 것이다.

게다가 야당공투가 진행되어 공산당이 중의원 선거에서도 후보자를 대폭으로 제한할 가능성이 높았다. '오사카유신'도 지난번 '유신의 당'처럼 전국에서 후보자를 옹립할 힘이 없고 야당이 일체화되는 선거구는 격증한다. 자민당이 지난번의 중의원 선거와 비슷한 득표율을 유지하더라도 공산당이 소선거구 후보를 7~80명 정도로 줄이는 것만으로[77] 자민당 의석은 단순

---

77 공산당의 선거전략: 공산당은 통상적으로 모든 선거구에 자당의 후보를 출마시킨다.

계산했을 때 50석 넘게 감소하게 된다. 공산당은 자금난 때문에 어떻게 해서라도 야당공투를 통해 후보자를 줄이게 될 것이라는 공안 쪽 정보마저 아베의 귀에 들어왔다.

5월 골든 위크가 시작되자 아베는 "중의원 선거를 한다면 40석이나 줄어들 가능성이 있기에 해산하지는 않을 것"이라고 주변에게 전했다. 어디까지나 득실을 냉정히 계산한 결과 더블선거는 포기하는 방향으로 되었다. 그 뒤 중의원 의석감소가 10석 전후에 그친다는 조사결과도 들어왔지만 아베의 생각은 크게 흔들리지 않았다.

창가학회에 '중의원 선거 없음'을 계속 속삭인 스가

이 사이 더블선거에 일관되게 반대한 것이 공명당·창가학회였다. 학회의 선거운동은 '스케줄투쟁'으로 일컬어진다. 이것은 선거 약 반년 전부터 하나의 선거구에 초점을 맞춰 각종행사를 조직하여 후보자의 이름을 서서히 조직 내에 침투시켜 선거의 2~3개월 전이 되면 학회원 이외의 친구와 지인의 표(F표)를 획득해나가는 식이다. 중참동일선거가 된다면 이 스케줄이 전면적으로 무너진다. 게다가 공명당은 중의원 소선거구와 참의원선거구 선거에서 많아야 전국 7~9개의 선거구밖에 후보자를 내지 않기 때문에, 고전이 예상되는 선거구에서는 전국의 도도부현에서 학회원을 대량으로 동원하고 그 선거구의 친구와 지인에게 집중하여 전화를 걸어 투표독려를 한다. 그런데 더블선거로 되면 그러한 선거구가 배로 늘어나 거기에 투입되는 운동원도 두 배가 필요하게 된다. 운동원은 부족하고 결과적으로 전국 대부분의 지역 학회원이 중의원 소선거구나 참의원선거구의 공명당후보를 위해 제대로 움직여주지 못하게 된다. 통상 자신이 사는 지역에 공명당후보가 없는 경우 비례의 공명표를 내기 위해 학회원의 표 등을 확고히 한 상태에서 자민당 지지자에게 '선거구는 자민당에게 표를 주는 대신 비례는 공명당으로'라고 부탁하여 비례표의 상승을 노린다. 그러나 더블선거에서는 그렇게까지 손을 쓸 수 없기에 공명당의 전체 비례표는 줄어듦이 확실하다. 게다가 학회의 운동원은 기일 전 투표가 시작된 시점에서 지지자를 투표소로 차로 데려다주고 투표용지의 작성방식을 알려주어 '지도'한다. 더블선거가 되면 한 번에 4종류의 투표용지를 써야 할 필요가 생기지만 그것을 고령의 유권자에게 제대로 알려주는 것은 불가능에 가깝기에 상당한 표의 손실을 각오할 수밖에 없다고 한다.

더블선거에서 공명당이 고전하는 이유는 이상과 같지만 그것은 자민당의 선거구 후보의 표 손실로도 이어진다. 결국 더블선거로 되면 표의 바터마저 손을 쓸 수 없고 선거협력은 기능부전에 빠지게 되기에 공명당은 비례표를, 자민당은 선거구 후보의 표를, 각각 떨어뜨릴 각오를 해야 한다.

이러한 우려를 일찍부터 거듭 관저와 자민당 간부에게 설명해온 것이 사토였다. 제2차 아베 정권이 발족 이후 3년간 정권의 우두머리인 스가와의 관계를 깊게 다져 온 사토는 더블선거 가능성이 소문으로 시작되던 2015년부터 거듭 '더블선거는 양당 모두에게 마이너스다.'라고 스가에게 일침을 가해왔다. 이 때문에 스가는 더블선거에 늘 소극적이었다. 이러한 학회 측의 걱정을 아베에게도 전하여 사토에게 "결국 마지막에는 더블선거로 되지는 않을 것이라고 생각한다. 학회가 중의원 선거로 앞서나가기 시작하면 흐름을 멈출 수 없게 되니 너무 앞질러 나가지 않도록 부탁드린다."라고 학회의 움직임을 다스려왔다.

학회는 2016년 2월 참의원선거 운동을 본격 개시했지만 스가의 어드바이스를 따라 어디까지나 참의원선거로 제한하는 운동을 취하여 더블선거를 시야에 넣는 움직임은 일절 취하지 않았다. 중의원 선거가 진행된다면, 70세를 넘어 공명당 내규상 은퇴하게 되는 도쿄 12구 출신 오타 아키히로나 비례 호쿠리쿠신에쓰北陸信越 : 富山県, 石川県, 福井県블록 선거 출신의 우루시바라 요시오 등을 대체할 후보자도 선정해야 하지만 그러한 움직임도 일절 없었다. 공명당·학회가 새로운 후보자 선출을 시작하기라도 하면 정보는 증폭되어 해산 흐름을 강화하게 될지 모른다는 생각 때문이었다.

그럼에도 아베가 칼을 빼들어 해산할지 모른다는 걱정은 남아있었다. 그렇기 때문에 수상에게 해산을 생각 못하게 할 수단을 찾던 학회 간부의 눈에 4월 2일 열리는 중의원 홋카이도 5구 보궐선거가 그 찬스로 보였다.

당초 자민당 후보의 우세가 전해지던 보궐선거였지만, 선거일이 가까워지면서 그 차이가 급속하게 줄어들었다. 초조한 스가와 자민당 선대위원장 모테기 도시미쓰茂木敏充가 3월 하순 사토에게 전면적인 지원을 요청하자 학회는 이례적인 대응을 취했다. 보통 공명당의 공천후보 이외의 후보자를 학회가 지원하는 경우 그 선거구 내의 학회원에게 추천 사실을 전달할 뿐이었다. 때로는 그것을 상회하는 지원을 하는 경우도 있지만 최고 레벨의 지원에서도 선거구 내 말단 모임에서 회원들에게 투표 권유를 당부하는 게 고작이었다.

그런데 이 보궐선거에서 창가학회는 3월 말, 선거구에는 물론 관동 이북의 모든 학회원에 대해 홋카이도 5구의 지인과 친구에의 전화작전을 지시, 도내 인접한 선거구에는 운동원도 투입하여 지지확대를 꾀했다. 어느 간부는 "보궐선거에서 이 정도로 본격적으로 운동한 것은 기억에 없다."라고 말했다. 무엇보다도 더블선거를 회피하고 싶은 학회가 아베에게 보은을 팔아 해산 생각을 못하게 하려는 이례적 지시를 낸 것이다. 상대 야당 통일후보 진영에서 공산당의 움직임이 눈에 들어온 것도 창가학회의 움직임을 부추겼다.

그럼에도 구마모토 지진의 보도도 일단락된 대형연휴 초반에는 아베는 더 이상 해산을 단행할지 모른다는 언론 보도가 나돌자 학회 간부는 확인 작업에 들어갔다. 5월 30일 소비세증세의 시기를 2년 반으로 미루는 것을 확인하기 위해 자공양당 당수회담 말미에 "해산은 없겠지요."라고 야마구치가 재차 걱정이 담긴 질문을 계속하자 아베가 "없습니다."라고 단언했다.

2016년 참의원선거에서 '공세'로 나아간 공명당

공명당·창가학회는 2016년 7월의 참의원선거에서 3년 전의 참의원선거 ^{2013년 제23회 일본 참의원 통상선거}에서 후보자를 낸 도쿄, 가나가와, 사이타마, 오사카의 4개 선거구에 더해 선거구 개편으로 정원이 늘어난 아이치, 후쿠오카, 효고의 각 선거구에서도 후보자를 옹립했다. 이에 따라 공명당의 선거구후보는 역대 최대인 7명이 되었다. 창가학회의 실력이 보이는 바로미터라고 일컫는 비례 득표총수는 2005년을 피크로 장기저락 경향에 있다. 조직력 저하는 숨길 수 없지만, 창가학회는 굳이 참의원선거에서 '공세'적 선거를 하기로 했다.

이 방침이 사실상 결정된 것은 전년도 7월의 창가학회의 최고협의회였다. 선거대책을 담당하는 부회장 사토가 아이치, 후쿠오카, 효고의 각 현을 포함한 방면장들에게 선거에서 새로이 후보자를 옹립하는 계획이 어떨지 질문하자 모든 방면장들이 '합시다'라고 답했기 때문에 방침이 정해졌다.

이제까지 본 것과 같이 창가학회는 최근 수년간 의석 확대는커녕 오히려 지키는 선거를 해야 하는 상황이 많았지만, 이때는 선거구 개편으로 공명당 후보가 당선이 용이한 복수선거구가 늘어났다. 또한 당시 민주당 지지율은 오르지 않는 데다가 안보법 심의의 영향도 미미했기에 오랜만에 공세로 나올 수 있게 되었다. 비례구에서는 의석 증가를 바랄 수 없기에 선거구 개편을 큰 찬스로 삼은 것이다. 그래서 정수가 늘어난 선거구에서 공명당이 후보자의 옹립을 포기한다면 그간 세력을 늘려온 공산당이 의석을 늘리는 것을 막아야 한다는 생각도 있었다.

그런데 지난해 활약했던 안보법안 반대운동이 창가학회의 선거운동에 생각 외로 영향이 있다는 것을 알게 되었다. 게다가 소비세의 경감세율문제의 협의에서는 공명당·학회일체가 되어 수상관저와 자민당에 격렬한 공세를 걸었다. 그 결과 원했던 답을 손에 넣었지만 그럼에도 후보자를 세우는 7개 선거구에서 도쿄와 오사카를 제외한 다섯 개 선거구의 의석획득은 썩 만족하기 어려운 결과였다. 때문에 공명당은 이 다섯 개 선거구에서 자민당에게 공명당 후보를 추천해 줄 것을 요구했다.

그러나 자당 후보가 있는 경합선거구에서 자민당이 공명당 후보에 추천을 내주는 것은 지난 2013년 참의원선거가 처음이었다. 그나마도 사이타마 선거구 하나뿐이었다. 당시에도 자민당 참의원 측과 지역의 사이타마현련 등은 "경합선거구에서 타당에 추천을 내주는 건 들어본 적도 없다. 정당으로서 자살행위다."라고 강하게 반발하여 대소동이 일어났었다.

길어지는 자공의 선거협력

　지난 선거의 소동도 있었기에 자민당 선대위원장 모테기 도시미쓰茂木敏充는 당초 공명당 후보 추천에 난색을 보였다. 이번에도 각 지역의 자민당현련은 공명당이 추천을 의뢰하자 격하게 반발했다. 특히 공명당이 입후보하면 민진, 공산, 오사카유신을 포함한 5당이 3석을 다투게 되는 효고현련은 "자당 후보를 낙선시키려는 셈인가"라며 맹렬히 반발했다. 그러나 자민당의 추천을 얻어 보수표를 대량으로 확보한다면 양당의 당선은 걱정할 바 없다고 판단했던 창가학회의 사토는 공명당 선대위원장 사이토를 건너뛰고 자민당의 모테기와 간사장 다니가키 그리고 관방장관 스가에게 직접 추천을 강하게 요구해나갔다. 그 결과 자민당은 당내 반대의견을 묵살하고 이 5개 선거구 모두에게 공명당 후보를 추천했다.

모테기 도시미쓰

　그 효과는 컸다. 아베는 선거기간 중 효고, 아이치, 가나가와에서 직접 공명당 후보의 응원연설에 나서 후보의 이름을 연호했다. 그 중 효고와 가나가와에서는 자당의 후보보다 앞서 공명당 후보의 응원에 뛰어드는 연출까지 했다. 아베가 나서지 못한 선거구에서는 부인 아키에安倍昭惠가 공명당의 집회에 참석하여 "공명당 여러분께는 남편도 크게 감사하고 있습니다."라며 성원을 보냈다. 관방장관 스가는 효고 선거구에서 공명당 후보를 위해 운수와 건설 등 업계단체의 관계자가 모인 집회를 열고, 스스로 비밀리에 현지에 들어가 고개를 숙이며 인사했다. 공명당 출신자가 국토교통상을 맡고 있는 것에 대응하여 스가가 취한 조치이기도 했다. 자민당 지지의 업계단체 표를 공명당에 돌린다는 이 이례적인 움직임에 자민당 효고현련 관계자가 "당을 팔아넘기는가."라며 맹반발했지만, 스가는 개의치 않았다. 이러한 움직임은 그동안 거의 볼 수 없었던 것으로, 자공 선거협력이 한층 깊어짐을 보여주는 것이다.

또한 공명당이 후보자를 내지 않는 1인, 2인 선거구에서는 자민당 후보의 집회와 가두연설에 공명당의 지방의원들이 함께하여 공명당도 자민당후보를 지원하고 있음을 어필하기 위해 비례구의 공명당 후보 이름을 연호하고, 그 자리에 있는 자민당 지지자에게 투표를 의뢰하는 등의 위세 스타일도 확산되었다. 이러한 공명당의 응원형식은 그동안 서일본에서는 많이 볼 수 있었는데 이것이 전국적으로 확산된 것이라고 한다.

'자주적으로' 야당에 투표한 공명당 지지자들

이 참의원선거에서 공명당은 비례에서 757만여 표를 획득했다. 이것은 3년 전 참의원선거와 거의 동수였다. 다만 자공의 선거협력이 착실히 심화된데다 각 언론사의 출구조사를 보아도 자민당의 바터 거래에 의해 얻은 공명당의 비례표가 늘어났음에도 불구하고 공명당의 최종득표가 거의 변화 없었다는 것은 학회의 집표력이 더욱 쇠락하고 있음을 알 수 있다.

한편으로 각 언론사의 출구조사를 보아도 공명당 지지층 중 23~24%가 야당후보에게 투표했다. 민진당 후보가 당선된 미야기현 등에서는 그 비율이 30%를 넘어섰다. 학회 간부에 따르면 이 참의원선거에서는 민진당이 공산당과 스크럼을 짰다는 반발 때문에 민진당과의 물밑 선거협력은 전혀 이루어지지 않았다고 한다. 그럼에도 불구하고 꽤 많은 공명당 지지자가 '자주적으로' 민진당이나 야권단일후보에게 투표했던 것이다.

이에 대하여 공명당 관계자는 "야당에게 투표한 학회원은 다소 증가한 정도지만, 창가학회의 부인부나 장년부에서는 집단적 자위권의 문제 등으로 애초에 아베 자민당에 저항감이 강했기 때문에, 자민당이 쉽게 이기도록 놔두지 않겠다는 의식이 작용했을지도 모른다."고 해설했다.

그럼에도 자민당은 이 참의원선거에서 개선의석을 5석 상회하여 승리하고 비개선의석과 선거 후의 추가 공천과 무소속의원의 입당도 포함, 27년 만에 참의원에서 단독 과반수인 122석을 확보했다. 이에 따라 애초에 자민당이 공명당과 연립을 구성했던 본래의 취지는 사라지고, 명실공히 선거협력만이 남게 된 것이다.

종장

창가학회·공명당은
어디로 향하게 되는가

- 이케다 서거와 자민당 패배의 시기

갑작스런 창가학회의 '정변'

11월 18일은 창가학회의 창립기념일이다. 2015년 이 날 세이쿄신문 1면에는 이케다 다이사쿠 부부의 사진과 함께 '창가학회는 영광스러운 창립기념 85주년의 가절佳節을 맞이했다.'라며 예년대로 기념일을 축하하는 기사가 크게 게재되었다. 그러나 기사 말미에 쓰여진 내용 때문에 전국의 학회관계자는 경악했다. 전날 하라다 미노루가 회장에 삼선되어 이사장을 마사키 마사아키에서 하세가와 시게오長谷川重夫(부이사장)으로 교체했다는 것을 알린 것이었다.

이케다 다이사쿠는 2006년 11월, 4반세기 동안 회장을 맡아왔던 아키야 에이노스케를 경질하고 자신의 '비서역'인 하라다를 회장으로 취임시켰다. 동시에 넘버2이자 종교법인·창가학회의 대표자인 이사장직에 마사키가 취임하였다. 그 후 이 두 사람 밑으로 부회장으로 사무총장인 다니카와 요시키谷川佳樹를 더해 사실상 3인 집단지도체제가 확립했다. 처음에는 절대적 지도자인 이케다를 떠받치는 집단 지도체제였지만, 건강이 악화된 이케다가 2010년 5월의 본부간부회를 마지막으로 사람들 앞에서 모습을 감춘 이후,

마사키 마사아키

명실공히 3인에 의한 공동통치가 지속되어 왔다.

그러나 '이케다 부재'가 오래 지속되자 누군가 이케다를 대신하여 다음 지도자가 될 지를 둘러싼 세력싸움이 시작되었다. 그것이 이제까지 다뤄온 마사키와 다니카와의 항쟁이었다. 불과 두 살 터울의 두 사람이 벌이는 '포스트 이케다' 레이스는 이케다의 건강이 잠시 회복되자 마사키가 유

력 주자로 떠오른다고 수군거렸던 시기도 있었지만, 최근에는 다니카와가 우세하다고 보여지고 있다. '마사키파'의 거물 간부 몇 사람이 2013년 이후 점차 경질되었던 것도 그 관측을 뒷받침했다. 그럼에도 이번 창립기념일에는 회장도 이사장도 아직 임기 중이라서 인사가 단행될 것이라는 우려는 하지 않았다고 한다.

기념일 전날인 11월 17일 창가학회에서 회칙 등 중요 의결기관인 총무회가 소집되어 멤버로 있는 간부회원들이 전국에서 시나노마치의 학회본부별관으로 모였다. 총무회에서는 회장의 임기를 5년에서 4년으로 단축하는 규약의 개정이 제안되었고 이것이 승인되자마자 "회장임기의 단축으로 하라다의 임기가 오늘로 끝나기 때문에 회장을 다시 선출한다."며 총무회는 일단 휴회에 들어갔다. 그리고 열 몇 명의 총무에 의한 '회장선출위원회'가 열리고 하라다의 회장 재선(3기)을 전원일치로 결정하였다. 그 뒤 재개되었던 총무회에서 하라다가 이사장을 마사키에서 하세가와로 교체하는 인사를 발표했다. 갑작스런 이사장 교체의 발표에 출석자들은 경악하여 회의장은 이상한 분위기가 맴돌았다고 한다. 무엇보다 일본 최대의 거대종교단체를 양분하는 싸움을 벌여 온 한 축이 갑자기 무너지는 순간이었다.

2006년, 이케다 또한 50세가 될까 말까한 마사키와 다니카와를 각각 넘버 2의 이사장과 실질 넘버 3의 사무총장으로 발탁하여 경합시킨 것은 잘 알려져있다. 그 때문에 간부들은 "이번 마사키 해임은 (이케다) 선생의 뜻이 아닐 것 같다."라며 수군거렸다. 이 인사가 특이한 것은 부인부와 고령층에게 다니카와보다도 인기가 높던 61세의 마사키가 해임되고 그 후임이 마사키와 띠동갑도 넘은 74세의 하세가와 시게오_{長谷川重夫}가 취임한 것이다. 한편 이 인사가 이케다의 승인을 얻어 진행된 것으로 본다면 고령이라 사무능력에는 차질이 있어도 이케다의 신임이 지극히 두터운 하세가와를 이사장에 취임시킨 게 아닐까라는 이야기도 나왔다.

'포스트 이케다'의 자리를 착실히 다져왔던 다니카와였지만 학회 내에서는 '강권적'이라며 비판하는 목소리가 여전히 남아있었다. 그렇기 때문에 이 인사는 마사키와의 '포스트 이케다' 쟁투가 계속 지속되면 이케다 사망 후 창가학회가 분열될지도 모른다는 위기감 때문에, 다니카와가 자신과 같은 도쿄대 졸업 선배인 하라다와 편을 짜고, 게다가 변호사 그룹 톱으로 와세다 출신 야히로 요리오(부회장)와 전 회장이자 와세다 출신의 아키야 등 '비창가대 그룹'의 주요 간부들을 포섭하여 실행에 옮긴 것 아니냐는 관측도 나왔다. 건강이 불안한 고령의 하라다가 자리를 계속하지만 다니카와가 회장에 취임하지 못한 것은 "다니카와 씨보다 훨씬 나이 많은 간부가 아직 많다는 것과 인망이 있던 마사키 씨를 경질하는 것의 베리에이션도 고려하여 잠시 숨을 돌려놓았다."(학회 간부)는 것 때문이라고 보여졌다. 1960년에 이케다가 32세로 회장에 취임했을 때에는 반발하는 수백 명의 간부들이 별도 조직을 세우고 십수만 세대가 학회를 탈퇴했다고 알려져있다. 조직 확대가 요원한 지금 그러한 사태를 초래한다면 학회는 인기 쇠락의 길을 걷게 된다.

조직의 단결을 중시한 창가학회의 신인사

이때의 인사에서는 조직개편도 진행되어 종래의 '부이사장'직을 폐지하여 새로운 '주임부회장' 제도를 만들었다. 오랜 기간 창가학회의 절대적 존재인 이케다는 별도로 놓더라도 창가학회는 회장, 이사장 그리고 5~8인의 부이사장으로 이어지는 서열로 되어있다. 그 10명 가량의 부회장은 이른바 명예직이다. 이번의 조직개현은 십수 년 만으로, 부이사장직을 폐지하여 실제로 조직운영의 책임을 맡는 '주임부회장'자리를 신설했다. 이른바 이사장을 명예직으로 하고 회장 - 주임부회장(8인)라인으로 조직운영을 해나가겠다는 것을 명확히 했다.

이케다는 자신의 지위를 위협하는 자를 만들지 않기 위해 자신의 유능한 비서역할을 수행하며 관료적이라 인망이 떨어진다고도 지적 받아 온 하라다를 회장으로 앉히고, 동시에 창가대학 출신의 마사키와 도쿄대 출신의 다니카와라는 차세대 리더를 발탁하고 경합시키는 한편, 부이사장에는 간부들을 배치하는 등 권력이 한 사람에게 집중되지 않는 구조를 만들었다. 이것이 창가학회를 밖에서 쉽게 알 수 없는 조직이 된 원인이었다. 그런데 이번의 조직개정은 권력이 회장을 중심으로 일원화하는 형태가 된다는 것을 밖에서 보아도 쉽게 알 수 있었다. 카리스마 지도자인 이케다의 사후를 대비하여 회장이 지도력을 발휘할 수 있는 강한 조직을 목표로 한 것이라고 전해진다.

주임부회장에 취임한 8인은 부이사장에 동격인 이케다의 장남 히로마사와 베테랑 간부 3인, 그리고 새로이 다니카와 본인, 도쿄 가네자와 도시오金沢敏雄, 장년부장 하기모토 나오키萩本直樹, 스기나미총구 총주사杉並総区 総主事 이시지마 겐지石嶋謙二 등 4인이다. 세이쿄신문 등에서는 소개되지 않았지만 부이사장과 동급의 4명 이외에는 모두 학회본부의 테크노크라트들로서, 사무총장 다니카와하에서 각각 조직국과 총무국의 톱을 역임해왔다. 'X데이xデー[78]를 대비하여 조직에 큰 균열이 생기지 않도록 내부 결속을 하는 포진으로 보여진다.

---

78 X데이xデー: 초대형 사건이 예상되는 날. 여기서는 이케다 명예회장의 사망일을 가리킨다.

학회에서는 1974년에 이케다가 회장직을 사임하여 명예회장으로 된 이후 3인의 회장은 이름만 회장일 뿐 이케다에게 지명 받은 이케다 휘하의 간부 하나에 불과했다. 그러나 차기 회장은 중요도가 완전히 다르다. 무엇보다 이케다를 대신하여 명실상부 거대교단을 통솔해 나갈 것이기 때문이다. 학회 내에서는 마사키 경질에 대한 불만과 다니카와에 대한 비판이 여전히 남아있다고 이야기되지만 학회를 이끌어가는 차기 리더로 다니카와가 되는 것은 이 인사에서 거의 확실하다고 보는 관계자가 많다.

다만 이때 이루어진 회칙 개정을 보면 '포스트 이케다' 시대가 되어도 이케다의 권위에 기대지 않고 결속을 유지할 수 없는 학회의 고뇌도 보여진다. 학회는 일련정종 총본산 다이세키지大石寺와의 결별을 최종 결정하기 위해 시나노마치에 건립한 다이세이도오大誓堂를 '신앙의 중심도장'으로 명확하게 위치 짓고 동시에 "초대회장 마키구치 쓰네사부로, 2대 회장 도다 조세이, 3대 회장 이케다 다이사쿠를 광선유포의 영원의 스승으로한다."며 이케다 등을 숭배의 대상으로하는 것을 보다 명확하게 했다. 이케다 사후 거대조직을 유지하기 위해 지금의 간부들이 만든 개정노선이었다. 하지만 고참회원들 중에는 회칙 개정을 서두른 하라다=다니카와 라인에 대한 반발이 여전히 남아있었다고 한다.

창가학회는 정치와의 관계를 축소할 것인가

주목할 것은 이 새로운 하라다-다니카와 라인이 앞으로 정치와의 관계를 어떻게 할 것인가이다. 우선 이전부터 논의되어 온 국정선거의 대응 축소 문제에 어떻게 접근할지다.

이 책에서 몇 번이나 서술한 바와 같이 최근 6년 동안 창가학회에서는 차기 학회의 진정한 리더 - 즉 '포스트 이케다'의 자리를 놓고 다니카와와 마사키의 주도권 싸움이 계속되어 왔다. 그리고 그 싸움은 학회의 정치노선의 차이와 중요하게 맞닿아 있었다. 즉 마사키는 학회원의 급속한 고령화로 학회조직이 약체화되어가는 현상을 솔직히 인정하고 국정선거에 주된 에너지를 줄이자는 생각을 가지고 있었다. 구체적으로는 중의원 소선거구에서 철수하여 비례구에 특화시켜 자민당과의 전면적 선거협력도 재검토해야 한다는, 젊은 간부들 의견에 찬성하는 의향을 보였다.

한편 다니카와는 적어도 당분간 자민당과의 협력체제를 유지하여 의석을 지키는 쪽이 학회에게 상책이라고 생각하여 재검토에는 신중한 입장을 취해왔다. 그리고 확실하게 선거 결과를 내는 자민당과의 전면적인 선거협력으로 공명당 의석 확보에 분투하여 실질적 결과를 내는 것으로 자신의 위치를 공고히 했다.

서장에서 서술했듯이 창가학회에서는 신앙심과 선거가 따로 떨어진 것이 아니라서, 간부의 실적평가 기준이 선거에서 얼마나 성과를 거두었는가다. 그것이 2010년 참의원선거에서 가장 정세가 혹독했다고 회자되는 사이타마 선거구의 책임자로서 공명당 후보를 당선시키는 등 선거에서 실적을 계속 내어온 다니카와가 살아남고, 관서지구 책임자로서 몇 번의 선거에서 실패한 마사키가 실각하는 것으로 이어지게 되었다는 평가도 있다.

그러나 공명당의 중참양원선거에 있어서 비례구의 득표총수는 2005년 중의원 선거의 898만표를 정점으로 하락세를 보인다. 회원의 급속한 고령화로 집표력이 저하되고 있는 것도 숨길 수 없는 사실이다.

게다가 선거에서 공명당의 의석 확보가 곧 종교단체로서의 '승리'가 된다는 논리에 얽매어 있는 한, 창가학회는 자민당과의 연립을 유지하고 전면적인 선거협력체제로 선거를 치르게 된다. 당장은 그쪽이 조금이라도 표의 감소를 막는 것이 확실하기에 큰 '상처'를 입을 가능성이 적기 때문이다. 학회 집표력의 쇠락을 자민당과의 선거협력으로 몇 번이나 보완해온 것은 2016년의 참의원의 결과를 보아도 명확하다.

그 한편으로 중의원 소선거구에서의 의석 확보를 위한 학회원의 대량동원이 조직을 피폐시킨다는 인식은 학회 내에서 널리 공유되어 있다. 더욱이 소선거구에서의 의석 확보를 이유로 자민당과의 전면적인 선거협력을 위해 연립을 구성하고, 학회의 뜻에 반하는 정책마저 찬성해야 했던 고이즈미 정권 이후의 상황이 학회원의 공명당 이탈을 초래하고 있다는 분석도 학회는 일찍부터 하고 있었다. 적어도 노력만큼의 결실이 적은 중의원 소선거구에서 철수한다면 학회원의 부담을 상당히 줄일 수 있는 것이 가능하다. 또한 자민당과의 전면적인 선거협력도 이제는 필수불가결하지는 않기 때문에 연립을 해소하여 다른 정당과도 원활하게 관계 맺을 수 있다. 이로써 반자민 세력으로부터 학회공격을 막는 것도 가능해진다. 더 이상 자민당이 반영구적으로 정권을 잡는 게 불가능한 이상, 그쪽이 더 효율적인 게 아닐까 하는 의견은 학회 내부에서 많은 지지를 얻고 있다. 더욱이 중의원 선거 자체에서 아예 철수하고 참의원과 지방의회 선거만으로 축소하는 쪽이 보다 효율적인 게 아닐까 하는 의견마저 나돌고 있다. 실제로 과거 30년의 역사를 돌아보면 공명당은 참의원에서 캐스팅보트를 쥐게 되면, 연립정권에 들어가는 것과 관계없이 정권에 강한 영향력을 행사하는 것이 가능하기에 앞으로도 참의원에서의 일정 세력을 확보한다면 그러한 상황을 만들어 낼 가능성은 충분하다.

학회의 한 중견간부에 따르면, 지금 같은 중의원 선거 대응이 학회원들에게 과중한 부담이라는 인식은 다니키와도 가지고 있어서 소선거구 철수를 절대 반대하는 것은 아니라 한다. 그렇기 때문에 여전히 학회 내에 불씨가 남아있는 마사키 경질의 반발이 해소되고 하라다-다니카와의 신체제가 공고해지면 다니카와 등이 주도하여 소선거구에서 철수를 결정한 가능성도 충분하다.

애초에 학회 회원수는 거의 줄어들고 있지 않다고는 하지만, 저출산고령화의 파도는 학회가 외면할 수 없을 정도로 밀려오고 있다. 회원수는 이미 20년 이상 제자리걸음이 계속되고 있다. 새로운 회원의 다수는 부모가 학회원이었던 2세이고, 최근에는 일반사회와의 융화노선을 취하기도 해서 새로 들어온 젊은 회원의 전투력 저하도 문제로 지적되고 있다. 이렇게 비교적 젊은 회원에게 상당히 격한 선거활동을 강제한다면 오히려 회원의 학회이탈을 초래할지도 모른다. 그렇기 때문에 어떻게든 선거 부담을 축소시켜야 한다는 인식이 마사키파든 다니카와파든 상관없이 창가학회의 간부들에게 널리 공유되고 있었다고 한다.

'그 때'는 언제 오는가

문제는 그 시기가 언제 오느냐. 필자는 그 시기를 두 가지라고 바라본다. 그 하나는 명예회장 이케다 다이사쿠가 부재하게 되는 때다. 왜냐하면 중의원으로의 진출을 결정하여 그 의석 확대에 매달려왔고, 학회공격을 막기 위해 자민당과의 연립에 몸을 던지기를 최종 결정한 것도, 그리고 공명당의 의석 획득이 곧 회원의 신앙심을 증명하는 구도를 만들어낸 것도, 모두 이케다 본인이었기 때문이다. 그렇기 때문에 이케다가 판단력을 거의 잃지 않으면서도 생존하고 있는 한 큰 노선전환은 불가능할 것이다. 실제로 여러 학회 간부들이 "만약 (이케다) 선생이 부재하게 되면 조금이라도 중의원 소선거구에서의 철수, 결국 중의원 선거 전면 철수까지 현실로 이어질 수 있다."고 말한다.

그러나 이 시나리오에서 소선거구에서의 철수를 결정하더라도, 자민당이 상대적으로 많은 국민의 지지를 얻고 있는 지금과 같은 상황이 계속된다면 공명당은 당분간 자민당과의 연립정권을 지속할 가능성이 높다. 자민당에 대한 국민의 지지가 크게 떨어지지 않는다면, 중의원에서도 참의원에서도 가장 확실하게 공명당의 비례표를 늘리는 길은 자민당과의 선거협력이기 때문이다.

또 하나는 자민당에 의한 정권운영이 불가능해지고 자민당에 대항하는 야당(현재로서는 민진당)에 국민의 지지가 모아지고 정권교체가 다시 현실이 되는 때다. 이 책의 중반에서 묘사하고 있듯이 민주당 정권의 탄생이 가까워진 때부터 창가학회는 민주당과의 관계 구축을 모색하고, 공명당도 정권교체 후에는 민주당 정권과의 거리를 줄이기 위해 노력하며 시시비비노선으로 방향을 바꾸었다. 실제로 민주당이 좀 더 원활하게 정권을 운영해 나간다면 공명당은 이미 자민당과의 전면적 협력관계를 해소하고 그 때 그때의 정권과 각외협력 등으로 방침을 전환할 가능성이 높다.

그렇지만 정권교체가 언제든 일어날 수 있는 정치상황이 일본에 생긴다면 창가학회를 지키는 것이 제일의 임무인 공명당은 양대 정당이 자신에게 방해가 되지 않도록 거리를 지키고, 때때로 정권과의 관계 속에서 공명당으로서의 정책 실현을 꾀하는 방향을 택할 가능성이 상당하다. 그것이 공명당에게는 가장 안전한 상황이다.

또 하나. 중의원의 선거제도가 공명당이 주장하는 소선거구 비례대표 연용제처럼 중소정당 의석이 보다 늘어나는 방향으로 개정된다면 공명당은 바로 소선거구에서 철수하고 자민당과의 연립도 해소할 가능성이 높지만, 이에 대해서는 지금은 실현 가능성이 낮기 때문에 그 검토에 지면을 할애하지는 않겠다.

서장에서 지적한 바와 같이 창가학회에게 선거는 조직을 다잡고 구심력을 높이는 최대의 역할을 해낸다. 그러나 그것은 중의원에서 철수해도 참의원선거와 지방선거에서 각 지역 사정과 후보자의 생각에 따라 자민·민진의 어느 쪽 의원을 지원한다면 양당에 대한 일정한 영향력을 발휘 할 수 있게 된다.

'대중과 함께'는 바뀌는가

마지막으로 공명당이 내걸고 있는 정책에 대하여 약간 고찰을 더하고 싶다. 공명당은 창당시부터 '평화와 복지의 당'으로써 걸어왔다. 그러나 실제로는 외교정책과 안전보장정책에 관해서는 선거공약에서도 비중이 적다. 이 문제는 몸을 사리는 대응을 해 온 것이 사실이다. 공명당이 힘을 쏟은 것은 학회원의 대부분이 당초 도시부의 저소득자층이었기 때문에 회원들의 생활을 풍요롭게 하기 위한 복지정책과 소득 재분배정책이었다.

공명당의 강령에서는 지금도 "대중과 함께 말하고 대중과 함께 싸우며 대중 속에서 생을 마감한다."는 '공명정치연맹' 결성 시 이케다의 발언이 실려 있다. 그리고 아동수당의 창설, 충실과 중소기업 자금 융통의 지원 등 저소득의 미조직 노동자나 중소영세기업의 경영자를 의식한 개별정책 실현에 일관되게 집중하여 많은 성과를 올려왔다.

그러나 종전 직후 '가난뱅이와 병자의 종교'라고 야유 받았던 창가학회도 고도경제성장기를 거치며 크게 변했다. 학회원의 소득구성도 지금 사회일반의 그것과 크게 다르지 않다. 실제로 회원 중에는 사회적 엘리트층도 많이 존재한다. 최근 공명당 국회의원이 중앙성청의 커리어 관료[79]와 외국계 대기업의 사원 그리고 변호사나 공인회계사 등의 사회적 엘리트층에서 선발되는 것에서도 잘 드러난다. 그렇게 되면 '대중복지'의 깃발을 내걸고 거시경제정책보다 개별의 복지, 의료, 교육정책을 중시하는 노선을 앞으로도 계속해 나갈 수 있을지 단정하기 어렵다. 공명당 국회의원에 사회적 엘리트가 늘어나면 당내에서는 독자의 장기비전에 기반한 거시적인 정책을 내걸어야 한다는 의견이 강해질 것으로 예상된다. 이미 그러한 목소리는 당내의 일부 젊은 의원들로부터 나오고 있다. 이것이 계속되면 '서민의 당' 공명당은 변질되고 일반 학회원과의 사이에 괴리가 생긴다는 논점은 많은 연구자가 지적하고 있다. 그러나 공명당은 단독으로 정권을 노리를 정당이 되지 못하는 이상, 타당과의 차이를 선명히 하기 위해서라도 기본적으로는 개별정책중시의 '서민의 당'이라는 간판을 당분간 바꾸지 못할 것이다.

그러나 무엇보다 자신이 서민 출신이었고, 그 앞에서는 엘리트도 서민도 함께였던 절대적 존재, 이케다 다이사쿠라는 지도자를 잃었을 때, 공명당이 과연 '서민의 당'이라는 간판만으로 생존해 나갈 수 있을지의 문제가 남

---

79 커리어 관료キャリア官僚: 한국의 행정고시에 해당한 국가 공무원 시험에 합격한 관료.

는다. 그것은 동시에 이케다 사후 창가학회 자체가 현재의 거대조직을 유지할 수 있을지의 문제이기도 하다.

이 점에 관해서는 창가학회라는 조직이 지역에 뿌리내린 상호부조의 네트워크로 되어있기에 곤란한 때 서로 도와주는 학회원 동지들의 견고한 인간관계가 경제활동에까지 미치고 있기 때문에 간단하게는 무너지지 않을 것이라는 관측이 유력하다. 학회원의 가정에서 자라난 아이들이 입신入信하는 경우가 높은 이유도 거기에 있다. 이른바 학회원들의 네트워크 하나의 사회가 가능한 것이다.

그러나 그 견고한 네트워크와 치열한 선거활동을 계속 유지하는게 가능하냐는 것은 다른 문제일지도 모른다. 선거에서 의석의 획득 자체가 신앙심의 증명이 된다는 논리는 유지해도 '선거에서의 표의 획득은 (스승인) 이케다선생의 은혜에 보답하는 것'이라고도 하기 때문에 이케다 사망 후 학회원들이 선거로의 모티베이션을 어디까지 유지할 수 있을지는 불투명한 부분이 있다.

다양성을 잃은 자민당을 보완하여 안정되어가는 공명당

창가학회가 서서히 쇠락하고 있다고 하더라도 오늘날 일본사회에서 이정도로 뭉쳐서 행동이 가능한 조직은 종교단체가 아니라 하더라도 보이지 않는다. 선거라도 하면 적어도 100만 명 이상의 학회원이 활발하게 집표활동을 하고 실제 700만 표를 획득한다. 그러나 그 표 수는 다른 정당과는 다르게 선거구도나 '바람'에는 그다지 좌우되지 않는다. 2016년 참의원선거에서 자민당을 지원한 각종 단체의 조직 내 후보들 중 가장 많은 표를 획득한 것은 전국우편국장회 후보로 약 52만 표였다. 창가학회가 획득하는 표는 자릿수가 다르다.

그리고 이 거대한 종교단체가 현재는 선거기반이 쇠락한 자민당을 떠받치고 있다. 자민당은 과거 두 번의 대승했던 총선거조차 창가학회의 표가 없었다면 과반수를 채우지 못했을 가능성이 높다. 그 의미에서는 안정된 정권을 만들기 위해 큰 역할을 해내고 있다. 공명당은 자공연립을 지속하는 의미로써 '정치의 안정'을 강조하는데 그 역할을 결과적으로 충실히 구현하고 있다.

동시에 일찍이 중도좌파에서 우파까지 폭넓은 생각을 가진 의원들을 품고있던 자민당이 그 다양성을 잃고 당 총재의 주장에 누구도 이견을 제기하지 못하는 상황에서 공명당은 일찍이 자민당의 '비주류파'가 되어 정권에 대한 브레이크 역할을 해내고 있다고 보는 것도 가능하다.

중의원 소선거구 비례대표병립제가 도입된 후 20년 이상을 지나오는 동안, 자민당에서는 특히 당수(총재)의 힘이 압도적으로 강해졌다. 예전부터 '당중당'이라고 불릴 정도로 힘을 떨쳤던 파벌은 이제 그림자도 보이지 않는다. 자민당 내의 비판세력이 사라진 것에 대해서는 매스컴에서 비판적으로 다룬 것이 많지만, 파벌을 약화시켜 수상(당수)의 힘을 높이고 신속하게 의사결정이 가능하게 되어 정책논쟁은 '당대당'으로 이루어지는, 이 제도를 도입한 당초의 목적이 확실히 달성된 것이기도 하다. 그런 의미에서 자민당과 전혀 다른 별개의 정당인 공명당이 아베 색에 물들어 다양성을 잃고 있는 자민당에 대한 브레이크 역할을 해내고 있는 현상은 반드시 나쁘다고 하기 어렵다. 그것이 어떤 의미에서는 자민당의 폭주를 막고 정치를 안정시킨다고 말할 수도 있다.

그러나 한편 공명당은 자신의 생각과 크게 괴리된 정책을 내세우는 자민당과 연립을 구성하고 있기 때문에 정책 면에서 상당히 타협에 내몰려 안팎의 강한 비판도 맞고 있다. 그 전형이 집단적자위권 행사 용인과 안보법이었다.

그럼에도 연립을 구성한 당초의 구 경세회계의 정권이라면 모를까 자민당이 전체적으로 우경화 된 지금, 자민당과 공명당·창가학회의 생각 차이는 보다 명확해져가고 있으며 공명당의 연립 구성 자체의 거부감도 커지고 있다. 일반 시민의 시선으로 보면 공명당은 집단적 자위권의 문제로 연립을 이탈하는게 당연한데 선거협력과 학회조직의 방어만을 위해 연립을 계속 유지하는 것은 납득하기 어렵다. 공명당 대표 야마구치는 집단적 자위권 협의가 시작되기 전에 "정책의견 차이만 가지고 하는 연립이탈이란 도저히 생각할 수 없다."라고 이야기 했지만, 정당 간의 연립이란 본래 기본적인 정책의 일치 위에 성립되는 것이다. 그리고 정책과 견해가 다른데도 타협을 되풀이하며 연립정권을 유지시키는 것은, 공명당 의원들에게도 결코 속편한 일은 아니다.

여기까지 보아온 것과 같이 창가학회의 신체제는 여전히 내부의 반발도 남아있기에 이 체제를 반석이라 말하기는 어렵다. 내부 결속을 위해 선거에서 확실하게 성과를 남겨야 하는데, 그러기 위해서는 가능성이 보다 높은 자민당과 전면적인 선거협력을 당분간 유지하고자 할 것 같다. 게다가 2016년 참의원선거 후에 자민당이 27년 만에 단독과반을 회복하고 아베 자민당에 가까운 '오사카유신'도 일정의 세력을 확보했기 때문에, 지금 상황에서 연립을 이탈한다면 정권에 대한 영향력을 거의 행사할 수 없게 된다. 그렇기 때문에 당분간은 자민당과의 연립을 유지하게 될 것 같다.

　그러나 앞으로 새로운 창가학회의 체제가 반석에 올라서거나 한편으로 자민당 1강으로 불리는 정치상황에 균열이 보이기 시작한다면 공명당·창가학회가 중의원 소선거구에서 철수하고 시시비비노선으로 전환할 가능성도 꽤 높아진다. 그것은 이미 세대교체가 진행되어 전투력이 떨어져가고 있는 창가학회에게 피할 수 없는 길일지도 모른다.

후기

　나는 이 책에서 창가학회와 공명당, 그리고 학회와 정치전반과의 관계에 대한 사실을 담담하게 그려나가고자 했다. 그동안 그 내부사정을 밝히는 책은 있었지만 그것들이 그리고 있는 것은 꽤 앞선 시기의 일이다. 최근 10년여 사이의 공명당과 창가학회의 일상과 속사정을 그린 리포트는 아직 없다고 생각한다.

　창가학회의 선거 표계산은 실로 정확하다. 개인적으로 정밀한 표 읽기를 하는 '선거의 프로'는 각지에 존재하지만, 전국 조직으로서 창가학회에 대적할 수 있는 곳은 없다. 이른바 선거의 프로 집단이다.

　어떻게 그 정도로 정확한 표계산이 가능할까, 왜 선거에 그렇게까지 정열을 쏟는가. 여기서부터 창가학회에 대한 흥미가 생겨났는데, 어느 학회 간부와 대화하며 "선거란 이제는 종교활동 그 자체인걸요."라는 말을 듣자, 머릿속의 빙하가 녹는 기분이 들었다.

　당연하게도 종교적 열정의 전부를 선거에 쏟고 있지만 그렇기에 다른 조직과는 조직구성 방식의 차원이 다르다. 무려 쇼와 30년대1956년-1966년부터 선거에 관여한 노하우가 조직적으로 누적되어있다.

　나는 이와나미서점의 편집자로부터 이 책을 쓸 것을 처음 권유받을 때 꽤 주저했었다. 이 책에서 묘사한 창가학회와 공명당의 속사정은 처음부터

'어쩌 어찌한 모양'이라는 전제를 가지고 조사했던 것은 아니기 때문이다. 이 책은 아마도 교리를 받드는 학회 본부나 지방조직 간부와 전직 간부, 그리고 공명당 국회의원과 지방의원이 바라는 책은 아닐 것이다. 이 점은 솔직하게 사과드리고 싶다.

학회 간부와 공명당의원은, 정책적인 괴리가 큰 지금의 자민당과 중요 정책에서 타협할 때마다 반발하는 학회원들을 납득시키기 위해 엄청난 노력을 쏟아 왔다. 왜 그런 노고를 하면서까지 연립을 유지하는 것일까 탐구해보니, 실은 학회 내에서도 자민당과의 전면적인 협력체제의 재검토로 이어지는 중의원 소선거구 철수론이 있다는 것을 알았다.

공명당은 최근 아베 자민당 매파노선의 한 축을 맡고 있다는 비판을 많이 받았지만, 그 비판에는 의외의 면이 있는데 그들은 머지않은 미래에 자민당과 헤어질 가능성도 있다는 점이다. 일단 그것을 실현하는 공명당이 '시시비비노선'으로 방침전환을 한다면, 정권교체 가능한 생동감 있는 정치를 일본에 정착한다는 의미에서 좋은 일이라고 생각한다.

그리고 이러한 사실을 널리 알리는 것은 의미가 있다고 생각하여 결국 집필에 착수하게 되었다. 무엇보다 공명당은 이미 오랫동안 권력의 한 축을 담당하고 있으니 그 실태를 대중들에게 밝히는 것은 필요하다고 생각했다. 무엇보다 베일에 가려진 실태를 보지 않으면 필요 이상의 비판을 불러일으킬 수도 있다.

그렇다고는 해도 '정교분리는커녕 일체화아닌가.'라는 비판의 여지가 있는 이 책의 내용은 관계자에게 유쾌한 것은 아닐 것 같다. 그러나 나에게 공명당과 창가학회에 악의가 있지 않다는 것만은 이해해주기를 진심으로 바라고 있다.

공명당 의원들은 진정성 있는 학구파들로서 성실한 사람들이 많고 학회
의 간부들도 성실하고 현명하게 살아가는 사람들이 많다. 취재에 신세를 진
분들께 감사와 사과의 말을 전한다.

2016년 9월

나카노 준

역자후기

이 책은 일본의 공명당을 창가학회와의 관계를 중심으로 분석한 책이다. 일본의 종교단체인 창가학회는 물론 창가학회를 기반으로 만들어진 공명당 둘 다 한국인에게 매우 낯설다.

한국에서는 창가학회라는 이름보다는 그들이 외는 일종의 주문인 '남묘호렌게쿄'나 SGI_{Soka Gakkai International}라는 이름이 더 익숙할 것 같다. 공명당의 처지도 다르지 않다. 2012년 이후 자민당 아베 연립정권의 한 축을 이루고 있으며 그 이전부터 계산하면 20년 가까이 여당경험이 있음에도 어떤 정당인지 한국에 알려진 바가 거의 없다. 심지어 일본의 극우 정당이라는 오해도 인터넷 등에서 심심찮게 볼 수 있다. 여기서는 후기의 지면을 빌려 간단하게 창가학회와 공명당에 대해 소개하고자 한다.

일련정종의 등장

창가학회는 1930년, 일본 불교의 종파인 일련정종日蓮正宗의 재가신도在家信徒 모임으로 시작되었다. 재가신도란 출가出家하지 않은 신도, 즉 승려가 아닌 일반 평신도들을 말한다. 그렇다면 일련정종은 어떤 불교일까. 일련정종은 일본에서 시작된 불교의 종파로서 13세기 가마쿠라시대에 활동한 승려

니치렌日蓮을 시조로 삼는다. 니치렌 불교사상은 세 가지로 특징 지을 수 있다. 다른 모든 불법을 배척하는 과격하고 배타적인 법화경 중심주의, 석가모니의 시대는 끝났으며 곧 새로운 시대가 도래한다는 말법사상, 마지막으로 민중친화적 성격이다.

레디컬 부디스트 니치렌의 등장은 가마쿠라 시대의 정치적 혼란과 더불어 지배층의 전유물인 불교가 빠르게 민중에게 전파되고 있던 당대의 시대상을 반영하고 있다. 오늘날 일본 불교의 주요 종파들인 정토종, 정토진종, 시종, 임제종, 조동종이 이 시대에 등장한다. 이를 가마쿠라 신불교鎌倉新佛教라 한다. 신불교는 대체로 귀족의 사후 극락왕생을 기원하는 정토사상보다는 말법 시대에 고통받는 민중들을 구제하는 성격이 강하다. 또한 출가하지 않은 민중들도 현실에서 불법을 수행 할 수 있도록 매우 과격하고 단순한 형태의 수행법을 제시한다는 특징을 가진다.

정토계통인 정토종淨土宗, 정토진淨土真宗종, 시종時宗은 나무아미타불이라고 염불만을, 선종계열인 임제종臨濟宗과 조동종曹洞宗은 좌선만을 내세우는 식이다. 니치렌을 조사로 삼은 일련종과 일련정종 역시 법화경을 제외한 일체의 수행을 배격하는 편이다. 니치렌은 법화경의 내용보다는 묘법연화경에 귀의한다는 '남묘호렌게쿄'를 주문처럼 외우면 누구나 부처가 될 수 있다고 주장했다. 남묘호렌게쿄를 암송하는 것을 염불이라 하지 않고 제목題目이라 부르는데 때문에 니치렌 불교의 이같은 성격을 '법화지상주의法華至上主義', 또는 '제목종교題目宗教'라고도 부른다. 남묘는 南無의 일본어 발음이다. 남무는 산스크리트어 나마스nma를 번역한 말로서 귀의한다는 뜻이다. 한국에서는 '나무'라고 발음한다. 예를 들어 나무석가모니불은 현세의 부처 석가모니의 가르침에 귀의한다는 뜻이며 나무아미타불은 서방정토의 부처인 아미타에게 귀의한다는 뜻이다. 니치렌은 석가모니, 아미타, 관세음보살 등 인격화된 존재가 아닌 경전 자체를 귀의의 대상으로 삼은 것이다.

니치렌의 말법사상

니치렌의 말법사상을 보여주는 것이 1260년 니치렌이 직접 저술하여 막부의 실질적 지배자執權인 호조 도키요리北條時賴에게 제출한 '입정안국론立正安國論'이다. 니치렌은 법화경을 따르는 자신의 종단을 국교화하고 다른 이단을 절멸할 것을 주장했다. 이러한 자진의 주장이 받아들여지지 않으면 나라가 어지러워질 것이며 결국에는 외적의 침입으로 나라가 멸망할 것이라고 주장했다. 당연히 니치렌의 주장은 막부에서 받아들여지지 않았고 다른 불교 교단으로부터도 큰 반발을 샀다. 니치렌 역시 자신의 주장을 굽히지 않았고 결국 니치렌은 두 차례 유배를 당하는 시련을 겪게 된다. 창가학회에서 1970년대까지 공공연하게 주장했던 국립계단이나 왕불명합 등은 니치렌불법의 이 같은 출발에 기인하고 있다.

니치렌 사후 1274년과 1281년 몽골이 일본을 침공하자 제자와 신도들은 니치렌의 예언이 드디어 실현된다고 주장했고 더욱 포교에 열성적으로 임하게 되었다. 그러나 제자들에 의해 일련종은 일련정종과 분화된다. 일련정종의 분화는 일련종이 그동안 방법謗法이라 규정하여 배척했던 불상을 받아들이는 등 기존의 급진적 색채를 완화하는 데에 대한 반발이었다. 니치렌의 제자 중 하나였던 닛코日興가 창시한 일련정종은 일련종보다도 더 강하게 법화경-니치렌중심주의를 내세웠다. 심지어 석가모니를 부정하고 니치렌이 이 시대의 진정한 부처라는 니치렌본불론日蓮本佛論을 내세우기도 한다.

일련정종의 니치렌본불론은 오늘날 창가학회의 이케다본불론池田本佛論과
도 이어진다고 할 수 있다. 물론 이케다본불론은 창가학회의 공식 주장은
아니고 현재까지는 창가학회를 파문한 일련정종 측에서 창가학회를 비판
하는 과정에서 공공연히 등장하는 주장이다. 그러나 소련에서 레닌 사후 스
탈린에 의해 레닌이 신격화된 것처럼 아케다 다이사쿠 사망 후 그를 본불의
위치로 승격하고자 하는 움직임이 아예 없을 것이라 장담하기도 어렵다.

군국주의와 창가학회

창가학회는 이 일련정종의 재가신도였던 마키구치 쓰네사부로에 의해 창가
교육학회라는 이름으로 시작된다. 교육자였던 마키구치는 자신의 교육사
상과 신앙을 일치시키고자 하였다. 창가학회가 종교단체라하기에는 상당
히 생활지도적인 문화가 남아있는 것도 마키구치의 영향이다. 창가라는 말
은 가치를 창조한다는 뜻으로 마키구치 사상의 핵심이었다.

이후 전쟁의 소용돌이 속에 일련정종도 전쟁참여와 신사참배를 강요받
게 된다. 식민지 조선의 종교들이 같은 압박에 굴했던 것처럼 일련정종 역시
군국주의에 협력하게 된다. 하지만 창가학회는 이를 거부하고 정부로부터
탄압을 받게 된다. 마키구치는 도다 조세이 등 그를 따르는 제자 20명과 함
께 투옥된다. 대부분의 제자들은 옥중에서 전향하고 석방되었지만 마키구
치는 도다와 함께 전향을 거부한다. 마키구치는 1944년 옥중에서 사망하고
도다는 일제가 패망하기 직전인 1945년 7월에 석방된다.

창가학회의 재건

마키구치의 사망 후 조직을 재건한 것이 바로 도다 조세이였다. 도다 조세이는 창가교육학회를 창가학회로 이름을 바꾼 후 과격하다 싶을 정도의 절복활동_{창가학회의 포교방식}을 통해 세를 넓혀 나갔다. 저자 나카노 준이 언급하디시피 창가학회는 특유의 현실주의적, 민중주의적 성격을 가지기에 전후 일본에서 쉽게 세를 불려나갈 수 있었다. 그 조직의 기반이 된 것이 영세상공인과 도시의 미조직 - 주변부 노동자들이었다. 빈자와 병자의 종교라는 이미지를 가지게 된 것도 이 때문이다.

훗날 이케다 다이사쿠로 이어지는 창가학회의 조직적 특성은 모두 도다 시절에 완성되었음을 알 수 있다. 무엇보다 니치렌 사후 700년간 중단되었던 국립계단 건립을 목표로 정당결성을 결정하고 추진한 것이 도다였다. 그 야심찬 기획의 결실이 공명당이었다.

재가신도 단체들 중 하나에 불과한 창가학회의 세가 일련정종 종단보다 훨씬 커짐에 따라 종단과의 관계로 껄끄러워지기 시작한다. 파문 위기에 몰린 창가학회가 1978년 총본산 대석사를 방문한 사죄의 등산 사건이 이 무렵이다. 하지만 이 갈등은 수습되지 못하고 1990년 창가학회는 일련정종으로부터 파문당한다. 그 뒤 창가학회와 일련정종은 현재까지도 상호 비방을 계속하고 있다.

공명당의 창당

창가학회가 단순한 종교단체에 머무르지 않고 정당을 창당하게 된 이유는 무엇일까. 하나는 입정안국론에서 볼 수 있듯이 정치에 적극적으로 개입해야 한다는 니치렌불교 자체의 이념적 특징이다. 마키구치 시대에 이르면 여기에 세속주의적 성격이 더해진다. 두 번째는 다른 일련종계 단체들과 달리 원칙적 입장을 고수하다 군국주의로부터 탄압받았던 전전의 경험이다. 저 자인 나카노 준이 지적하다시피 종단을 정치적 탄압으로부터 지키기 위해 서는 정치적 권력을 가져야 한다. 세 번째는 50년대 과격하다시피 한 절복 활동의 결과로 얻어진 조직력에 대한 자신감이다. 마키구치 시절 수천 명에 불과한 창가학회의 신도는 도다 조세이 시대에 이미 80만 가구의 신도를 확 보하게 된다. 네 번째는 시대적 상황이다. 전후 샌프란시스코 조약과 안보 투쟁에 이르기까지 일본 정치와 사회는 극심한 좌우대립을 겪었다. 혁신진 영을 대표하는 사회당의 주도권은 대도시 - 조직노동중심의 총평總評, 일본노동 조합총평의회이나 이론가 그룹인 사회주의협회와 같은 당내 좌파에 의해 좌우 되었다. 창가학회의 조직적 기반이자 보혁의 정치갈등 속에서 자신을 대변 하지 못했던 미조직노동자, 영세상공인들에 기반한 중도주의 정당의 창당 은 그저 시간문제였다.

공명당은 창당 당시 강령에서 왕불명합에 기반한 세계평화, 자본주의와 사 회주의를 보완한 인간사회주의에 의한 대중복지, 불법민주주의佛法民主義에 기반한 대중정당, 부정부패 추방 등을 내걸었다. 여기서 공명당의 종교적 성 격과 중도주의지향이 강하게 드러난다. 초기에는 독자적 정치세력화나 국립 계단 건설 같이 매우 자신감 넘치는 정치적 포지션을 취해온 것도 사실이다.

공명당의 생존투쟁

공명당은 빠르게 세를 불려나갔지만 기성정당에 의한 견제 역시 만만치 않 았다. 당 지도부가 개입된 것으로 추측된 부정선거 사건도 여럿 있었다. 역시 가장 큰 위기는 언론출판 방해사건이다. 이 사건은 공명당으로 하여금 살아남기 위해서는 정당간 연계와 정교분리의 표방이 얼마나 중요한지를 깨닫게 해주었다. 정교분리 문제는 시급했다. 창가학회 회장 이케다 다이사쿠는 명예회장으로 물러나고, 공명당 역시 강령이나 공식 문헌 등에서 왕불명합이나 국립계단과 같은 불교적 색채를 지워나가기 시작했다.

정당간 연대의 시작은 비자민 중도 - 혁신연립구상이었다. 정교분리를 선언했던 1970년 6월의 당대회에서 정책협정→중도혁신연합→정계개편 노선도 채택된다. 곧이어 공명당의 야노 준야 서기장, 사회당의 에다 사부로江田三郎, 민사당의 사사키 료사쿠佐々木良作 등이 만나 이른바 '사공민' 구상을 제안했다. 공명당은 이렇게 혁신진영과 연립정권 노선을 제시한 동시에 언론출판 방해사건으로 연을 맺은 다나카 가쿠에이 - 경세회와도 파이프를 다져나가기 시작했다. 사공민 노선이 사회당과 공명당의 당내 반발에 부딪혀 지지부진해지자 가시화된 것은 자민당과의 협조였다. 그러나 72년 중의원 선거에서 명확한 성과를 내지 못하자 73년 당대회에서 당은 다시 왼쪽으로 기울게 된다. 이렇게 사공민 노선은 다시 부활하는 것 같았다. 그러나 사공민 노선을 주도했던 에다 사부로가 당내 투쟁 끝에 사회당을 탈당하고 간 나오토 등과 함께 사회시민연합을 만들면서 크게 흔들리게 된다. 게다가 얼마 지나지 못해 에다 사부로가 사망하면서 사공민 노선은 영원히 수면 위로 올라오지 못했다.

그 이후 공명당의 정당간 전략은 다층적인 면이 있었다. 공명당은 민사당과 우선 79년 12월에 '중도연합정권구상에 관한 합의'를 내놓고 사회당과는 80년 1월에 '연합정권구상에 관한 합의'를 내놓게 된다. 이른바 다나카파경세회와 후쿠다파청화회 간의 이른바 가쿠후쿠전쟁角幅戰争으로 자민당 장기집권이 흔들리고 있다고 판단했기 때문이다. 하지만 생각보다 자민당 정권은 굳건했고 80년 중의원 선거에서도 패배한다. 하지만 상황변화에 유연한 공명당은 자위대의 조건부 합헌을 주장하며 다시 자민당-경세회에 손을 뻗기 시작했다. 그 과정에서 발생한 사건이 니카이도 옹립구상이었다. 물론 사회당과 민사당과의 제휴 또한 이어졌다. 이러한 폭넓은 행보는 이후 비자민연립정권 참여 당시에도 큰 도움이 되었다.

이후 호소카와-하타로 이어지는 비자민연립정권이 단명하고 자민당과 사회당의 연립정권이 출범한다. 자민당은 정권탈환을 위해, 사회당은 총리 직을 위해 손을 잡은 결과였다. 이 배경에는 비자민연립정권을 주도한 오자와 그룹에 대한 사회당의 반감도 무시할 수 없었다. 공명당은 이때 오자와가 주도하는 신진당에 참여하게 된다. 하지만 그 전에 비개선 참의원 의원과 지방의원으로 구성된 '공명'과 중의원 의원과 개선 참의원의원으로 구성된 '공명신당'으로 당을 분할하고 공명신당만이 신진당에 참여하게 한다. 이는 지방선거에서 여전히 강할 것으로 보이는 자민당과의 연계를 염두에 둔 동시에 학회원의 반발을 줄이고 신진당에 적극적으로 참여하지 않는다는 인상을 주고자 하는 세가지 목적이 내포되어 있었다. 군소정당을 결집시켜 만든 거대야당 신진당을 통해 소선거구제라는 외나무다리에서 자민당과의 건곤일척을 준비한 오자와 이치로에게는 공명당의 이 같은 미지근한 행보가 마뜩찮았다. 이후의 갈등은 본문에 잘 소개되어 있다.

공명당의 현재

한국에는 군소정당의 하나로, 그저 아베 자민당의 위성정당처럼 인식되는 공명당이지만 공명당이 가지고 있는 물적-현실적 힘은 쉽게 무시하기 어렵다. 중참을 포괄하여 정당득표로 6~700만이라는 안정적인 조직표를 모아낼 수 있는 정치집단이다. 부동표가 아니라 견고한 조직표라는 것이 중요하다. 자민당과 중도정당이 선거에서 공명당을 쉽게 무시할 수 없는 이유다. 소선거구제에서는 약간의 표도 선거의 당락에 큰 영향을 끼치며 어찌될지 모르는 부동표보다는 조직표를 확보하고 있는 것이 더 안정적으로 선거에 대응할 수 있다.

조직에 이어 공명당의 재정 역시 한국의 정당보다 안정적인 구조를 가지고 있다. 본문에서 지적하다시피, 2014년 기준 한화로 약 1,400억원 정도의 수입이 있었다. 그중 2/3이 공명신문 판매와 광고수입이다. 당비는 당원 45만명으로부터 130억원 정도를 받는다. 나머지는 대부분 국가로부터의 교부금이다. 2015년 한국의 경우 새누리당과 민주당이 각각 561억과 475억의 수입이 발생했다. 재정규모만으로치면 한국의 양 정당을 더한 것보다도 크다고 할 수 있다.

이 책의 특징은 공명당에 대해 최대한 선입견을 배제하고 객관적인 태도를 유지한다는 점이다. 또한 정적이고 생동감 없다고 인식되는 일본정치의 다이나믹스를 보여주는 것도 이 책의 강점이다. 저자 나카노 준은 소수정당이 거친 정치적 변동 속에서 어떻게 생존 투쟁을 펼치는지를 세밀하게 보여준다. 이 책을 통해 한국의 시민사회가 피상적으로만 알고 있는 일본 정치를 이해하는데 도움이 되기를 바란다.

개인적으로는 일본정치에 관심을 가지기 시작하면서 공명당에 대한 궁금함이 늘 남아있었다. 한국의 보수는 자민당의 안정적인 장기집권에 관심이 있고, 중도세력은 하토야마 이후 민주당의 정권교체 전략에, 한국의 좌파는 공산당과 같은 혁신세력에만 관심을 두다 보니 중도정당인 공명당에 대한 관심은 상대적으로 적었다. 실제로 공명당에 대한 책이나 논문도 찾기 어렵다. 그러던 중 나카노 준의 이 책을 우연하게 만나게 되었고 소개해보면 좋겠다는 생각에 부족한 실력에도 번역을 하게 되었다.

생경한 주제에 대해 흔쾌히 번역출판을 결정한 어문학사 편집부, 원고를 읽어주고 교정을 도와준 엄세현, 김진두에게 감사의 말을 전한다.

2019년 10월

권병덕

공명당 관계 연표

1930년 11월

　창가교육학회 창립(마키구치 초대 회장 저『창가교육학체계』제1권 발간)

1940년 12월

　창가교육학회 기관지『가치창조』창간

1943년 7월

　마키구치 회장, 도다 이사장 등 학회 간부, 치안유지법과 불경죄 용의로

　체포, 투옥

1944년 11월

　마키구치 회장 도쿄구치소에서 사망

1945년 7월

　도다 이사장 출옥

1946년 3월

　창가교육학회를 창가학회로 개칭

1951년 4월

　기관지『세이쿄신문聖教新聞』창간

1951년 5월

　도다, 제2대 창가학회 회장 취임

1955년 4월

　창가학회가 통일지방선거에 후보자 옹립, 도쿄 도의회 등 53명 당선.

1956년 7월

　창가학회가 참의원선거에 후보자 옹립, 3명 당선

1957년 6월

참의원 보궐선거에서 창가학회가 담배 등으로 유권자를 매수한 '오사카 사건' 발생. 섭외부장 이케다 다이사쿠 등 주모자로 지목된 간부들은 무죄 판결을 받지만 나머지 20명의 학회원들은 유죄판결.

1960년 5월

창가학회, 이케다 다이사쿠 제3대 회장 취임

1961년 11월

공명정치연맹 결성

1962년 4월

공명정치연맹 기관지 『공명신문』 창간

1962년 7월

참의원선거에서 9명이 당선되어 비개선 포함 15석. 자민당, 사회당에 이어 제3당이 됨.

1962년 11월

창가학회 회원세대수 300만 돌파

1964년 11월

공명당 결성대회. 하라시마 고지原島宏治가 초대위원장에 취임

1965년 7월

공명당 첫 참의원선거에서 의석 11석 획득.

1965년 7월

도쿄 도의회 선거에서 23석 획득

1967년 1월

이케다 다이사쿠가 중의원 선거를 앞두고 '헌법옹호', '대중복지', '안보의

단계적해소' 등을 담은 공명당 방침을 공표.

1967년 1월

공명당 첫 중의원 선거에서 의석 25석 획득

1967년 2월

다케이리 요시카쓰竹入義勝가 위원장, 야노 준야矢野絢也가 서기장에 취임

1967년 9월

창가문화회관 건립

1968년 4월

창가학원 개학

1968년 7월

참의원선거에서 창가학회가 부재자투표 입장권을 대량으로 바꿔치기

하여 부정투표를 한 '신주쿠카에다마사건新宿替え玉事件'으로 학회원 14명

이 체포.

1968년 9월

창가학회회장 이케다 다이사쿠가 일중국교정상화 제언을 발표

1969년 12월

공명당·창가학회에 대한 '언론출판방해사건' 발각

1970년 2월

창가학회 회원 세대수 750만 돌파

1970년 5월

창가학회 회장 이케다의 정교분리 선언

1970년 5월

야노가 사회당 서기장 에다 사부로江田三郎, 민사당 서기장 사사키 료사

쿠佐々木良作와 함께 사공민연합정권구상에 의한 '새로운 일본을 만드는 모임' 결성

1970년 6월

공명당 대회에서 신강령 채택, 정교분리 결정

1971년 6월

공명당 제1차 중국방문단, 중국 측과 공동성명 발표

1971년 4월

창가대학개학

1973년 3월

다케이리 위원장이 혁신지자체운동을 이끄는 도쿄도지사 미노베 료키치美濃部亮吉와 만나 도의회에서 여당 연정을 합의

1973년 9월

'중도혁신연합정권구상'을 발표. 일미안보조약 즉각 철폐로 노선전환

1974년 5월

창가학회 이케다 회장, 중국 방문

1974년 9월

창가학회 이케다 회장, 소련 방문

1974년 12월

창가학회와 공산당이 상호비방을 하지 않을 것을 결정한 「창공협정」채결(75년 7월 공표)

1975년 1월

창가학회인터내셔널(SGI)발족, 이케다 다이사쿠가 SGI회장으로 취임

1975년 4월

통일지방선거, 3,300명의 지방의원 당선자 배출

1979년 4월

이케다가 일련정종과 종문전쟁으로 창가학회 회장 사임, 호조 히로시北
条浩가 제4대 회장 취임, 이케다는 명예회장으로 취임

1979년 10월

중의원 선거에서 58석 획득

1979년 12월

민사당과 '공민연합정권구상' 합의

1980년 1월

사회당과 '연합정권구상' 합의

1981년 7월

아키야 에이노스케 창가학회 제5대 회장 취임

1984년 10월

자민당 총재선거에서 니카이도 스스무 옹립구상에 야노 등이 협력

1985년 4월

창가여자단기대학 개학

1983년 12월

중의원 선거에서 공명당이 역대 최고 58석 획득

1986년 12월

공명당 다케이리 위원장이 사임하고 야노가 위원장, 오쿠보 나오히코大
久保直彦가 서기장에 취임

1989년 5월

공명당의 이케다 가쓰야池田克也 중의원과 야노 준야 위원장 리크루트사

건으로 의원직 사임. 이시다 고시로石田幸四郎가 위원장, 이치카와 유이치市川雄一가 서기장에 취임

1990년 11월

자민, 공명, 민사 3당이 '국제평화협력에 관한 합의각서'에 서명

1991년 11월

일련정종이 창가학회를 파문

1992년 6월

PKO 협력법 성립

1993년 6월

미야자와 내각불신임 결의안 가결, 중의원 해산

1993년 7월

중의원 선거에서 자민당이 과반의석 획득 실패

1993년 8월

비자민8당회파 연립으로 호소카와 내각 발족, 공명당 4인 입각

1994년 1월

정치개혁관련법안 성립

1994년 4월

하타 내각 발족, 공명당 6인 입각

1994년 6월

무라야마 내각이 자민·사회·사키가케 3당연립으로 발족, 공명당은 야당으로

1994년 11월

공명당대회에서 신진당 참가를 결정

1994년 12월

공명당이 해당하여 신진당으로 합류, 지방의원들에 의한 '공명'창당

1995년 7월

신진당이 참의원선거에서 40석을 획득하여 약진

1996년 10월

하시모토 내각하에서 소선거구 비례대표병립제로 첫 중의원 선거. 자민당이 239석, 신진당은 156석으로 하시모토내각이 계속됨

1997년 12월

신진당 해체. 구 공명당의원은 '신당평화'(중의원)과 '여명클럽'(참의원)을 창당

1998년 1월

'공명'으로 '여명클럽'이 합류

1998년 7월

참의원선거에서 자민당 패배, 오부치 내각 발족

1998년 11월

'공명'과 '신당평화'이 합류하여 '신공명당' 재결성. 대표에 간자키 다케노리神崎武法, 간사장에 후유시바 데쓰조冬柴鐵三가 취임

1999년 1월

자민·자유 연립정권 발족

1999년 10월

자민·자유·공명의 '자자공' 연립정권 발족

2000년 4월

자유당이 연립정권을 이탈, 자민·공명·보수의 연립으로 모리 내각 발족

2000년 6월

자공연립정권하에서 첫 중의원 선거, 공명당은 31석으로 11석 감소, 비례표는 역대 최고 776만 표

2001년 4월

자민당, 공명당, 보수당의 '자공보' 연립정권, 제1차 고이즈미 내각 발족

2003년 11월

중의원 선거에서 최초로 '매니페스토' 발표

자민당, 공명당의 '자공'연립으로 제2차 고이즈미 내각 발족

2005년 8월

고이즈미 수상이 중의원을 해산(우정해산)

2005년 9월

중의원 선거에서 여당이 압승, 공명당은 비례에서 역대 최고 898만 표 획득으로 총 31석 확보

2006년 9월

아베 내각(제1차)이 발족. 오타 아키히로가 공명당 대표, 기타가와 가즈오北側一雄가 간사장에 취임

2006년 11월

창가학회의 회장이 아키야 에이노스케秋谷栄之助에서 하라다 미노루原田稔로 교체

2007년 7월

참의원선거에서 자민당이 대패

2007년 9월

후쿠다 내각 발족

2008년 9월

  아소 내각 발족

2009년 8월

  중의원 선거에서 민주당이 압승, 공명당은 역대 최저인 21석 획득, 정권
  교체로 야당이 됨

2009년 9월

  민주·사민·국민신당 연립으로 하토야마 내각 발족. 야마구치 나쓰오山口
  那津男가 공명당 대표, 이노우에 요시히사井上義久가 간사장에 취임

2010년 6월

  간 나오토 내각 발족

2010년 7월

  제22회 참의원선거에서 선거구 3석, 비례 6석 획득

2010년 11월

  창가학회 창립 80주년

2011년 3월

  동일본대지진

2011년 4월

  제17회 통일지방선거, 총 1,592명 당선

2011년 9월

  노다 내각 발족

2012년 6월

  민주·자민·공명의 3당이 사회보장과 세금의 일체개혁에 합의

2012년 12월

중의원에서 자민당이 압승, 공명당은 31석. 자민·공명 연립으로 아베 내각(제2차)이 발족

2013년 6월

도쿄 도의회 의원선거 23명당선. 1993년 이후 6회 연속 도의회 제2당.

2013년 11월

창가학회 '광선유포대서당' 완공

2013년 7월

제23회 참의원선거 11명 당선으로 네지레 국회 현상이 해소됨.

2014년 7월

집단적자위권에 관한 헌법해석 변경을 각의결정

2014년 11월

공명당 창당 50주년

2014년 12월

중의원 선거에서 공명당은 소선거구 비례대표 병립제하에서 역대 최고인 35석 획득

2015년 9월

안보법 성립

2015년 4월

18회 통일지방선거. 1,589명당선

2015년 12월

소비세 10% 인상시 경감세율 도입을 결정

2016년 7월

참의원선거에서 자민 - 공명의 여당이 승리. 자민당은 무소속의원 입당

으로 27년 만에 참의원에서 단독과반

2017년 10월

중의원 총선거. 선거구 8석, 비례 21석으로 총 29석. 비례 득표수 697만.

2019년 7월

제25회 참의원 통상선거, 3석이 증가하여 28석으로 창당 후 참의원 최

다의석

주요참고문헌

朝日新聞アエラ編集部『創価学会解剖』(朝日文庫, 1997年)

公明党史編纂委員会『大衆とともに―公明党50年の歩み』(公明党機関紙委員会, 2014年)

佐高信『自民党と創価学会』(集英社新書, 2016)

佐藤優_山口那津男 『いま、公明党が考えていること』(潮新書, 2016)

島田裕巳『創価学会』(潮新新書, 2004年)

島田裕巳『公明党vs創価学会』(朝日新書, 2007年)

白川勝彦『自公連立解体論』(花伝社, 2008年)

玉野和志 『創価学会の研究』(講談社現代新書, 2008年)

中野晃一(編)『徹底検証 安倍政治』(岩波書店, 2016年)

野中広務『老兵は死なず 野中広務全回顧録』(文藝春秋, 2003年)

平野貞夫『平成政治20年史』(幻冬舎新書, 2008年)

別冊宝島編集部『となりの創価学会』(宝島SUGOI文庫, 2008)

前原政之『池田大作 行動と軌跡』(中央公論新社, 2006年)

矢野絢也『黒い手帖 創価学会「日本占領計画」の全記録』(講談社, 2009年)

矢野絢也『乱脈経理 創価学会vs.国税庁の暗闘ドキュメント』(講談社, 2011年)

矢野絢也・島田裕巳『創価学会 もうひとつのニッポン』, (講談社, 2010年)

찾아보기

공명당과 창가학회

자민당과 공명당 연립정권의 내막

초판 1쇄 발행일 2019년 11월 11일

지은이 나카노 준
옮긴이 권병덕
펴낸이 박영희
편집 박은지
디자인 최민형, 최소영
마케팅 김유미
인쇄·제본 제삼인쇄
펴낸곳 도서출판 어문학사
　　　　서울특별시 도봉구 해등로 357 나너울카운티 1층
　　　　대표전화: 02-998-0094/편집부1: 02-998-2267, 편집부2: 02-998-2269
　　　　홈페이지: www.amhbook.com
　　　　트위터: @with_amhbook
　　　　페이스북: www.facebook.com/amhbook
　　　　블로그: 네이버 http://blog.naver.com/amhbook
　　　　　　　　다음 http://blog.daum.net/amhbook
　　　　e-mail: am@amhbook.com
　　　　등록: 2004년 7월 26일 제2009-2호

ISBN 978-89-6184-936-4 93340
정가 20,000원

이 도서의 국립중앙도서관 출판예정도서목록(CIP)은 서지정보유통지원시스템 홈페이지(http://seoji.nl.go.kr)와 국가자료종합목록 구축시스템(http://kolis-net.nl.go.kr)에서 이용하실 수 있습니다. (CIP제어번호 : CIP2019041403)
※잘못 만들어진 책은 교환해 드립니다.